从零开始学做采购经理

滕宝红　编著

人 民 邮 电 出 版 社
北　　京

图书在版编目（CIP）数据

从零开始学做采购经理 / 滕宝红编著. —北京：人民邮电出版社，2016. 6（2020.9重印）
ISBN 978-7-115-42440-2

Ⅰ. ①从… Ⅱ. ①滕… Ⅲ. ①采购管理 Ⅳ. ① F253.2

中国版本图书馆 CIP 数据核字（2016）第 100552 号

内 容 提 要

采购经理是企业采购管理工作中的重要性人员，如何成为一名优秀的采购经理？如保开展并实施采购管理工作？这是每一名采购经理都要面临的问题。

本书共13章，分别介绍了采购经理要做什么、采购部门管理之道、如何做好采购计划、采购谈判注意要点、采购协议拟定须知、如何做好下单准备、如何跟进采购订单、如何应对货期延迟、采购过程管控要点、供应商管理要点、采购的大数据分析、“互联网+采购”新模式、网络采购平台优选等，为采购管理人员开展工作提供了重要参考。全书着重突出采购管理工作的方法、流程、技巧和细节，具有很强的实用性和可操作性。

本书适合各类企事业单位的各级采购管理人员阅读，也适合希望从事采购工作的人员以及高等院校相关专业的师生阅读。

◆ 编　　著　滕宝红
责任编辑　张国才
责任印制　焦志炜
◆ 人民邮电出版社出版发行　　北京市丰台区成寿寺路11号
邮编　100164　　电子邮件　315@ptpress.com.cn
网址　http://www.ptpress.com.cn
北京九州迅驰传媒文化有限公司印刷
◆ 开本：787×1092　1/16
印张：17.5　　　　2016年6月第1版
字数：180千字　　　　2020 年 9 月北京第 13 次印刷

定　价：49.00元

读者服务热线：（010）81055656　印装质量热线：（010）81055316
反盗版热线：（010）81055315
广告经营许可证：京东市监广登字 20170147 号

前　言 preface

常言道："入门容易做好难。"不论从事什么工作，贵在坚持，贵在持续学习。只有这样，才能实现自己的理想。

采购作业作为企业生产活动的起点，涵盖了从供应商到需求方之间的货物、技术、信息或服务流动的全过程。企业通过实施有效的计划、组织与控制等采购管理活动，合理选择采购方式、采购品种、采购批量、采购频率和采购地点，以有限的资金保证经营活动的有效开展，能够在降低企业成本、加速资金周转和提高企业经营质量等方面发挥积极作用。

合理采购对于提高企业竞争能力、降低经营风险也具有极其重要的作用。一方面，合理采购不仅能降低产品生产成本，而且也是产品质量的保证；另一方面，合理采购能保证经营资金的合理使用和控制，从而使企业能够以有限的资金有效地开展经营活动。采购成本是企业成本控制中的主体和核心部分。对于典型的制造业企业来说，采购成本（包括原材料和零部件）要占产品总成本的60%，直接影响着企业最终产品的定价和企业的利润。良好的采购将直接增加企业的利润和价值，有利于企业在市场竞争中占据优势。

采购经理在企业中所处的位置是极其重要的，其不仅要合理制定采购政策、控制采购成本，还要管理好采购团队、掌握最新采购技术和方式。随着经济全球化和信息网络技术的高速发展，全球经济的运行方式和流通方式产生了巨大变化，企业的采购模式也随之不断发展。供应链中各制造商通过外购、外包等采购方式从众多供应商中获取生产原料和生产信息，采购作业已经从单个企业的采购发展到了供应链上的采购。

那么，如何使自己成为一名优秀的采购经理，如何游刃有余地开展采购工作，对于每一位采购经理来说都是需要高度关注的问题。

《从零开始学做采购经理》是一本为采购经理打造的工作手册，全书共13章，以采购管理工作的主要内容为主线，力求全面、实用。第1章首先对采购经理要做什么进行了阐述，从第2章起，分别讲述了采购部门管理之道、如何做好采购计划、采购谈判注意要点、采购协议拟定须知、如何做好下单准备、如何跟进采购订单、如何应对货期延迟、采购过程管控要点、供应商管理要点、采购的大数据分析、“互联网+采购”新模式、网络采购平台优选等方面的管理方法、流程、技巧和细节。

全书实用性强，着重突出可操作性，为刚晋升为采购经理的人士提供了工作思路和管理模板，也为采购管理人员开展工作提供了重要的参考。

本书由滕宝红主编，安建伟、齐小娟、陈超、车转、陈宇娇、成晓霞、程思敏、李建伟、李相田、马晓娟、王丹、王雅兰、王振彪、武晓婷、徐亚楠、冯永华、李景安、吴少佳、陈海川、马会玲、卢硕果、闻世渺、唐琼、任克勇、梁文敏参与了本书的资料收集和编写工作，滕宝红对全书相关内容进行了认真细致的审核。

目　录 contents

第3章 如何做好采购计划 /49

采购计划是采购部为配合年度销售预测或采货数量，对所需原料、物料、零件等的数量及成本制订的详细计划，以利整个企业目标的达成。

第4章 采购谈判注意要点 /77

作为商务谈判的一种，采购谈判应遵循商务谈判的规则，围绕所购商品进行洽谈，如商品的品种、规格、技术标准、质量保证、订购数量、包装要求、售后服务、价格、交货日期与地点、运输方式、付款条件等进行反复磋商，谋求达成协议，建立双方都满意的购销关系。

第5章 采购协议拟定须知 /103

经过采购考察、谈判，确定了物料供应商后，采购经理就需要与其坐下来认真地讨论一下采购协议。对于大宗的、长期的物料采购，采购经理更应该签订一份框架协议。签订了采购协议的供应商基本上就是每次采购订单下发的首选对象。

第6章 如何做好下单准备 /125

任何作业都有一定的程序或须经过一定的手续，采购订单的管理也如此。一般而言，采购订单的处理需要经过许多步骤。

第7章 如何跟进采购订单 /137

采购人员在发出采购订单或签订采购合同之后，为确保购用材料如期交货，需采取措施对采购订单进行跟进。

第8章　如何应对货期延迟　/ 161

货期延迟是指供应商未能按照双方约定的日期交货。货期延迟是企业日常生产中经常遇到的情况。那么，面对货期延迟的情况，采购经理不仅要了解货期延迟的原因，还要了解供应商的情况，以及做好货期延迟原因的汇总分析工作。

第9章　采购过程管控要点　/ 177

采购过程是指从采购计划开始，到采购询价、采购合同签订，一直到采购材料进场为止的过程。采购经理对采购过程的管控主要包括价格、品质等方面。

第10章　供应商管理要点　/ 199

供应商管理是采购管理中的一个关键问题，它在实现准时化采购中有很重要的作用。那么，如何进行供应商管理、实现合作双赢，是采购经理工作中的重点内容。

第11章 采购的大数据分析 / 227

随着时代的不断进步以及科技的飞速发展，互联网、物联网、移动通信、管理信息化、电子商务等技术不断相互渗透，人们开始用大数据来描述和定义信息爆炸时代产生的海量数据，并将这些数据进行撷取、管理、处理，使其成为帮助人们处理事务和决策的资讯与知识。

第12章 “互联网+采购”新模式 / 237

互联网的飞速发展在全球范围内掀起了互联网应用热，各大企业纷纷利用互联网发布相关产品信息，开展产品的电子销售，提供各种信息服务。一种建立在互联网基础上的全新采购方式得到了广泛应用和推广，成为网络时代企业竞争优势的新来源。

第13章 网络采购平台优选 / 257

近年来，互联网发展突飞猛进，我们的生活已深深打上了互联网烙印。“互联网+”已经成为一个时代趋势。互联网采购交易平台的出现，彻底改变了传统的采购模式，将传统线下交易搬到了线上。

第1章
采购经理要做什么

采购经理是主管采购工作的部门经理，其主要工作是根据销售和生产计划，适质、适量、适地、适时地将物品采购回来，以满足生产和销售的需要。

学习指引

采购经理应具备的条件

- ◆采购知识
- ◆技术能力
- ◆风险管理能力
- ◆供应链全局观
- ◆道德素养

采购经理的岗位职责

- ◆保障供应
- ◆节省费用
- ◆管理好供应链
- ◆管理好信息

采购经理工作流程

- ◆采购规划流程
- ◆采购部任务监控流程

采购经理的权力

- ◆建议权
- ◆承办权
- ◆审核权
- ◆任免权
- ◆奖惩权

汇报工作与听取汇报

- ◆向上级汇报工作
- ◆听取汇报

下达指示

- ◆指示的具体内容
- ◆下达指示的注意事项

主持会议与参加会议

- ◆主持会议的技巧
- ◆参加会议的技巧

1.1 采购经理应具备的条件

1. 采购知识

采购经理应具备的知识如下。

（1）了解采购的目的和采购作业流程。

（2）了解采购工作的基本运作程序和规程，了解采购经理的工作职责内容与范围。

（3）了解整个采购组所采购物料的知识。

（4）熟悉供应商的审查流程与评估流程。

（5）掌握订货合同条款的制定和与供应商合同谈判的知识及技巧。

（6）熟悉如何支付货款（预付款、货到检验合格后付款、现金付款、月付款、电汇与支票）。

（7）了解有关生产方面的管理知识（产品的生产流程、产品的质量标准、产品的相关特性）。

（8）进行材料市场行情的前期调查和市场行情的价格预测。

（9）掌握所在行业的产品质量体系认证知识和相关标准。

（10）进行供应商资格的前期审查（相关文件证照是否一致、真实，是否过期，信誉情况如何，所服务的公司有哪些）。

（11）熟悉所采购物料的名称、特性及种类，相关信息的收集与汇总（如用在哪个机种、哪个生产车间、哪个仓库存放，用量有多大，有无明显规律，何时是用量旺季或淡季等）。

（12）熟悉现有各供应商名称及业务联系人，了解长期供应商及潜力发展供应商，对各家有基本了解。

2. 技术能力

从技术角度上讲，采购经理应向采购工程师转变。这主要体现在以下三个方面，如图1-1所示。

能力一　要充分了解原材料的技术标准和产品的配方

能力二　要充分掌握原材料技术标准中主要参数的改变对原料价格的影响，一旦发现其中的改变会带来材料成本的降低，同时所产生的质量差异很小或对消费者的接受程度没有太大的影响，就采用改变参数的原材料

能力三

要充分了解原料供应商所在行业的特点，如他们的生产工艺、所用原料及行情、投资和生产规模等。采购经理应建立供应商成本分析和对比档案，这将为日后的价格谈判以及与有伙伴关系的供应商共同挖掘成本潜力打下坚实的基础

图1–1　技术能力

3. 风险管理能力

采购经理应定期评估系统的风险，特别是供应渠道的风险。例如，供应商的风险、初级原料价格上涨或紧缺、汇率的剧烈变动等。针对这些风险，采购经理应采取以下对策，如图1–2所示。

采购经理的风险管理能力

选择供应商时应进行资质调查，平时要注意收集行业的资讯

尽可能避免单一供应商。有可能的话，应有替代材料方案（这也是前面提到的要加强技术的开发）

开发本地供应商，减少直接进口原料的数量，对不可避免的大宗进口采取期货的套期保值功能

图1–2　采购经理的风险管理能力

4. 供应链全局观

采购经理除了全面负责企业采购部门的日常管理与运作外，对采购的管理也从商品扩大到外部资源及供应商的管理范围，要针对供应链各个环节的采购工作予以合理的实施。

5. 道德素养

腐败大多出现在采购与销售环节，一些人对于在企业里做营销和采购的人拿回扣的行为见怪不怪。但在行业中做到顶尖的采购经理，大多具备很高的道德素养以及严谨的工作态度。具体来说，采购经理的道德素养如图1–3所示。

素养一

保持对企业的忠诚

素养二

不带个人偏见，在考虑各种因素的基础上，从提供最佳价值的供应商处采购

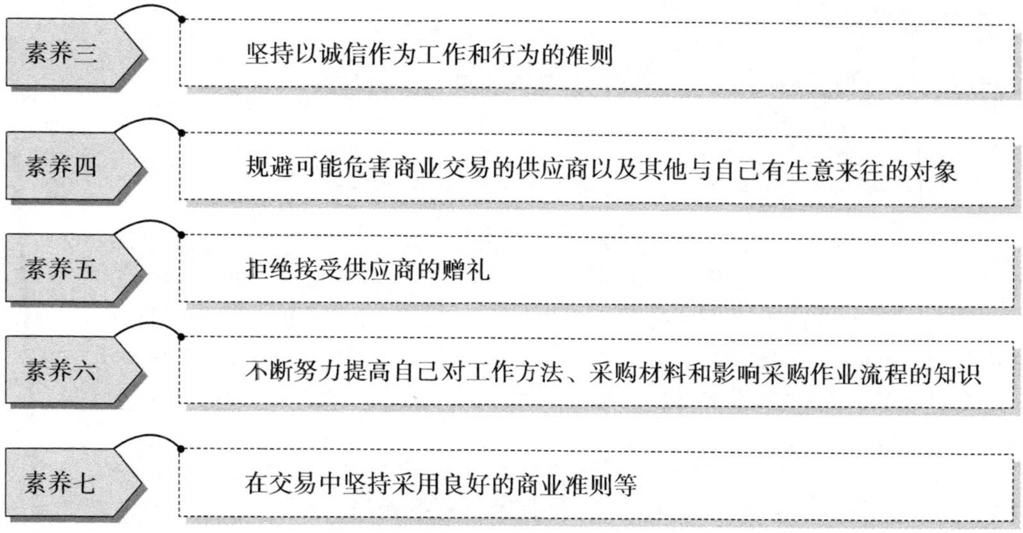

图1–3　采购经理的道德素养

1.2　采购经理的岗位职责

简单来讲，采购经理的岗位职责就是做好采购管理。

采购管理是指为保障企业物资供应而对企业采购进货活动所进行的管理活动，是对采购活动的计划、组织、指挥、协调和控制活动。采购管理的具体内容，包括制订采购计划、对采购活动的管理、对采购人员的管理、采购资金的管理、运储的管理、采购评价和采购监控，也包括建立采购管理部门、采购管理机制、采购基础建设等。

采购经理的具体岗位职责如下。

1. 保障供应

采购经理做好管理最首要的目标，就是要做好保障物资供应的工作。而所谓保障供应又有两个基本要求，如图1–4所示。

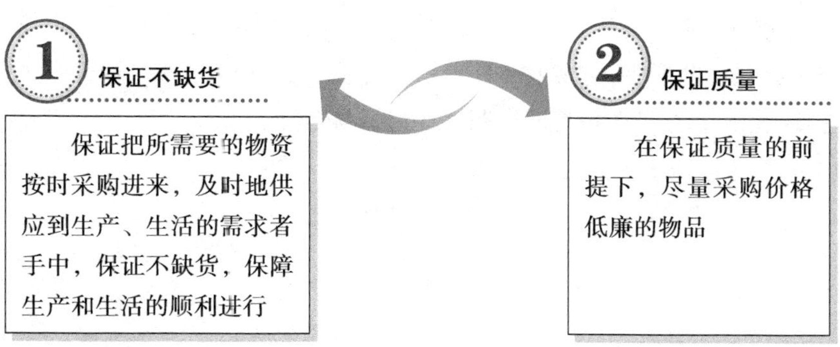

图1–4　保障供应的基本要求

2. 节省费用

采购经理要做到费用节省，可从以下几方面努力，如图1-5所示。

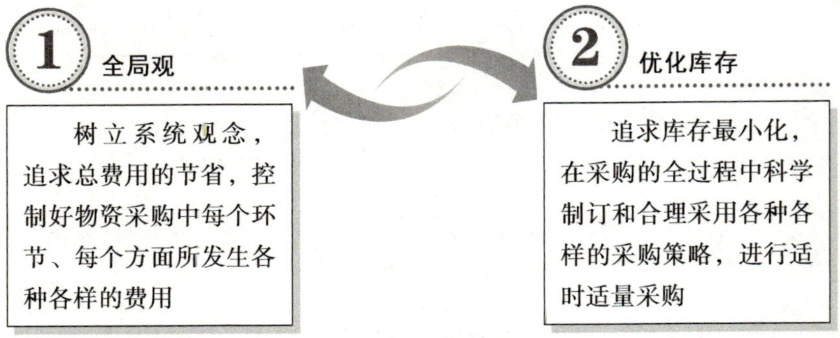

图1-5　如何节省采购费用

3. 管理好供应链

采购经理对供应链的管理要把握两个要点，如图1-6所示。

图1-6　供应链管理要点

4. 管理好信息

采购经理要做好信息管理工作，具体如下。

（1）能够及时掌握资源市场信息，并反馈给企业管理层，发挥信息的决策支持作用。

（2）建立起供应链管理信息系统，实现信息共享，为供应链的顺利运行提供信息支持。

下面是某企业采购经理职位说明书范本，仅供参考。

范本

采购经理职位说明书

岗位名称：采购部经理 岗位编号：（略） 工资等级：（略） 可轮换岗位：无	隶属部门：采购部 直接上级：1人 直接下级：采购文员、采购工程师、采购员

岗位工作概述：

全面负责企业生产所需原材料、设备以及消耗品的采购，从而保证企业的正常生产，同时做到降低库存、降低成本。

工作职责与任务：

1. 主持采购部全面工作，提出物资采购计划，报总经理批准后组织实施，确保各项采购任务完成。
2. 调查研究各部门物资需求及消耗情况，熟悉各种物资的供应渠道和市场变化情况，供需心中有数；指导并监督下属开展业务，不断提高业务技能，确保企业物资的正常采购量。
3. 审核年度各部呈报的采购计划，统筹策划和确定采购内容；减少不必要的开支，以有效的资金，保证最大的物资供应。
4. 熟悉和掌握企业所需各类物资的名称、型号、规格、单价、用途和产地，检查购进物资是否符合质量要求，对企业的物资采购和质量要求负有领导责任。
5. 监督参与大批量商品订货的业务洽谈，检查合同的执行和落实情况。
6. 按计划完成各类物资的采购任务，并在预算内尽量减少开支。
7. 认真监督检查各采购人员的采购进程及价格控制。
8. 在部门主管例会上，定期汇报采购落实结果。
9. 每月初将上月的全部采购任务完成及未完成情况逐项列出报表，呈总经理及财务部经理，以便于上级领导掌握全企业的采购项目。
10. 督导采购人员在从事采购业务活动中要遵纪守法、讲信誉、不索贿、不受贿，与供货单位建立良好的关系，在平等互利的原则下开展业务往来。
11. 负责下属的思想、业务培训，开展职业道德、外事纪律、法制观念的教育，使所有员工适应市场经济的快速发展。

工作绩效标准：

1. 及时准确地采购生产所需的各种物料及备件，做到最小化库存并保证生产的连续性，原材料库存总金额低于标准数值。
2. 不断开发新的符合企业要求的供应商，降低物料及备件的成本，完成企业规定的指标。
3. 及时办理原材料及设备的报关工作，不影响生产进度。
4. 按规定完成设备项目的登记，使项目清晰可查。
5. 对下属进行公正的考核，当天处理好下属的投诉。

1.3 采购经理工作流程

采购经理的工作主要体现在两个方面：一是体现在策划、制定目标上；二是体现在管理、监督上。因此，采购经理工作流程可分为采购规划流程与采购部任务监控流程。

1. 采购规划流程

采购规划流程主要体现在策划、分析两个方面。对于采购经理来说，主要是考察宏观计划能力，如图1–7所示。

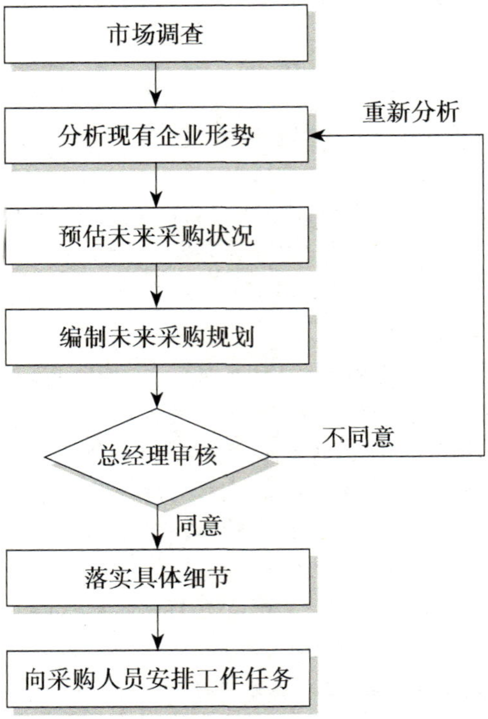

图1–7 采购规划流程

2. 采购部任务监控流程

采购经理向下属下达任务后，并不意味着工作任务已经完成。采购经理还要对采购部任务进行监控与跟踪，如图1–8所示。

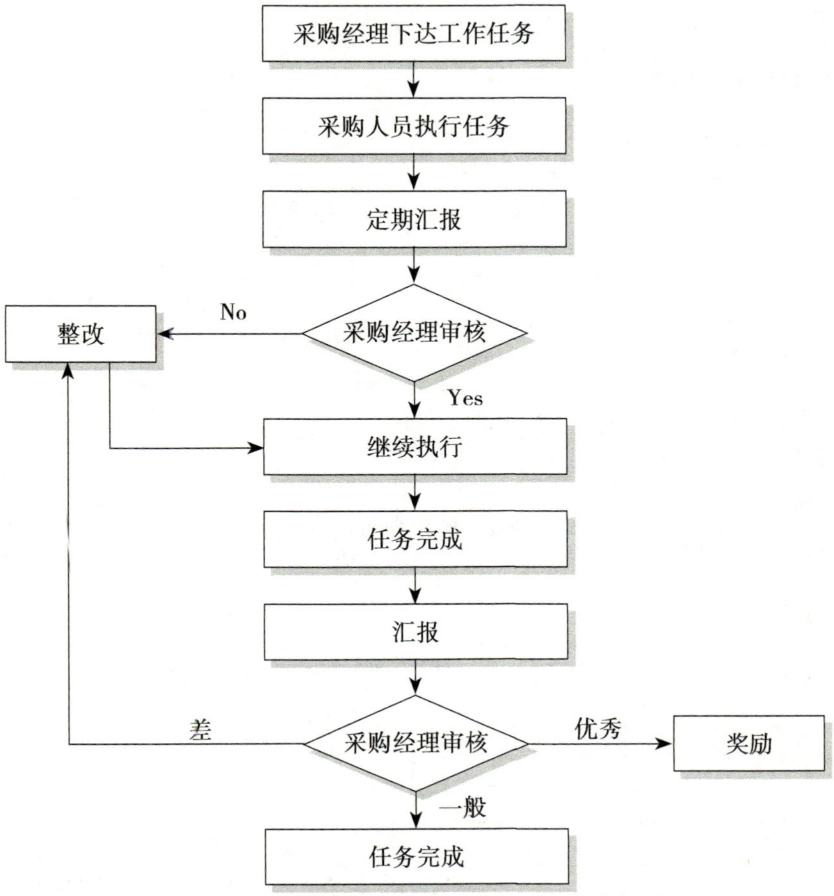

图1-8　采购部任务监控流程

1.4　采购经理的权力

作为一名采购经理，只有运用好企业赋予自己的权力，才能有效地履行自己的职责。通常而言，采购经理拥有以下五种权限。

1. 建议权

采购经理拥有的建议权主要包括四个方面，具体如图1-9所示。

图1-9　采购经理的建议权

2. 承办权

采购经理拥有的承办权主要包括三个方面，具体如图1-10所示。

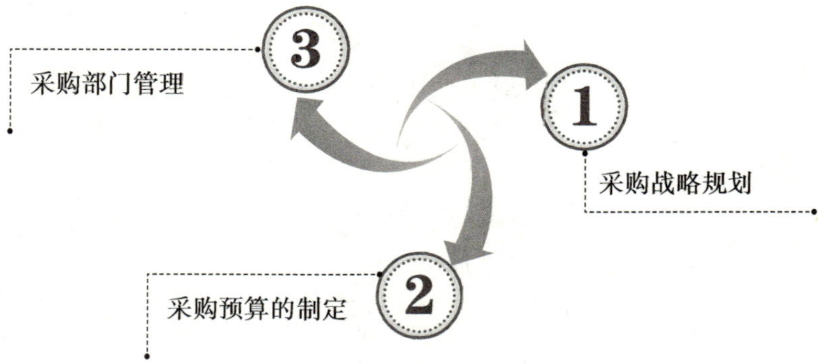

图1-10　采购经理的承办权

3. 审核权

采购经理拥有的承办权主要包括六个方面，具体如图1-11所示。

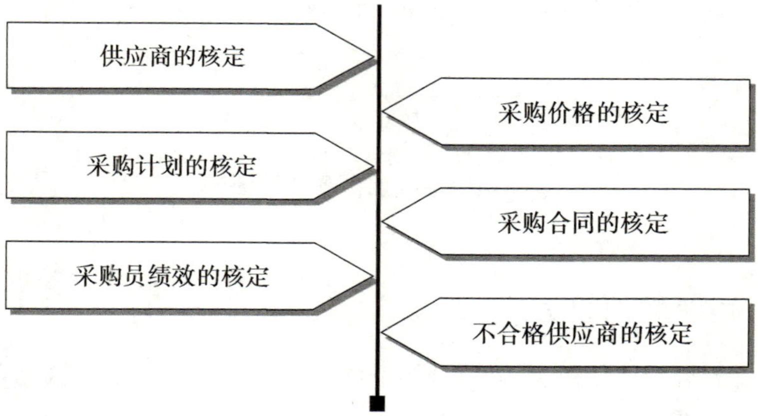

图1-11　采购经理的审核权

4. 任免权

采购经理拥有对采购部内部人员任免的权力。

5. 奖惩权

采购经理拥有对采购部内部人员奖惩的权力。

下面是某企业采购主管的权限规定范本，仅供参考。

范本

某企业采购主管的权限规定

管理项目	权限内容	管理权限范围
管理范围	管理部门	采购部
隶属关系	直接上级	总经理
	直接下属	部门各岗位负责人员
人事权限	岗位人事聘用、调职	部门内直接下属岗位人员聘用、调职权
	岗位考核、奖惩	部门内直接下属绩效考核权和本部门奖金分配权
财务权限	预算管理	采购费用预算及其调整方案的编制权
	费用审核	预算采购管理费用的审核权
物资权限	办公用品	控制费用内配置办公用品的审核权
	固定资产	部门内的固定资产的添置、调拨、报废的建议权

1.5 汇报工作与听取汇报

汇报工作是指下级向上级以口头或书面形式陈述工作情况，是上下级之间进行沟通互动的一种重要途径，同时也为上级提供了一个考察下级的机会。作为中间层的采购经理，一方面要向上级汇报工作，另一方面也要听取下级的汇报。所以，作为一名采购经理，需掌握好这方面的技巧。

1. 向上级汇报工作

向上级汇报工作时应注意以下要点。

（1）遵守时间，不可失约。应树立极强的恪守时间的观念，不要过早抵达，使上级准备未毕而难堪，也不要迟到。

（2）年度采购计划与执行。

（3）大宗原材料采购有关供应商的选定事宜。

（4）采购资金的计划安排。

（5）特殊物料的采购。

（6）供应商考评事宜。

（7）物料品质监控。

（8）紧急情况下物料的紧急调拨。

（9）大型设备采购的考察事宜。

（10）采购成本掌控。

2. 听取汇报

采购经理在听取下级的工作汇报时要注意以下要求。

（1）应守时。如果已约定时间，应准时等候，如有可能可稍提前一点时间，并做好记载要点的准备以及其他准备。

（2）应及时招呼汇报者进门入座。不可居高临下，盛气凌人，摆官架子。

（3）要善于倾听。当下级汇报工作时，可与其目光交流，配之以点头等表示自己认真倾听的体态动作。

（4）对汇报中不清楚的问题可及时提出来，要求汇报者重复、解释，也可以适当提问，但要注意所提的问题不至于打消对方汇报的兴致。不要随意批评、拍板，要先思而后言。

（5）听取汇报时不要有频繁看表、打哈欠或做其他事情等不礼貌的行为。要求下级结束汇报时可以通过合适的肢体语言或委婉的语气告诉对方，不能粗暴打断。

（6）当下级告辞时，应站起来相送。如果联系不多的下级来汇报时，还应送至门口，并亲切道别。

1.6 下达指示

作为采购经理，经常要对下属下达指示。有些采购经理对下达指示不以为然，心想："不就是下命令吗？那还不简单。"请你考虑一下，你是否曾这样下过指示。

> 小张，马上去一下供应商那里，查一下上次那批货的问题。
> 王组长，你把你们组的报表做得精细一点，行不行？
> 小李，上次和你说的，那个表格化的东西你做出来没有？

如果你经常这样下指示的话，那现在请你以执行者的心态去想想，如果收到这样的指示，你真的会按照指示去执行吗？执行真的能达到要求吗？肯定不会！为什么呢？因为执行者还没有"听懂"指示的真正含义。去供应商那里查什么东西？没有明示。报表要做到怎样精细的程度？表格化的东西是什么意思？哪些可以纳入表格？这些都不明了，让别人怎么去做？

1. 指示的具体内容

从以上示例可以看出，出现问题的责任不在于指示接收方，而在于发出方。

没有具体内容的命令，往往使下属无所适从。要么不去做，要么靠自己的想象来做，必然导致作业结果出现偏差。那么，怎样下指示才能有效呢？

完整地发出命令要有5W2H共七方面的具体内容，这样下属才能明确地知道自己的工作目标是什么，如图1-12所示。

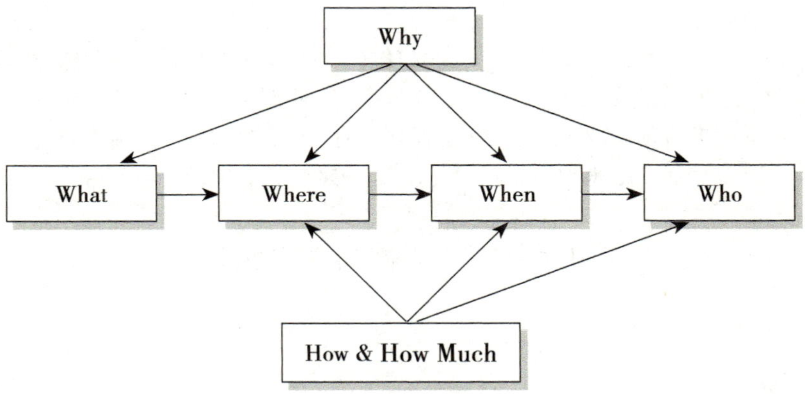

图1-12　5W2H图

（1）What：做什么事？

（2）Who：谁去做？

（3）When：什么时候做？什么时候结束？

（4）Where：在什么地方做？

（5）Why：为什么要做？

（6）How：怎样去做？

（7）How Much：要花费的成本是多少？

只有5W2H明确了，执行人员才能按照指示要求将事做好。

2. 下达指示的注意事项

在下达指示时，还要注意以下几个问题，如图1-13所示。

事项一　下指示时可用口头谈话、电话、书面通知、托人传递等，但能当面谈话的就不要打电话，能打电话的就不要书面通知（规定文书除外），能书面通知的就不要托人传递

事项二　发出指示、命令之前，可以先向下属询问一些相关的小问题开始，通过下属的回答，把握其对所谈话题的兴趣度、理解度之后，再把你的真实意图表达出来

事项三

除了绝对机密情报之外，对下属应说明你发出该指示命令的原因，而且是在自己认识、理解之后发出去的，不要做一个传话筒，“这是上面的指示，我也不知道为什么，你照办吧！”这样一来，下属的第一个心理反应就是：“你都不知道，叫我怎么做？”

事项四

已发出的指示、命令，有时不得已要重新更正。如一些对策方法，常常是发现一点更改一点，改来改去，不改又不行，搞得下属疲于奔命，此时应加以说明。如果不加任何说明，极容易引发下属的不满：“天天改，说话一点都不算数！”严重时，下属甚至会不予以执行

图1–13　下达指示的注意事项

小贴士

尽量当面下达指示、命令，必要的时候要示范演练。在下达完指示后一定要让下属当你的面将指示、命令复述一遍，这样通过当面复述，你就能发现下属是否真正听清了，是否真正理解了，同时也能发现你自己是否说对了。另外，最好是你和下属都能将你所发出的指示、命令在工作日记本上写下来。好记性不如烂笔头，这样便于下属的记忆和传达，也便于你自己的检查与监督。

下面是同一条命令不同表达的举例，你认为哪一个更好呢?

小方，上次采购的低值易耗品的价格，为什么超标了？

小方，你把上次采购的低值易耗品的价格，和我们规定的价格比较一下，找找原因。

小方，我查看了上个月的报表，全部的低值易耗品价格都居高不下。当然我没有和供应商直接联系，也许是供应商统一涨价，但应该事先通知我们；也许是其他原因，因为这是你的工作权限，我没有过问。但是，这个月，你应该事先和供应商洽谈一次，把情况摸清楚。你写一个报告给我，把上个月全部的低值易耗品价格都居高不下的原因作一个分析，给我一个说明。好吗?

1.7　主持会议与参加会议

会议是现代管理的一种重要手段，作为管理者的采购经理，不免要召集会议和参加各种各样的会议。

1. 主持会议的技巧

主持会议的能力，是考验一个人是否适合担任领导的最简单方式。要如何增加开会的效率，让每个人都能各抒己见、各得其所？以下几点很重要。

（1）把握时间

为了尊重每个人的时间，开会最忌讳的就是拖延时间，尤其是一些经常性的会议。所以要让会议顺畅地进行，要对每个议题的讨论时间有限制。如果在某个议题讨论太久，却还没有结果，就把这个议题记下来，下次开会时再讨论。另外，如果这次会议一定要达到某些具体结论的话，在开会前就要先告知每个参与的人，不达到目的绝不罢休。不要为了减少与会人员的负担而迅速结束会议，这会让你的后续动作更困难。

（2）不要忘了会议的主要理由

企业开会通常是为了三个目的：沟通、管理和决策。不管哪一个目的，最重要的是以行动为焦点。例如讨论要采取什么行动，上次行动的结果如何，或在不同的行动方案中选择一个。避免没有讨论行动的会议，因为那很可能只会浪费时间。

（3）会议的黄金规则

公开称赞，私下批评。避免公开批评别人的意见，因为这对士气有很大的伤害。

（4）不要在非上班时间开会

尽量在日常上班时间开会，除非是很紧急的事情。喜欢在傍晚或者周末开会的人，缺乏工作与生活的平衡，自然也无法在正常时间做好分内的工作。

（5）不运用团体压力使议案通过

不能利用会议使一些违法或不适当的议案通过。企业必须要有一些既定的价值观，如果那些价值观违反道德或法律规定，试着改变那些价值观；否则，另谋高就。

（6）公私分明

在工作场所难免会结交一些朋友，但是在开会时，就要避免被这些社交关系影响。在会议开始及结束时，难免需要一些社交来润滑，但是必须清楚地知道适可而止。

（7）会议最好的模式是民主，而非专制

不要试图影响与会者做出你想要的结论，更不要凭你的职衔或权力来领导他人。好的领导应该使用说服，而不是强迫的方式。另外，作为会议主持应该要了解会议的意义，如果你想要宣告自己的一项政策，只要将它发布在相关媒体上即可，不需要召集大家，控制整个议程，却又不给大家讨论的空间。

（8）建立清楚的议程，并在会议前让大家传阅

在开会前必须清楚这次会议的目的、本质和架构，整理成清楚的议程，并在会议前让大家传阅，这样才能让与会人员有充分时间准备相关的资料。

2. 参加会议的技巧

采购经理经常会作为一个会议参加者而参与会议，那参加会议应注意哪些细节呢？

（1）有准备地赴会

采购经理在走进会议室之前，首先要弄清楚几个问题。当然，周例会作为常规型会议，采购经理一般都比较清楚。但是，如果是紧急会议则不一样了。

如生产部反映某种物料出现问题，需要马上寻找替代物料，因此生产部、品质部、技术部、仓储部各部门经理及总经理召开紧急会议处理问题。由于该物料比较紧缺，供应商一时无法提供替换物料，因此决定由技术部寻找替代物料。最后选择了一家供应商提供替代物料。如采购经理在会议召开之前，先对会议内容有所准备，就能避免会议中慌张失措，从而从容应对。

因此，如果是紧急会议，采购经理就需要明确所议的事项，如表1–3所示。

表1–3 需要明确事项

序号	问题	是否明确	备注
1	谁召集这次会议	□是　□否	
2	为何召集这次会议	□是　□否	
3	这次会议是否为了那些悬而未决的老问题而召开	□是　□否	
4	是否为了摆脱棘手的问题而召开	□是　□否	
5	是因为某些人想迫使上级下决心作决策而召开	□是　□否	

小贴士

采购经理最好事先列出会议上需要讨论的问题，在参加会议时可以用来提醒自己。

（2）做好会前疏通

如果有新的提议，而且提议可能会影响其他部门或其他人，那么在会议之前应先与这些可能反对你意见的人进行疏通。必要的时候，可以请他们提出你的观点。例如，生产部申购量经常比实际用量大，导致采购人员要与供应商协调退货事宜。因此，你可以与仓储部经理进行沟通，让其提出生产部进货量过大，退货导致仓储部需要安排人员负责物料处理；同时与总经理进行沟通，希望生产部可以准确评估物料使用量，以免造成人力和财力浪费。在这里，可能就威胁到生产部利益，但是对于整个公司而言，这个提案是好的，因此会得到其他各部门的支持。

小贴士

不论你是否在会议前进行疏通，在会议中一旦由你提出新观点，则千万不要在言辞上威胁到利害攸关的人士。

（3）谋求沟通方法

会议场合中的沟通除了有声的语言之外，无声的语言，如仪容、姿态、手势、眼神、面部表情等，也扮演着相当重要的角色。现将值得特别留意的事项简述如下。

①仪容要整洁。蓬头垢面者通常得不到与会者的好感。

②准时或提早抵达会场。

③避免穿着奇装异服。为稳妥起见，你的穿戴应尽量趋于保守。

④留意坐姿。最理想的坐姿是脊椎骨挺直但却不僵硬，因为只有这样，你才能在松弛的状态下维持警觉性。

⑤两眼正视。跟别人对话时最忌讳的便是两眼闪烁，或斜眼看人，因为这足以令人对你的动机或品格产生不良的评价。同样忌讳以求情的眼光看人，因为这样做可能会削弱你说话的分量。

⑥借手势或物品引起注意并强调自身的观点。以手势配合说话的内容，可以令听众印象深刻。手势的大小视你所想强调的内容而定。谈细节的时候，手势要小；谈大事时，手势要加大。运用手势时，你必须考虑周围实际环境的大小。外界的空间越大时，手势可越夸张；外界的空间越小时，手势应越收敛。为强调你的意见而以物件作为道具是一种良好的举措。

（4）重视活用数据

生活在数字的世界里，每天所见、所闻与所思，几乎没有不涉及数字的。然而，在会议中运用数字时，一定留意下面两个要领。

①除非必要，否则不要随便提出数字。

②要设法为枯燥的数字注入生命。这即是说，要让数字所代表的事实，能成为一般人生活经验中的一部分。

（5）树立良好形象

时时刻刻都要留意自己在他人心目中的形象。好的形象可以为你在会议中的所作所为产生莫大的助力，坏的形象则会令你在会议中处处受钳制。一些有助于塑造及维护良好形象的参考事项如图1-14所示。

树立良好形象的要点

- 人们总是喜欢诚实的人以及以公平态度待人的人
- 听众所渴望听到的是事实，而对那些夸夸其谈、自命不凡的人极度反感
- 人们都不喜欢不愿倾听他人意见的人
- 一般人对情绪激动的人的判断力通常欠缺信心
- 人们对于态度冷静、善于逻辑推理的人的判断力均给予信心
- 人们对富有想象力与创造力的人均有好感。但是，当一个人的想象力与创造力超越了听众所能理解或想象的范围，则该想象力与创造力将很容易被视为荒谬
- 在会议中最令人讨厌的两种人，大概是喜欢打断别人讲话的人以及喋喋不休的人

图1–14　树立良好形象的要点

（6）保持积极态度

在一般会议中，我们经常被消极的气氛所包围，包括消极的表情、消极的情绪、消极的话语、消极的反应等。在消极的气氛笼罩下，如能注入积极的言辞与积极的态度，那将成为严寒中的一股暖流，并成为与会者心灵的寄托。如以下列诸要领行事，将获得不同凡响的结果。

①从积极的角度看问题，将那些只以产生不良后遗症的消极性意念扭转为积极性意念。例如，将“这100万元的投资当中有一半肯定要泡汤！”扭转为“这100万元的投资当中有一半肯定会带来效益！”

②倾听那些足以蒙蔽真相的泄气话，并设法解开迷雾。

③降低会议中所面临问题的难度，设法先帮助解决较简单的问题，以增进与会者对解决困难问题的信心。

④自告奋勇地承担工作，这对减轻与会者的精神负担与实质负担均有帮助。

⑤当其他与会者强调困境时，则设法提供解决方案。

⑥对提供良好的意见或解决途径的其他与会者，表达你个人的赞赏。

⑦面对棘手的问题时，应讲求实际，而不应悲观。

⑧鼓励与会者积极进取。

（7）协助控制会场

作为经理，即使你不是主持人，在必要的时候，你也需协助主持人控制会场，具体要求如图1-15所示。

要求一：千万要自律，切莫为主持人制造难题。这至少包括：不要与邻座交头接耳；除非特别紧要的事情，否则不要中途离席；不要与主持人或其他与会者争论；不要意气用事；不要在会议中从事与会议无关的工作

要求二：假如与会者之间发生争论，则主动介入，并设法令争论的每一方都能理解对方的观点

要求三：如有人垄断会议，则主动提出自己的意见，或鼓励其他与会者发表意见，以打破垄断局面

要求四：如果讨论的内容偏离主题，则设法提醒与会者有关会议的目标及问题的焦点，以便将与会者的注意力拉回正题

图1-15　采购经理协助控制会场的要求

下面是某企业采购经理周工作总结范本，仅供参考。

范本

采购经理周工作总结

来到××有限公司已经两周了。回顾这两周的工作，我在这个企业文化浓厚的大家庭中，在公司领导及各位同事的关心、指导和帮助下，认真落实领导交给的各项任务，不管在工作、生活、学习上还是在管理上，都取得了较大的进步。现将近期工作情况总结如下。

一、主要完成工作

1. 了解公司采购流程，提出问题点加以调整、细化。熟悉相关业务知识，完成采购部日常管理和采购计划。

2. 督促本部门人员经常与供应商保持联络，及时了解所采购原材料的市场行情。

3. 及时与生产部人员沟通，了解原材料的需求情况，合理控制库存，使资金得到最有效的利用。

4. 督促本部门人员时刻保持清醒头脑，廉洁奉公、不谋私利，在供应商眼里、

（续）

心里树立良好的公司形象。

5. 做好购货合同的跟踪制度，其中包括何时汇款、何时到货、何时到票，做到心中有数。

6. 为建立供应商管理体系，做前期的相关数据的准备。

二、近期目标

1. 进一步对采购部工作流程进行改善、细化。

2. 了解供应商实际合作情况，采取优胜劣汰制度把现有供应商纳入供应商管理体系。

3. 不断开发新供应商，使供应商之间有竞争。有竞争我们就有多的选择渠道，可以在同等质量下选择到价格最低的原材料供应商。

总结近期的工作，尽管我对公司的业务流程有了一定的了解，但在许多方面还存在不足。在以后的工作中，我将更认真努力地学习业务知识，发挥个人采购管理经验。协调部门之间工作，团结采购部人员，把部门业务、管理水平及快速反应能力等全面提升到一个新的水平，为公司的发展做出更大贡献！

学习笔记

通过学习本章内容，想必您已经掌握了不少学习心得，请仔细记录下来，以便继续巩固学习。如果您在学习中遇到了一些难点，也请如实写下来，方便今后重复学习，彻底解决这些难点。

我的学习心得

1. ______________________________

2. ______________________________

3. ______________________________

4. ______________________________

5. ______________________________

我的学习难点

1. ______________________________

2. ______________________________

3. ______________________________

4. ______________________________

5. ______________________________

我的运用计划

1. ______________________________

2. ______________________________

3. ______________________________

4. ______________________________

5. ______________________________

第2章
采购部门管理之道

任何一个部门的事务都需要通过团队协助才能完成，作为采购经理，必须组建自己的团队，依靠团队的力量来完成工作。

学习指引

了解采购

- ◆什么是采购
- ◆采购作业的步骤

了解采购部

- ◆采购部的职责
- ◆采购部在企业的地位
- ◆采购部与其他部门的关系

采购经理的团队

- ◆采购经理的下属构成
- ◆采购部的分工依据
- ◆采购部的人员设置
- ◆下属岗位的人员数量设置
- ◆各岗位的职位说明

架起沟通的桥梁

- ◆沟通的方式
- ◆沟通是双向的过程
- ◆沟通的7C原则
- ◆沟通的技巧
- ◆如何提升沟通能力

2.1　了解采购

1. 什么是采购

采购是指为取得所需的物料、工具、机构等物资，以利于企业运营所应承担的职责与采取的行为。因此，采购活动必须考虑以最适当的总成本、最适当的时间、高度的效率，获得品质最适当、数量最适当的物料、工具、机器等物质，并保证料源连续性。采购业务通常有下列几项内容，如图2-1所示。

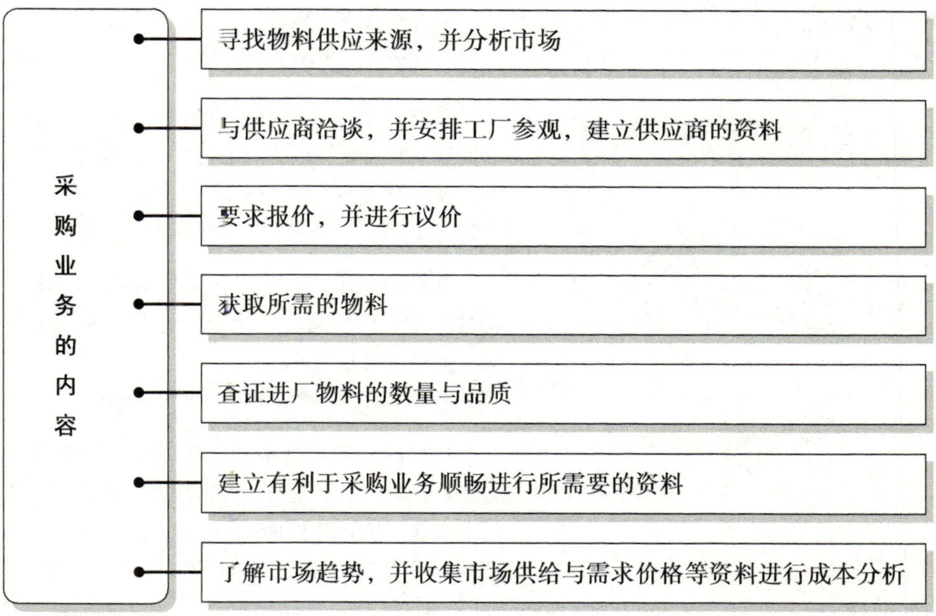

图2-1　采购业务的内容

2. 采购作业的步骤

采购作业是为完成指定的采购任务而进行的具体操作活动，一般由采购员承担。采购作业的步骤，如图2-2所示。

步骤1　确认需求

在采购之前，应先确定买哪些物料、买多少、何时买、由谁决定等问题

步骤2　需求说明

确认需求之后，对需求的细节如品质、包装、售后服务、运输及检验方式等，均须加以明确说明，以便来源选择及价格谈判等作业能顺利进行

步骤3　选择可能的供应来源

就需求说明，从原有供应厂商中，选择实绩良好的厂商，通知其报价；或以登报公告等方式，公开征求

步骤4　合适价格的决定

决定可能的供应商后，进行价格谈判

步骤5　订单安排

价格谈妥后，应办理订货签约手续。订单或合同均属具有法律效力的书面文件，对买卖双方的要求及权利义务，须予列明

步骤6　订单追踪与稽核

签约订货之后，为求供应厂商如期、保质、保量交货，应依据合同规定，督促厂商按规定交运，并予严格验收入库

步骤7　核对发票

厂商交货验收合格后，随即开具发票，要求付清货款时，对于发票的内容是否正确，应先经采购部核对，然后财务部才能办理付款

步骤8　不符与退货处理

凡厂商所交货品与合同规定不符而验收不合格者，应依照合同规定退货，并立即办理重购，予以结案

步骤9　结案

凡验收合格付款或验收不合格退货，均须办理结案手续，清查各项书面资料有无缺失、绩效好坏等，签报高层管理或权责部门核阅批示

步骤10　记录与档案维护

凡经结案批示后的购案，应列入档案登记编号分类，予以保管，以备参阅或事后发生问题的查考（档案都有一定保管期限的规定）

图2-2　采购作业的步骤

2.2 了解采购部

1. 采购部的职责

采购过程实际上是一个服务的过程。一方面，采购部在采购过程中要着眼于长远利益，为供应商提供力所能及的服务，如提供信息、协助推销、介绍新客户等；另一方面，对企业内部来说，采购部要为企业经营服务。

采购部的职责通常有以下几点，具体说明如图2-3所示。

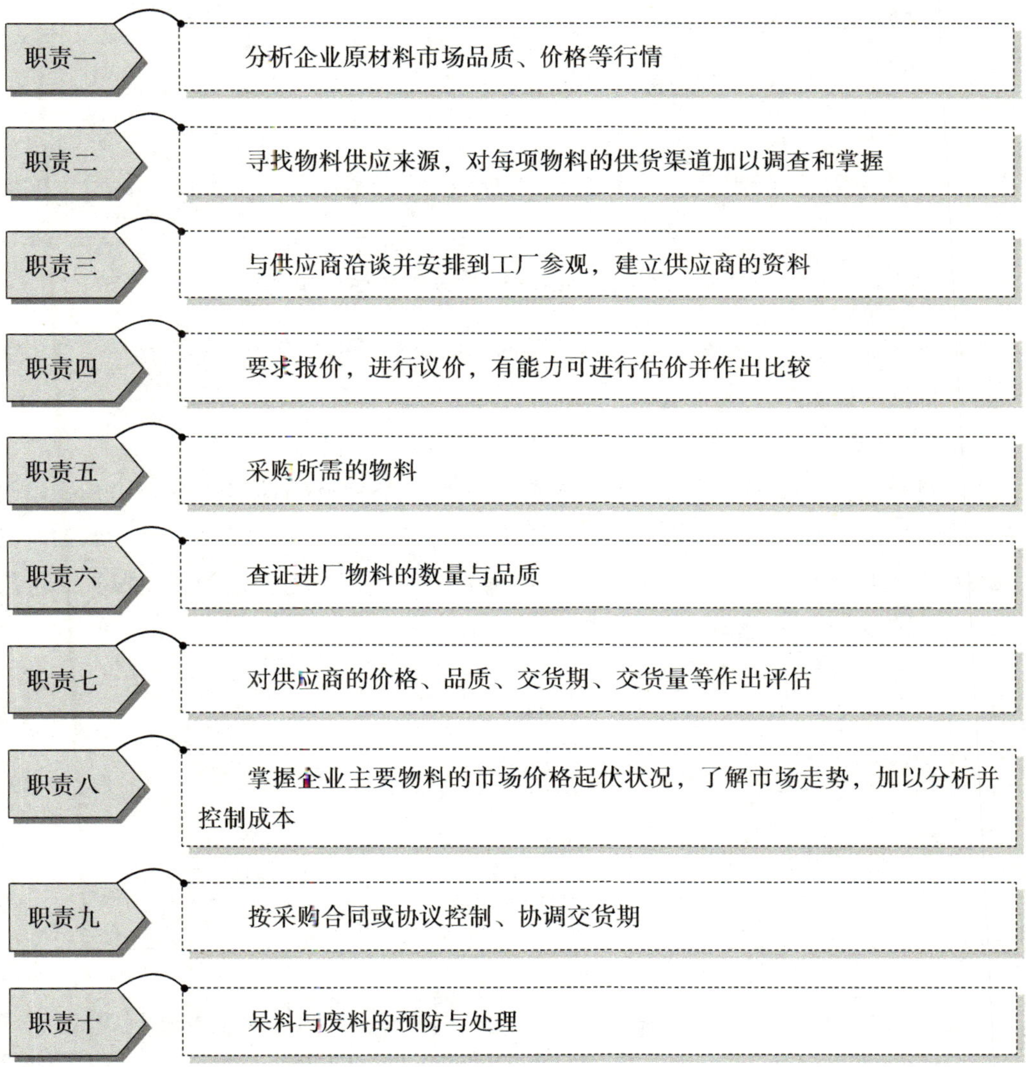

图2-3 采购部的职责

2. 采购部在企业的地位

不同规模的企业，其采购部的地位也不一样。作为企业的采购经理，必须清楚自己的部门隶属于哪一个部门，因为隶属的部门不一样，地位与工作重点也不一样。

（1）采购部隶属于生产部

采购部隶属于生产部，其主要职责是协助生产工作顺利进行。因此，采购工作的重点是提供足够数量的物料以满足生产上的需求，至于议价的功能则退居次要地位。而生产控制、仓储工作等划归其他部门负责，并未归入采购部的职能中。具体组织架构如图2-4所示。

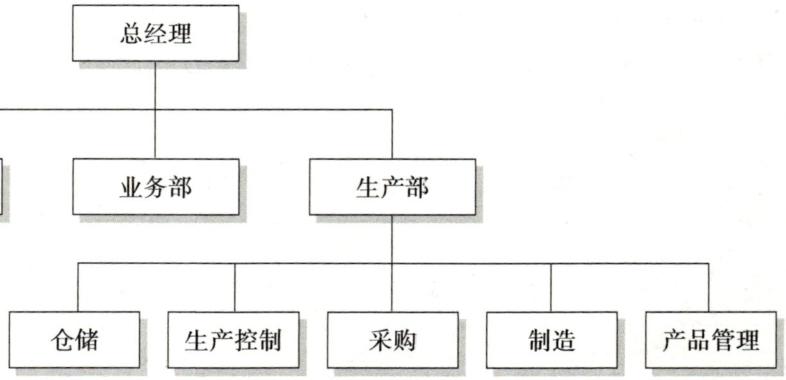

图2-4　采购部隶属于生产部架构图

将采购划归生产部，比较适合“生产导向”的企业。因为其采购功能比较单纯，而且物料价格也比较稳定。

（2）采购部隶属于行政部

采购部隶属于行政部，此时采购部的主要功能是获得较佳的价格与付款方式，以达到财务上的目标。而有时采购部为了取得较好的交易条件，难免延误了生产部用料的时机，或购入品质不尽理想的物料。不过，采购部独立于生产部之外，比较能发挥其议价的功能。具体组织架构如图2-5所示。

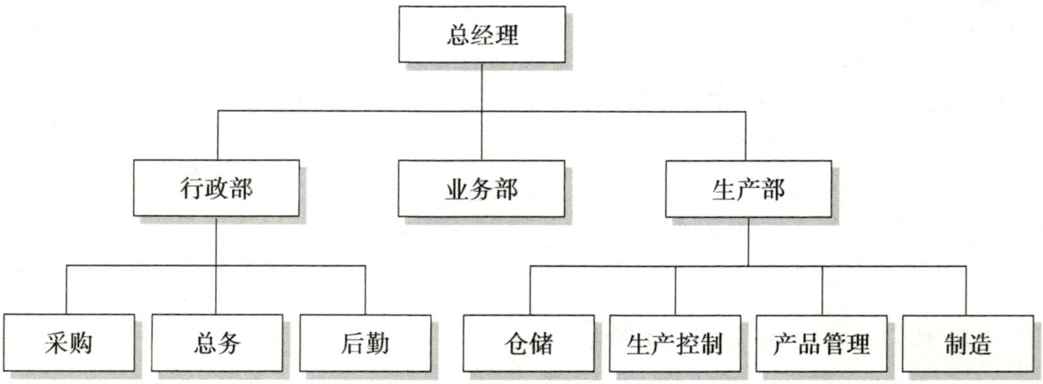

图2-5　采购部隶属于行政部架构图

该类型的采购部适合于生产规模庞大、物料种类繁多、价格经常需要调整、采购工作必须兼顾整体企业产销利益均衡的企业。

3. 采购部与其他部门的关系

由于采购业务所牵涉的范围非常广泛，与采购部相关的部门很多。因此，如果希望采购业务能够顺利进行，从而获得良好的工作绩效，除了采购部自身的努力外，还需企业内部各有关部门的密切配合。

（1）明确采购部与各部门的关系

采购经理要明确采购部与其他部门的关系，可以制作一个简单的表格，将关系进行简单分析，并明确工作方面大致需要的合作事务，如表2-1所示。

表2-1　采购部与企业内有关部门的关系

合作部门	合作事务
与管理部门	（1）在与管理部门的协调上，采购部应将与供应商接触所获得的市场信息提供给管理部门，作为其经营的依据 （2）管理部门则应将市场预测等信息提供给采购部参考
与营销部	（1）营销部应提供正确的营销预测及营销目标等资料给采购部，以期采购计划有效执行 （2）营销部研究制定产品的价格，必须预估制造成本，尤其是占主要部分的材料成本。在预估材料成本方面，采购部应提供充分的协助 （3）营销部在与顾客谈判特别订单及无库存的产品时，必须考虑采购的购运时间，从而避免无法如期交货的问题 （4）采购部应将从供应商处所获得的有关竞争者的用料需求信息以及其产品的销售数量、品质、价格等信息，提供给营销部，以协助其做好竞争策略的拟订工作
与生产部	（1）为了确保原料供应的稳定性，采购部和生管部需要经常交换信息 （2）生管部应尽早通知采购部有关产品的生产计划与物料的需求计划，使采购部有充裕的时间寻求货源，并与供应商议价 （3）采购部也必须通知生管部其所需要的购运时间及订购后可能发生的变化。如果生产计划或采购计划中的数量或时间有任何的改变，彼此都应迅速通知对方，以便及时地作适当的调整与配合
与品管部	（1）采购部应随时向品管部学习品管的知识，以便在与供应商接触时能了解物料品质，以期采购适当的物料供应生产 （2）采购部由于直接与供应商接触，从而能帮助品管部建立供应商所能配合的一套检验标准 （3）品管部也应将检查结果告知采购人员，借以考核供应商 （4）采购部应与品管部保持密切联系，以便品管部随时提供必要的协助，从而使请购规格与验收标准能相互吻合 （5）品管部对厂商交来的物料由于不符合要求而拒收时，应立即通知采购部，以便其采取必要的措施 （6）采购部与品管部应共同开发供应商，以确认厂商是否具备供应所需品质及数量的产品的能力

（续表）

合作部门	合作事务
与生产现场	（1）采购部提供生产现场所需物料，两者关系密切，但是两者却有不同的立场。通常，生产现场希望物料能快速供应，以免发生断料停工；而采购部则希望能有充分时间进行议价，以降低采购成本 （2）对于“自制”或“外包”的决定，生产现场与采购部彼此的立场与见解也可能不同
与财务部	（1）每一项采购交易，从订购开始到交货、请款、付款为止，都需要作财务处理 （2）财务部可为采购部提供各项有关的计算资料，例如：应付账款余额统计、实际支出金额与预算金额比较、材料成本计算、价差绩效计算等
与技术部	（1）技术部在设计物料规格时不可过分强调追求品质，而忽略其价格和市场因素；而采购部也不可太强调价格因素而忽略品质要求 （2）为了建立产品质量标准，以期尽量保证物料品种优良，两者应密切协调，从而产生良好的互动关系 （3）在新产品设计方面，采购部应随时提供有关物料规格、性能、价格等最新信息，供技术部参考
与仓储部	（1）大量采购可以降低物料的单位成本，但相对地，存量的增加，会提高仓储成本 （2）采购部应在订购作业完成时，将有关交货时间与数量等资料通知仓储部，以便仓储部能事先准备好所需空间；而仓储部也应定期将存量记录通知采购部，以利于存量控制 （3）对于退货、呆料、缺料等问题，采购人员也应协助仓储人员处理

小贴士

采购部是为各部门服务的，工作的好坏可能直接关系到企业的信誉。所以，要想各部门所想、急各部门所急，热情真诚地为他们服务。

（2）主动开展采购部满意度调查

采购部如果不被认可，在企业内部办事的效率就会降低，表现在订单审批缓慢、财务付款拖沓、工程师和品管部对质量认可挑剔。

提高采购部在企业内部的地位，直接关系到采购部的工作效果。因此，为了了解采购部的工作品质及关联部门对采购部的期望，可以定期在各部门展开采购部满意度调查，从而对各部门对采购部不满意的地方和提出的意见进行改善。

下面是某电子企业采购部制作的满意度调查问卷范本，仅供参考。

范本

××企业采购部满意调查问卷

主旨：

为了了解采购部现在的工作品质以及顾客未来的需要，本部门请您回答下列问题。您的宝贵意见将成为本部门将来工作改善的依据，先谢谢您的合作！

方法：

调查时间：________（____天）。

调查对象及问卷份数：（总计____个部门，____份问卷）。

内容：

第一部分：基本资料

1. 您在哪一个部门服务？________________________
2. 您目前的职位是？________________________
3. 您在公司（工厂）服务多久了？________________________

第二部分：采购部现在的工作品质

1. 下列的工作，请依照对您的重要性进行排列。

（从最重要到最不重要——从6到1）

服务品质________________ 交货的时间________________

询价的回复速度____________ 采购人员的专业知识____________

采购人员的礼仪____________ 其他（请自填）____________

2. 基本功能

功能	工作种类	对您的重要性	工作品质
2-1 配合条件	市场研究		
	对选择供应商的贡献		
	专案及样品追踪		
	议价		
	供应商改善计划		
	提供竞争情报		
2-2 物料	市场研究		
	对选择供应商的贡献		
	专案及样品追踪		
	议价		

（续）

（续表）

功能	工作种类	对您的重要性	工作品质
2-2 物料	供应商改善计划		
	提供竞争情报		
2-3 其他（请说明）	市场研究		
	对选择供应商的贡献		
	专案及样品追踪		
	议价		
	供应商改善计划		
	提供竞争情报		
备注：重要性：1/不重要　2/普通　3/很重要　工作品质：1/很差　2/普通　3/好　4/非常好			

3. 采购

功能	工作种类	对您的重要性	工作品质
3-1 配合条件	开发来源的时间		
	服务态度		
	运送的可靠性		
	问题解决及追踪		
	回馈信息		
	反应时效		
3-2 材料	开发来源的时间		
	服务态度		
	运送的可靠性		
	问题解决及追踪		
	回馈信息		
	反应时效		
3-3 其他（请说明）	开发来源的时间		
	服务态度		
	运送的可靠性		
	问题解决及追踪		
	回馈信息		
	反应时效		
备注：重要性：1/不重要　2/普通　3/很重要　工作品质：1/很差　2/普通　3/好　4/非常好			

（续）

4. 品质保证

工作种类	对您的重要性			工作品质			
	1	2	3	1	2	3	4
检验时间							
服务态度							
品质可靠性							
问题解决及追踪							
回馈信息							
反应时效							
备注：重要性：1/不重要　2/普通　3/很重要　工作品质：1/很差　2/普通　3/好　4/非常好							

5. 决评（请按下列项目打“√”来评估采购部门的等级）

项目	非常同意	同意	尚可接受	不同意	非常不同意
1. 采购人员的礼仪					
2. 采购人员对询价的反应速度					
3. 从采购部门获得信息的准确性					
4. 财、物准时送达					
5. 采购部买的财物其价格有竞争力					
6. 所购买的财物其品质令人满意					
7. 采购的市场研究能力对我的帮助很大					
8. 采购部协助我获得最好的价格及付款条件					
9. 我对采购部的整体绩效很满意					

6. 其他评语（请列出您希望采购部进一步改善的项目）

____

____

第三部分：明年的顾客需求（请填入您的特定要求）

市场研究 （1）配合条件 （2）物料 （3）零组件 （4）其他	

（续）

（续表）

前瞻性信息 （1）技术 （2）创新	
品质保证	
其他	

请将此表在______年____月____日之前送交采购部门。

2.3 采购经理的团队

1. 采购经理的下属构成

企业的规模不同，采购部的规模也不一样，采购经理的下属构成也不一样。规模大的采购部可能会配备有采购工程师、采购文员、价格管理员、谈判人员、采购人员等，规模小的则可能只配备有几名采购人员。

2. 采购部的分工依据

对于产品比较单一、只有一个厂址的企业来说，最重要的是将采购工作按物料的种类进行分类。此外，还应该授予每一名采购人员采购某一类商品的职责。而且，应尽可能让经验丰富的专业采购人员负责采购高价值的物品。因此，按物料种类进行分类，使采购人员只需面对数量有限的市场，从而让他们有机会了解产品的具体性能，并能够掌握供应商的特点。

不过，在一些更复杂的多种产品、多个厂址的企业承包中，还有两项分工的依据。即采购人员可以按某一制造部门的生产线进行分工，由专人负责某一生产线的采购；此外，还可以按不同的厂址进行分工，由专人负责某一个厂址的采购。

3. 采购部的人员设置

采购部内部的人员设置一般有三种方式。

（1）根据采购物料设置

根据采购物料设置，即不同的采购物料配备不同的采购人员。这种设置适合原材料需求种类多、专业性强的企业，如大型的汽车厂、石化厂。在这些企业中，几乎每一种原材料都有自己物理或化学方面的要求，如果没有专业的知识和技能，就不可能完成采购任务，因此不同的原材料采购需要配备不同的采购人员，如图2-6所示。

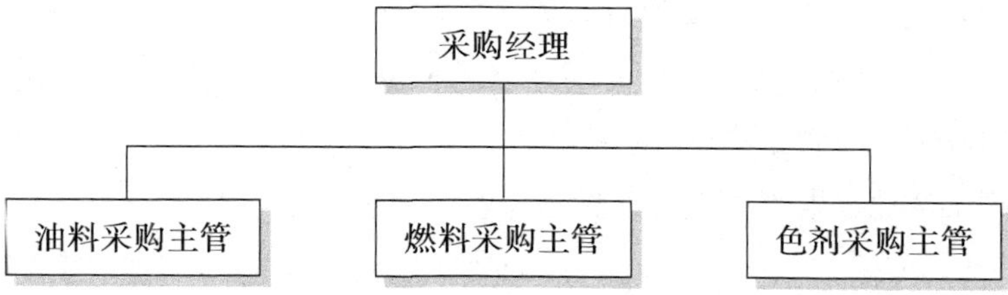

图2-6　企业采购部门设置图

（2）根据采购流程设置

根据采购流程设置，即采购的不同环节设置不同的采购人员。这样便于采购人员更好地熟悉业务，精通招标谈判等技能；有利于各个环节之间相互监督，避免浪费和腐败现象，减少内部审计成本；还有利于培养大家的团队合作精神。但这要求内部设置能更好地协调和合作，否则会造成采购效率低下、管理混乱，如图2-7所示。

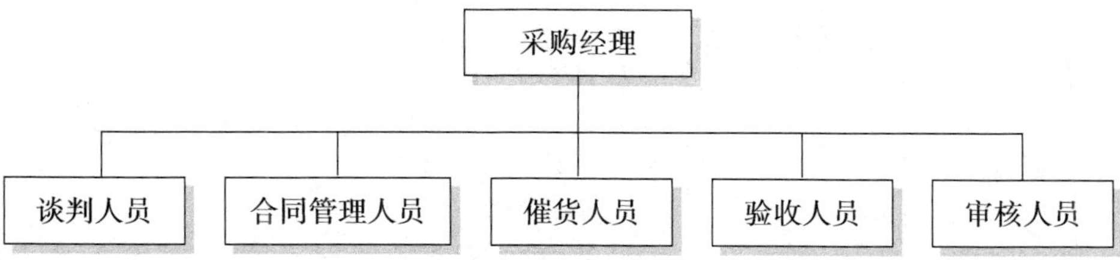

图2-7　按采购流程和环节设置采购人员

（3）按综合采购物料和采购流程设置采购人员

这种方式主要适合一些大企业。因为在这些大企业中，原材料需求多、数量大、专业性强，采购流程也相应复杂得多，如图2-8所示。

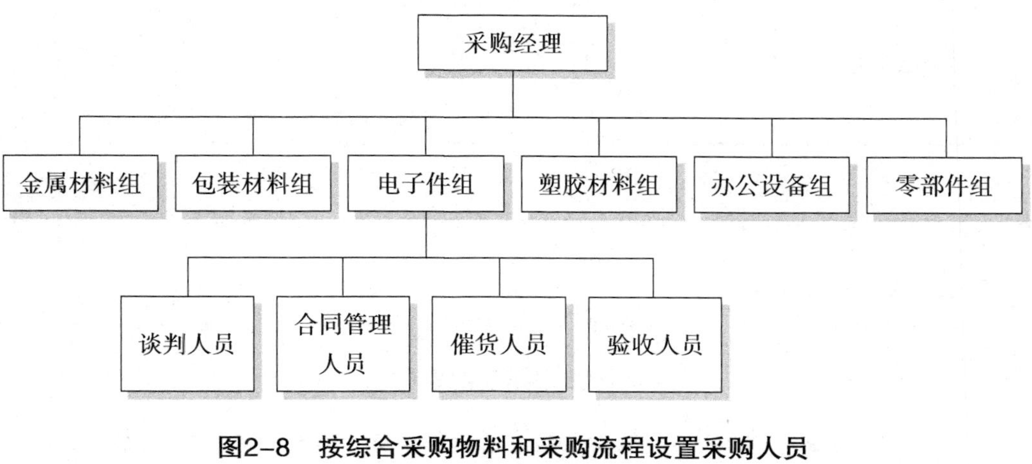

图2-8　按综合采购物料和采购流程设置采购人员

4. 下属岗位的人员数量设置

采购部在进行内部职位设置时，应以“精干、高效、合理”为原则，根据采购部各职能划分和其工作量的大小进行职位设置和人员的配备。企业在对采购部进行职位设置及人员配备的过程中，可以根据企业自身的实际情况采取“一人多岗”或“一岗多人”的设置方案，将相关职位按照其职能进行分解或合并。

下面是两个某企业采购部的人员设置范本，仅供参考。

范本

××企业的采购部组成（一）

××企业的采购部由6人组成，分别是：采购经理1人、采购文员1人、采购跟单员4人，其职能划分如下表所示。

职能分配表

职务	配置人数	主要职责	职级
采购经理	1人	（1）采购预算的批准 （2）采购价格的核定 （3）主持采购谈判 （4）采购部管理 （5）采购合同的签订	2级
采购文员	1人	（1）制订采购计划 （2）管理供应商档案 （3）负责供应商的送货记录管理 （4）负责采购部日常事务管理 （5）采购合同管理	4级
采购跟单员	4人	（1）参与采购谈判 （2）开发供应商 （3）管理供应商 （4）日常供应商物料的跟催	4级

范本

某企业的采购部组成（二）

××中型企业采购部由9人组成，其中采购经理负责日常管理，经理之下分别设

（续）

有采购工程师、采购文员、价格管理员、采购业务员4个岗位，其职能分配见下表。

职能分配表

职务	配置人数	主要职责	临时顶替者（主要协助者）
采购经理	1人	（1）采购预算的批准 （2）采购价格的核定 （3）主持采购谈判 （4）采购部管理 （5）采购合同的签订	采购工程师
采购工程师	1人	（1）供应商开发 （2）供应商物料质量管理	采购文员
采购部文员	1人	（1）负责处理采购日常事务 （2）采购合同管理 （3）供应商档案管理	
价格管理员	1人	（1）负责制定采购价格 （2）参与采购价格谈判	
采购业务员	5人	（1）日常供应商物料的跟催 （2）参与采购谈判 （3）参与开发供应商 （4）参与管理供应商	

5. 各岗位的职位说明

职位说明书是通过职位描述的工作把直接的实践经验归纳总结上升为理论形式，使其成为指导性的管理文件。一般职位说明书是由一线经理来制定的，人力资源经理起到辅助作用，主要是提供制定职位说明书的框架格式，并提供参考性建设建议。

通常职位说明书为一式三份，一份为用人部门负责人保管，一份为员工自己保管，一份由人力资源部备份保管。

职位说明书的内容包括七项，如图2-9所示。

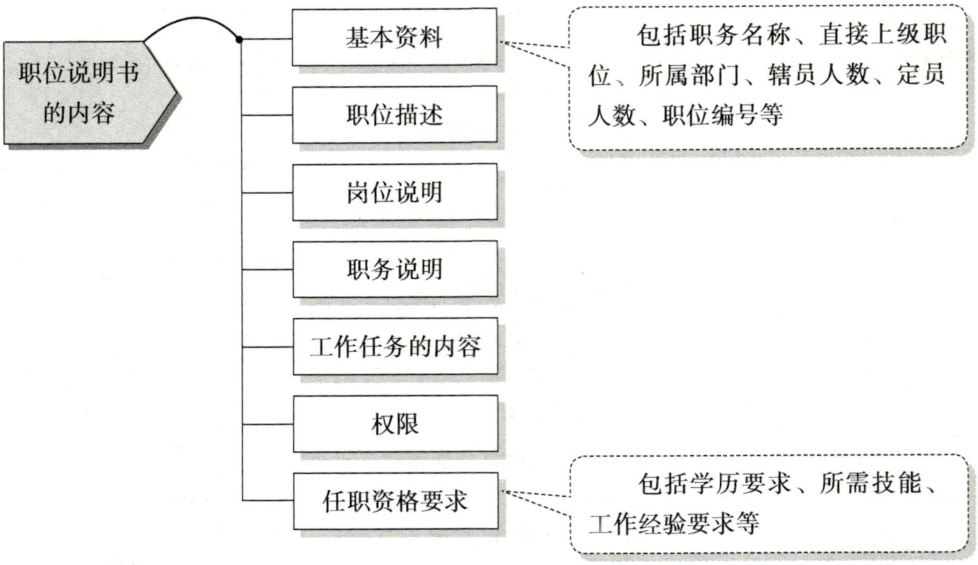

图2-9　职位说明书的内容

不同企业职位说明书的格式不一样，但其核心内容基本一样。要做职位说明书，最关键的是要了解该岗位究竟做什么，其上下级关系、协助单位或人员，胜任该岗位工作的人员素质要求。

下面是某企业采购人员职位说明书范本，仅供参考。

范本

采购人员职位说明书

职位名称	采购人员	职位代码		所属部门	采购部
职系		职等职级		直接上级	采购经理
直接下级					
薪金标准		填写日期		核准人	
职位概要	实施专项采购计划，根据采购制度进行采购作业，完成采购任务				
工作内容	（1）下达订购单 （2）物料交货期的控制 （3）材料市场行情的调查 （4）查证进料的品质和数量 （5）进料品质和数量异常的处理				

（续）

（续表）

工作内容	（6）与供应商进行有关的交货期、交货量等方面的沟通协调 （7）询价、比价、议价及订购作业 （8）交货期的进度控制 （9）进料品质、数量异常的处理 （10）内外销差价、退税资料的提供 （11）主要原材料的估价 （12）供应商材料样板的品质初步确认 （13）材料样板的初期制作与更改 （14）替代材料的搜寻 （15）采购部有关技术、品质文件的拟订 （16）与技术部、品管部针对技术、品质问题的沟通与协调 （17）与供应商针对技术、品质问题的沟通与协调
岗位职权	（1）有权处理采购过程中出现的各种问题 （2）有权处理与供应商的关系 （3）有权开发并联系新的供应商 （4）有权处理退货 （5）有权与供应商谈判价格，确定交货期 （6）有权考察供应商的物料质量
任职资格	（1）教育背景：理工类或相关专业专科以上学历 （2）经验：1年以上采购经验 （3）技能技巧：掌握相关产品的知识、具备采购经验；熟练使用办公软件，熟悉MRPⅡ计算机系统；懂ISO 9000及采购相关程序；了解相关产品材料市场；良好的英文基础

2.4　架起沟通的桥梁

采购经理担负着企业购进物料的把关职责，他的沟通往往很具体，一般围绕着“供应商、价格、质量、供货期、性价比”等关键词。围绕着采购工作，沟通的问题主要有物料采购期、交货期、质量要求、数量、价格、供应商选择和评估等。

采购经理对外连接供应商，对内与各部门都联系。采购经理的沟通具有市场性、前瞻性、探求性。向上沟通，要用数据说话，还要如实反映具体事实。因为上级对市场并不了解。向下沟通，要交代一个大致权限，不可限定一个不变的标准，要让下属有一定的活动空间。与同级部门沟通，要多用征求的语气沟通，因为有些物料是难以一下找到的，需要有替代品，但采购经理不可越俎代庖，擅作决定，一定要弄清楚部门、车间对物料的要求。

采购经理的沟通目的很明确，那就是要花最少的钱办最好的事，花小钱办大事，不花钱办好事。用最少的资金或资金占用，采购到最合适的物料。

1. 沟通的方式

企业内的沟通有以下几种方式。

（1）文字沟通

文字沟通即以报告、备忘录、信函等文字形式来进行沟通。采用文字进行沟通的原则如图2–10所示。

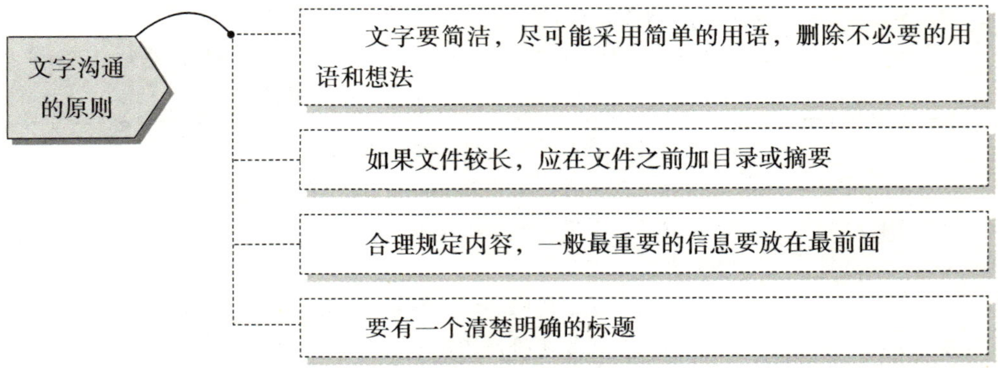

图2–10　文字沟通的原则

（2）口语沟通

口语沟通即利用口语面对面地进行沟通。口语沟通需要沟通者具有知识丰富、自信、发音清晰、语调和善、诚意、逻辑性强、有同情心、心态开放、诚实、仪表好、幽默、机智、友善等有效沟通的特质。

（3）非口语沟通

非口语沟通是指伴随沟通的一种非语言行为，具体包括眼神、面部表情、手势、姿势和身体运动等。

2. 沟通是双向的过程

人们在工作和生活的过程中，常把单向的通知当成了沟通。你在与别人沟通的过程中是否是一方说而另一方听？这样的效果非常不好。换句话说，只有双向的互动才叫作沟通，任何单向的都不叫沟通。因此，沟通的另一个非常重要的特征是：沟通一定是一个双向的过程，如图2–11所示。

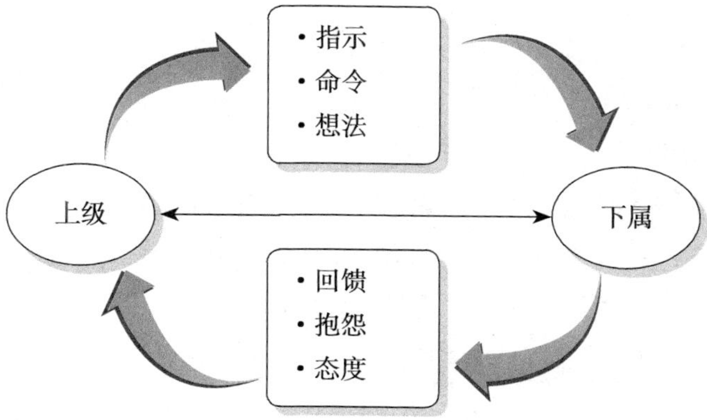

图2-11　沟通是双向的过程

（1）沟通的障碍

有人为不善辞令、不会讲话而烦恼，因为常常会沟通不良。但健谈的人也未必就是沟通高手，因为如果只会喋喋不休，易引起别人的反感，沟通也会有障碍。而不善表达者如果抓住了重点，掌握一些技巧，沟通也会出奇制胜。

常见的沟通障碍一般来自三个方面，即传送方的问题、接收方的问题及传送渠道的问题，如表2-2所示。

表2-2　沟通的主要障碍

障碍来源	传送方	传送渠道	接收方
主要障碍	1. 用词错误，词不达意 2. 咬文嚼字，过于啰唆 3. 不善言辞，口齿不清 4. 只要别人听自己的 5. 态度不正确 6. 对接收方反应不灵敏	1. 经过他人传递而误会 2. 环境选择不当 3. 沟通时机不当 4. 有人破坏、挑衅	1. 听不清楚 2. 只听自己喜欢的部分 3. 偏见 4. 光环效应 5. 情绪不佳 6. 没有注意言外之意

（2）管理者沟通的禁忌

作为部门经理应注意克服沟通障碍，注意以下禁忌。

①只要别人听你的。

②只听自己想听的。

③不好的口头禅。

④语句威胁。

⑤不好的沟通环境。

⑥不稳定的情绪。

（3）沟通的共识

与人沟通应建立下列共识。

①欢迎别人的不同意见。

②感谢别人的建议。

只要下属愿意说出对企业的建议，不论正面或反面都是好事。一来管理者可以倾听员工内心真正的声音；二来即使员工对企业政策有诸多不满，但只要他愿意说出来，就给了企业和管理者一个机会，可以再次向他解释及说服。

（4）沟通的注意事项

①不要自我作祟。

②先听后说。

③中间不作情绪的直接反应（非理性情绪）。

④态度诚恳，说话实际。

⑤沟通无共识，应予协调；协调未解决，应进行谈判；谈判无结果，申诉裁决。

⑥上级与下属各执一词，无法证明何者较佳时应视所处地位采取相应的措施。如处于下属的立场，如裁决上级的方案，下属应全力支持。如处于上级的立场，如可预防风险，并以此培养下属某项能力时，可以裁决用下属的方案。

沟通的“三要三不要”如图2-12所示。

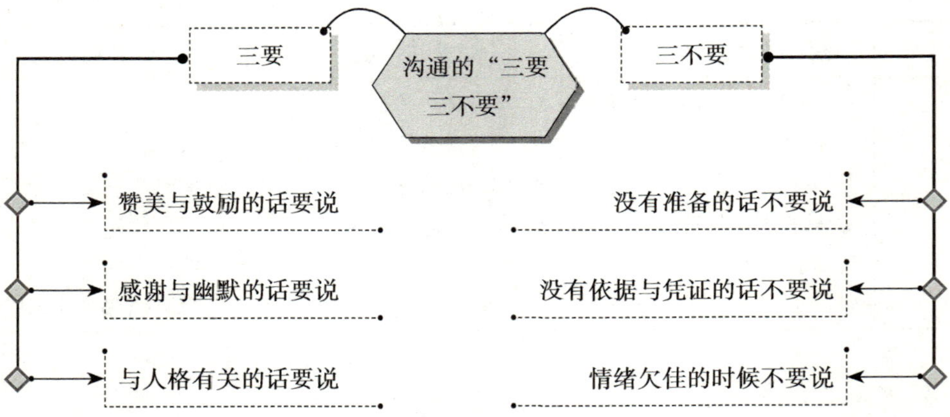

图2-12 沟通的“三要三不要”

3. 沟通的7C原则

美国著名的公共关系专家特立普和森特在他们合著的被誉为“公关圣经”的著作《有效的公共关系》中提出了有效沟通的“7C原则”。

（1）Correct（正确）——传递的信息必须是正确的。

（2）Complete（完整）——即在沟通中，双方将自己要说的内容说得完整。

（3）Concrete（言之有物）——在沟通中要有事实、有证据。

（4）Clarity（清晰）——沟通之前做好准备，分类汇总，有条理地解释说明。

（5）Courtesy（礼貌）——沟通中要注重礼仪、说话讲技巧、有分寸。

（6）Concise（简明）——要简洁，越简单越好。

（7）Considerate（体贴）——换位思考，以心换心。

4. 沟通的技巧

沟通是一个讲与听的过程，所以，采购经理不但要会讲，还要会听，同时要注意语调、态度。

（1）倾听

倾听是沟通最重要的技巧，当下属的话匣子打开以后，沟通已经成功一半了。倾听讲究“停、看、听”，如图2-13所示。

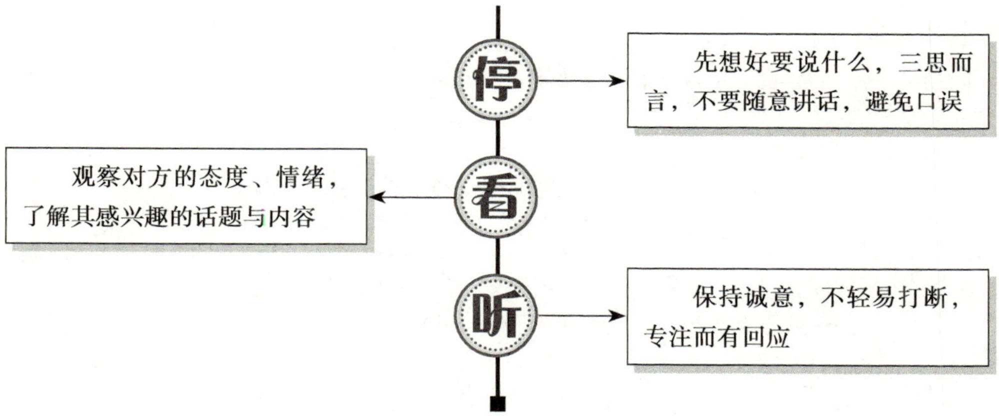

图2-13　倾听的技巧

倾听时要注意的事项如图2-14所示。

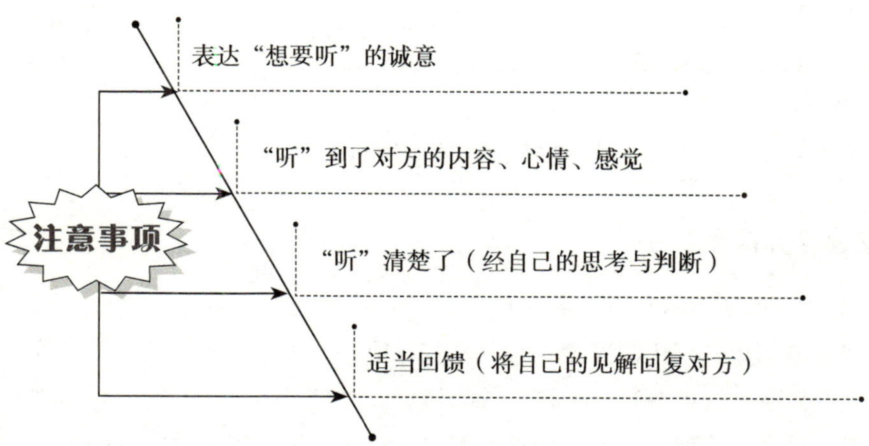

图2-14　倾听的注意事项

（2）谈吐

采购经理应注意的谈吐要点如图2-15所示。

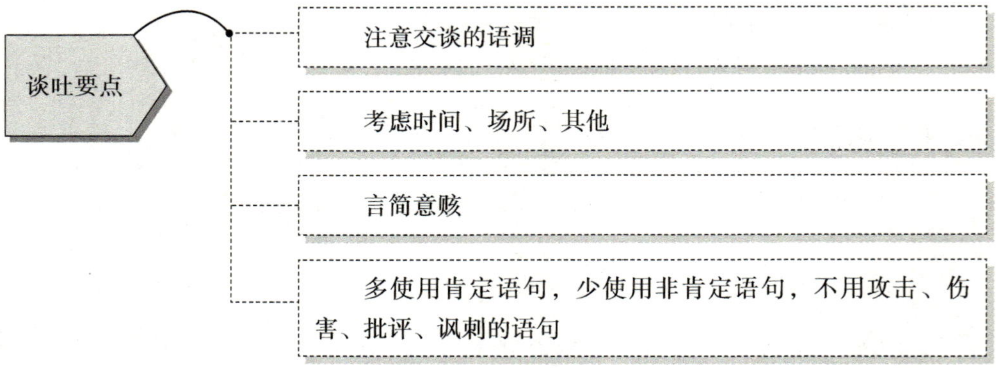

图2-15　谈吐要点

（3）态度

采购经理要注意与人沟通的态度，具体如图2-16所示。

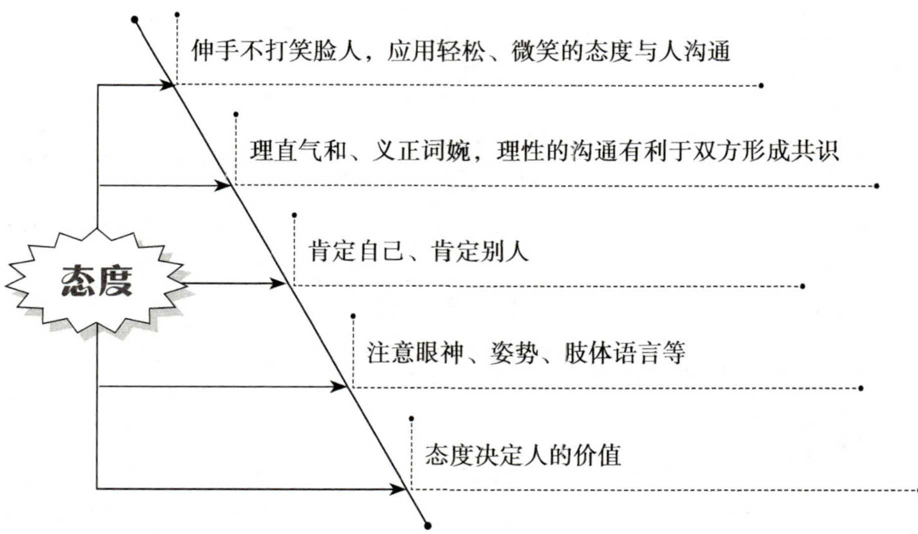

图2-16　注意沟通态度

5. 如何提升沟通能力

（1）列出沟通情境和沟通对象清单

这一步非常简单。闭上眼睛想一想，你都在哪些情境中与人沟通，如学校、家庭、工作单位、聚会以及日常的各种与人打交道的情境。再想一想，你都需要与哪些人沟通，如朋友、父母、同学、配偶、亲戚、领导、邻居、陌生人等。列清单的目的是使自己清楚自己的沟通范围和对象，以便全面地提高自己的沟通能力。具体的沟通情境和沟通对象清单如表2–3所示。

表2–3　我的沟通情境和沟通对象清单

<table>
<tr><th>沟通情境</th><th>沟通对象</th></tr>
<tr><td>学校
家庭
办公室
聚会
会议
……</td><td>朋友：
1.
2.
3.
同学：
1.
2.
3.
亲戚:
1.
2.
3.
同事：
……</td></tr>
</table>

（2）评价自己的沟通状况

客观、认真地回答表2–4所列问题，有助于了解自己在哪些情境中、与哪些人的沟通状况较为理想，在哪些情境中、与哪些人的沟通需要着力改善。

表2–4　评价自己的沟通状况

<table>
<tr><th>问题</th><th>我的状况</th></tr>
<tr><td>1. 对哪些情境的沟通感到愉快？
2. 对哪些情境的沟通感到有心理压力？
3. 最愿意与谁保持沟通？
4. 最不喜欢与谁沟通？
5. 是否经常与多数人保持愉快的沟通？
6. 是否常感到自己的意思没有说清楚？
7. 是否常误解别人，事后才发觉自己错了？
8. 是否与朋友保持经常性联系？
9. 是否经常懒得给人写信或打电话？</td><td></td></tr>
</table>

（3）评价自己的沟通方式

在这一步中，主要问自己三个问题，如表2-5所示。

表2-5　评价自己的沟通方式

问　　题	我的答案
第一个问题：通常情况下，自己是主动与别人沟通还是被动沟通？ 第二个问题：在与别人沟通时，自己的注意力是否集中？ 第三个问题：在表达自己的意图时，信息是否充分？	

主动沟通者与被动沟通者的沟通状况往往有明显差异。研究表明，主动沟通者更容易与别人建立并维持广泛的人际关系，更可能在人际交往中获得成功。

沟通时保持高度的注意力，有助于了解对方的心理状态，并能够较好地根据反馈来调节自己的沟通过程。没有人喜欢自己的谈话对象总是左顾右盼、心不在焉。

在表达自己的意图时，一定要注意使自己能被他人充分理解。沟通时的语言、动作等信息如果不充分，则不能明确地表达自己的意思；如果信息过多，出现冗余，也会引起信息接收方的不舒服。例如，你一不小心踩到别人的脚，那么"对不起"就足以表达你的歉意，如果你还继续说："我实在不是有意的，别人挤了我一下，我又不知怎的就站不稳了……"这样反倒令人反感。因此，信息充分而又无冗余是最佳的沟通方式。

（4）制订、执行沟通计划

通过前几个步骤，你一定能够发现自己在哪些方面存在不足，从而确定在哪些方面重点改进。例如，沟通范围狭窄，则需要扩大沟通范围；忽略了与友人的联系，则需写信、打电话；沟通主动性不够，则需要积极主动地与人沟通，等等。把这些制成一个循序渐进的沟通计划，然后把自己的计划付诸行动，体现在具体的生活小事中。例如，觉得自己的沟通范围狭窄，主动性不够，你可以规定自己每周与两个素不相识的人打招呼，具体如问路，说说天气等。不必害羞，没有人会取笑你的主动，相反，对方可能还会欣赏你的勇气呢！

在制订和执行计划时，要注意小步子的原则，即不要对自己提出太高的要求，以免实现不了，反而挫伤自己的积极性。小要求实现并巩固之后，再对自己提出更高的要求。

（5）对计划进行监督

这一步至关重要。一旦监督不力，可能就会功亏一篑。最好是自己对自己进行监督，例如用日记、图表记载自己的发展状况，并评价与分析自己的感受。

当你完成了某一个计划，如跟一直不敢说话的异性打了招呼，你可以奖励自己一顿美餐或看场电影，这样有助于巩固阶段性成果。如果没有完成计划，就要采取一些惩罚措施，例如做俯卧撑或做一些懒得做的体力活。

总之，计划的执行需要信心，要坚信自己能够成功。记住：一个人能够做的，比他已经做的和相信自己能够做的要多得多。

学习笔记

通过学习本章内容，想必您已经掌握了不少学习心得，请仔细记录下来，以便继续巩固学习。如果您在学习中遇到了一些难点，也请如实写下来，方便今后重复学习，彻底解决这些难点。

我的学习心得

1. ______________________________
2. ______________________________
3. ______________________________
4. ______________________________
5. ______________________________

我的学习难点

1. ______________________________
2. ______________________________
3. ______________________________
4. ______________________________
5. ______________________________

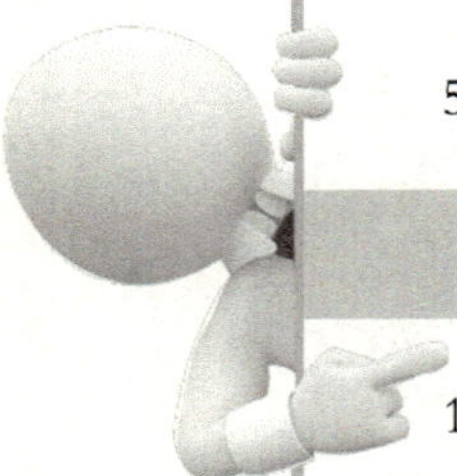

我的运用计划

1. ______________________________
2. ______________________________
3. ______________________________
4. ______________________________
5. ______________________________

第3章

如何做好采购计划

采购计划是采购部为配合年度销售预测或采货数量，对所需原料、物料、零件等的数量及成本制订的详细计划，以利整个企业目标的达成。

学习指引

- 制订采购计划
  - ◆采购计划重点问题
  - ◆采购计划的种类
  - ◆采购计划目的
- 采购需求确认
  - ◆各部门的配合
  - ◆物料需求计划
  - ◆需求表现形式
- 编制采购计划的依据
  - ◆年度营销计划
  - ◆年度生产计划
  - ◆用料清单
  - ◆存量管制卡
  - ◆物料标准成本
  - ◆生产效率
  - ◆价格预期
- 编制采购计划的步骤
  - ◆将物料分类
  - ◆分析与采购相关的资料
  - ◆决定各类物料采购数量
  - ◆填写采购计划表
- 计划实施——采购任务的安排
  - ◆采购任务的统计
  - ◆采购任务的安排
  - ◆新产品的采购安排
- 计划实施——供应商的考察
  - ◆供应商考察的内容
  - ◆相关部门责任
  - ◆供应商考察准备
  - ◆供应商的初选
  - ◆货物质量考察
  - ◆供应定期评估
  - ◆调整采购环境

3.1 制订采购计划

1. 采购计划重点问题

采购计划就是要确定如何进行采购物料及其服务，以最好地满足生产需求的过程。它需要重点考虑的问题包括是否采购、采购什么、采购多少、如何采购及何时采购，如图3-1所示。

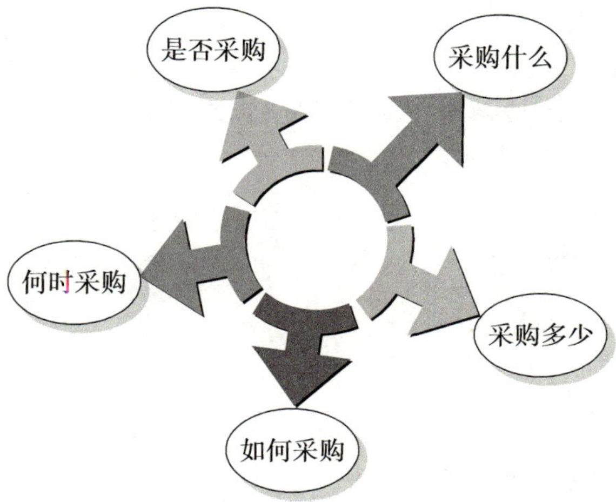

图3-1 采购计划重点问题

2. 采购计划的种类

一般而言，采购计划有年度采购计划、月度采购计划、日采购计划、日常经营需求计划，如图3-2所示。

1 年度采购计划

根据企业年度经营计划，在对市场信息和需求信息进行充分分析和收集的基础上，并依据往年历史数据的对比预测所制订的计划

2 月度采购计划

在对年度采购计划进行分解的基础上，依据上月实际采购情况、库存情况、下月度需求预测、市场行情制订的当月采购计划

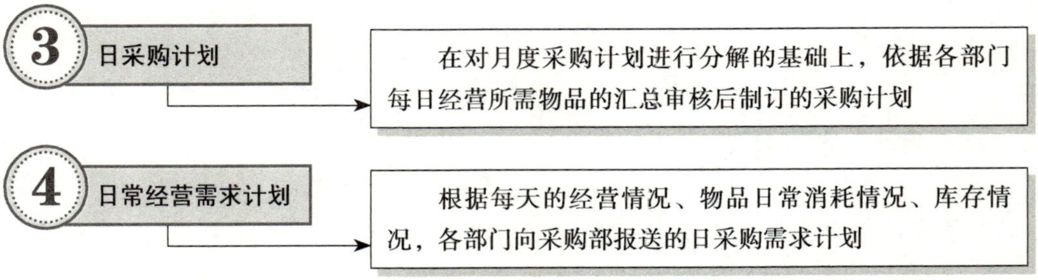

图3-2　采购计划的种类

3. 采购计划目的

采购计划应该达到五个目的，如图3-3所示。

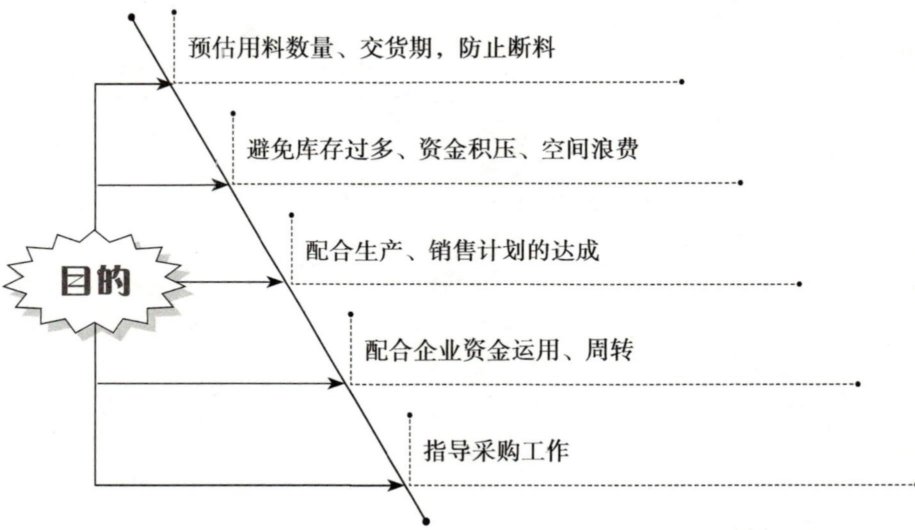

图3-3　采购计划的五个目的

小贴士

制订采购计划时，首先要进行市场调查，从而了解有哪些可能合作的供应商，以及他们提供的物料和服务的质量、价格等。

3.2　采购需求确认

制造性企业采用的采购计划是物料需求采购法，即将物料采购纳入生产工序的一个环节。厂家采购需求来自以下三个方面。

1. 各部门的配合

采购计划（预算）虽是整个企业预算的核心，但是如果单独编制，不但缺乏实用的价值，也会失去其他部门的配合。

因为物料的采购计划工作，自产品的设计开始，无论是正常的批量生产或特殊的订货生产，都必须事先经过一系列的计划工作，以便能顺利地获得物料来满足生产所需。企业各部门的配合，具体如图3-4所示。

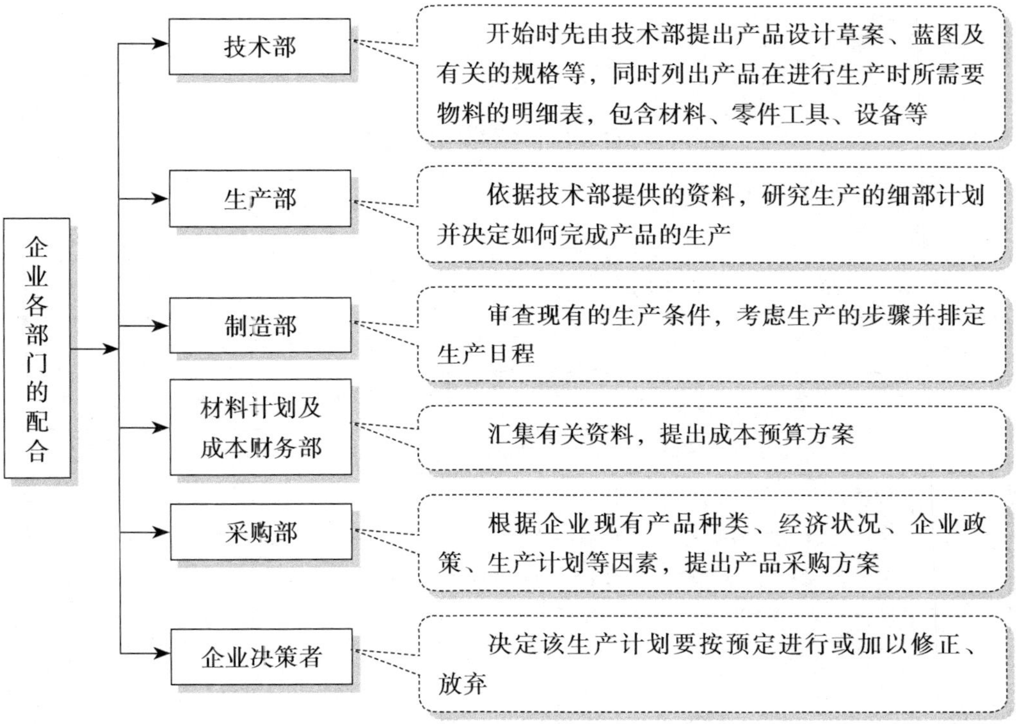

图3-4　企业各部门的配合

2. 物料需求计划

采购计划中最核心的是物料需求计划。在企业中常用ERP系统来进行物料的需求计算。物料需求计划的步骤如3-5所示。

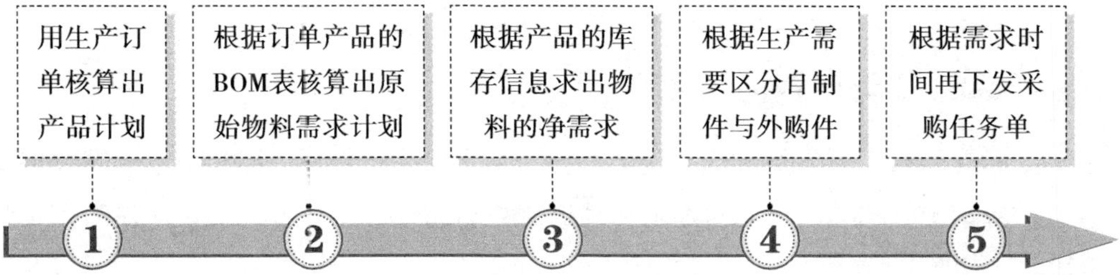

图3-5　物料需求计划的步骤

其中：

物料毛需求量＝订单要求产品数×BOM表

净需求量＝毛需求量＋已分配量－可用库存量－在途量

3. 需求表现形式

生产用料一般不用申请，直接由生产单位发出采购任务单即可。

下面是某企业采购任务单范本，仅供参考。

范本

××企业生产物料采购任务单

指令单位：生产部

执行单位：采购部　　　　编号：001

物料名称	物料编号	数量	需求日期	需求部门	生产跟单员
耐高温软管（黑色）	2003AQC	1000个	12-26	装配车间	××
耐高温软管（灰色）	2003AQD	1000个	12-26	装配车间	××
产品要求	性质：弯曲半径要约等于外径 构造：弹性钢丝包覆于管壁，纤维强化管 壁：包覆硅胶玻璃纤维，弹性钢丝 承受的温度范围：约-70℃到+260℃,短时间可达到+280℃ 其他要求：双层,内部平滑 规格：200mm				

制表	生产计划员 ××	审核	生产主管 ××	审批	生产副总 ××

3.3 编制采购计划的依据

制订采购计划时，应考虑年度营销经营计划、年度生产计划、用料清单、库存情况、企业资金供应情况等相关因素，对经营活动的急需物品，应优先考虑。具体在制作时要考虑七个因素，如图3-6所示。

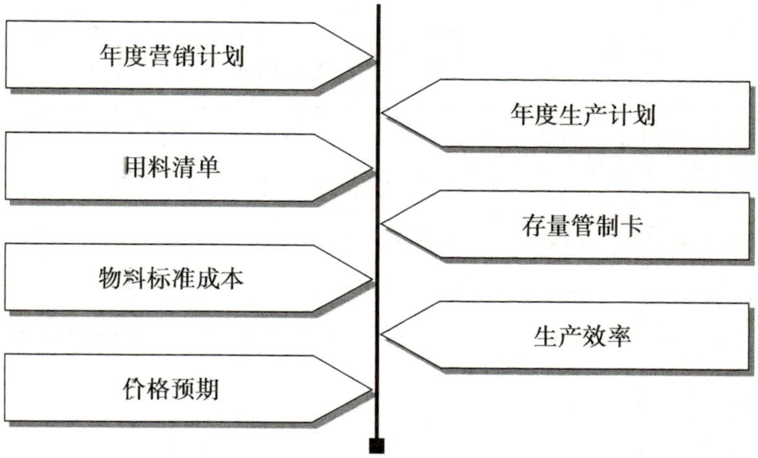

图3-6 编制采购计划的依据

1. 年度营销计划

除非市场出现供不应求的状况，否则企业年度的经营计划多以营销计划为起点，而营销计划的拟订，又受到销售预测的影响。

销售预测的决定因素，包括外界的不可控制因素，如国内外经济发展情况（GDP、失业率、物价、利率等）、技术发展、竞争者状况等，以及内部可控制因素，如财务状况、技术水准、厂房设备、原料零件供应情况、人力资源及企业声誉等。

2. 年度生产计划

一般而言，生产计划源于营销计划，如果营销计划过于乐观，将使产量变成存货，造成企业的财务负担；反之，过度保守的营销计划，将使产量不足以供应客户所需，丧失了创造利润的机会。因此，一旦营销人员对市场的需求量估算失当，就会造成生产计划朝令夕改，也使得采购计划与预算必须经常调整修正，物料供需长期处于失衡状态。

下面是某企业年度工作计划范本，仅供参考。

范本

采购部年度工作计划（一）

随着公司行业竞争力的不断走强，对公司采购管理工作和业务技能提出了更高要求。为了使采购部能适应公司发展的需要，现对下一年度采购工作做如下规划。

一、年度采购计划

（续）

年度采购计划（具体项目略）

物料名称	规格	单位	数量	时价	预计采购价格	降幅	采购金额（元）	预付款比例	周结比例	月结比例

二、目标计划

1. 适时

原辅材料以物控计划为准，及时准确到货，保证供货的及时性，无断料情况发生。

2. 适价

（1）原材料方面在保证质量的前提下，经与兄弟公司分析比较，不得有高价项发生（确属区域差异除外）。

（2）零星物料总体采购价格在2015年均价的基础上下降3%（新的绩效目标出来之前暂以2015年均价为比较），同时单体物料经与同行公司比较，不得有价高8%的采购动作发生。

3. 适量

原材料、零星物料按申购要求适量到货，每批次数量不短货，不超计划来料。

4. 适质

按申购要求保证所购物料的质量，不购质量差、影响生产的物料。

三、达成措施

1. 适时

（1）加强供应商评审工作，确保我公司选择的每一个材料供应商都具备100%的保供能力。

（2）开发供应渠道，改变某些材料只有单一供应商的现状，2017年着重开拓带钢、砂、石供应商，同时维持好减水剂、端头板、烟煤的目前两家供方共同供应的良性竞争的局面。

（3）针对某些特殊时期易造成供应紧张的材料，发掘潜在的供应商及新的供应方式。

（4）提高采购员的认识，视供应商为我公司材料仓库，实时了解其库存情况及生产进度，将事后的跟催转化为事中的稽催以保证供货的及时性。

（5）属于异地采购的，做好本地供应商开发，避免因较不可控的长途运输时间造成生产中断。

（续）

2. 适价

（1）综合全面地评估供应商后进行等级划分，加大采购量，以量为筹码进行议价。

（2）前瞻性地分析材料行情走势，适时签订长期的定价供应协议，以减少行情上涨带来的成本压力。

（3）导入良性的竞争，促使供应商不断优化成本，提升产品优势。

（4）与××公司联合采购较大批量的拉丝线材，同时开发更具竞争力的物流公司承运，以减少钢材南北价格差距大时带来的高成本压力。

（5）及时准确地预测钢材价格走势，做好公司内部沟通，灵活机动地调整钢材采购方式，利用每一次钢价波动降低采购成本。

（6）深入了解钢材期货，利用公司用量稳定、资金雄厚且钢价信息广的优势为公司节约成本。

（7）零星物料方面，合理利用兄弟公司的采购信息，积极地与生产部配合开发替代品以减低成本；同时分析财务部每个月的价格比较情况，将降幅不理想且批次金额大于1 000元的物料逐一列出，作为实时的重点关注对象，由部门经理参与采购，通过谈判及更换供应商的方式来达成降价目标。

（8）继续维持现有的成熟的采购程序。

3. 适量及适质

严格按照物控部“原材料申购计划”采购到货，在材料价格波动平稳且不影响生产的前提下减少库存积压，做到库存最适化；严把零星物料数量关，争取做到采购数量准确率100%，短货误差件数为零，散件或累积计量的误差控制在+0.3%内。

有效运行ISO 9000质量体系管理程序，确保每一批次的材料供应均由我公司的合格供方供应，同时依照相关部门提供的性价比数据不断筛选产品及供应商。

四、部门管理

（1）重新评估部门奖惩方案，对部门员工拟定合理的能起到激励作用的奖惩方案。

（2）按采购员优势特长安排工作内容，暂时计划设主材采购员及对账人员、本地零星物料采购员、异地零星物料采购员共3名，目前人员配备合理，特长明显，计划下半年进行适当的轮岗，以完善各人员的业务能力。

（3）车队物料采购工作作为2017年第一季度的主要工作，短期内以了解学习为主，正式的车队采购计划（包括流程及权限的设定）于2017年第一季度出台。

（4）设定采购员周、月工作汇总表，特别的车队采购工作的信息反馈，并依此作为下一时期的工作设定依据。

（5）每月4日前部门内部进行一次沟通会议，讨论采购工作中的心得体会并相互分享，不断提升业务能力。

采购部在2017年度将根据公司的发展要求，在总经理的带领下开拓创新、扎实努力地完成每一个目标。

范本

采购部年度工作计划（二）

我们要树立“为公司节约每一分钱”的观念，积极落实采购工作要点和年初制订的工作计划。坚持“同等质量比价格，同等价格比质量”，2017年主要工作计划如下。

一、组织实施“将被动采购改成主动采购”

公开透明地按采购制度程序办事，在采购前、采购中、采购后的各个环节中主动接受财务及其他部门监督。2017年我们要进一步加强采购工作的透明度，在采购工作中做到公开、公平、公正。不论是大宗材料、设备还是零星采购，都尽量货比三家。即使在时间紧、任务重的时候，也始终坚持这个原则，采购部相关人员要一起询比议价，在采购前、采购中、采购后的各个环节中主动接受财务监督，确保工作的透明，同时保证了工作进度。

1. 完善制度，职责明确，按章办事

采购部人员分工如下。

×××负责：采购部全部日常工作，督促和准确了解各项工作的完成情况，根据生产计划和库存量合理地安排采购计划，做到既没有大量库存又能保证生产有序进行，和客户建立良好的合作关系，保证原材料能够及时到位。

×××负责：涤纶电容、电解电容、磁芯、骨架（电感）、三极管、磁环、碳膜电阻、保险管、触发管、二极管、小电解、彩盒、内卡、外箱。

×××负责：电源线、塑胶线、漆包线、助焊剂、助焊剂配件、锡条、焊锡丝、塑件、灯头、灯胶、彩带、窄胶带（6毫米105℃阻燃）、灯管、线路板、自熄管、插针。

×××负责：市内采购、提货、封箱胶带、线路板。

×××负责：合同打印、发传真、付款登记、往来客户信息及仓库对账。

我们本着“分工不分家的原则”，在做好自己本职工作的同时，也要互相协助部门其他人员一起做好采购部工作。

2. 公开公正透明，实现公开询价

采购部按生产计划下单，询比议价都在3家以上，真正做到降低成本、保护公司利益。

同时要调整部分工作程序，增加采购复核环节，采取由采购部经理在采购人员对材料、设备询比价的基础上进行复核，再由总经理以上进一步复核，实行了“采购部的两级价格复核机制”，然后再传送到财务部。力求最大限度的控制成本，为公司节约每一分钱。采购人员也在每一项具体工作和每一个工作细节中得到锻炼。

（续）

二、加强对供应商的管理

本着对每一位来访的供应商负责的态度，对每一位来访的供应商进行分类登记，确保了每一个供应商资料不会流失。同时也利于采购对供应商信息的掌握，从而可进一步扩大了市场信息的空间。

1. 健全并完善供应商档案

在进行报价之前，对商家进行评估、评价和分析，合格者才能进入合格供方名录，才具有报价资格。并且每月和供应商对一次账，以确保无失误。

2. 改进对供应商的选择

在进行供应商数量的选择时既要避免单一货源，寻求多家供应，同时又要保证所选供应商承担的供应份额充足，以获取供应商的优惠政策，降低物资的价格和采购成本。这样既能保证采购物资供应的质量，又能有力地控制采购支出。

3. 结算方式

在结算方式上，从2017年1月份开始，争取与供应商达成月结30天协议，努力最大限度地保持我公司资金的正常运转。

三、加强对材料、设备价格信息的管理

2017年，采购部要进一步加强对材料、设备信息的管理，每一次材料设备的计划、询比价都要留底，保持信息资料的完整，同时输入电脑保存，建立原材料、设备信息库，以备随时查阅、对比。涉及需付模具费的，需签订《模具使用合同》。同时加强对采购合同的管理及合同条款的审查，以确保合同年内无纠纷案件。

四、提高部门工作员工业务素质和责任感

2017年，采购部要特别注重提高部门工作员工业务素质和责任感。除组织部门人员进行培训外，还要在平时的每项具体工作和每个工作细节中不断的提高员工业务素质，同时反复强调采购人员的责任感，强调每个人对自己采购的材料负责到底，保证对材料有效的追踪。

2017年，希望通过我们全体员工的努力和大家的互相支持与监督，公司的前景更加广阔！虎虎生威创佳绩！

3. 用料清单

如产品工程变更层出不穷，会导致用料清单难做及时的反应与修订，以致根据产量所计算出来的物料需求数量与实际的使用量或规格不尽相符，造成采购数量过多或不及，物料规格过时或不易购得。因而，采购计划的准确性，有赖于维持最新、最正确的用料清单，如表3-1所示。

表3-1　物料用料清单

<table>
<tr><td colspan="2">产品名称</td><td colspan="2"></td><td colspan="5" rowspan="4">简图</td></tr>
<tr><td colspan="2">产品型号</td><td colspan="2"></td></tr>
<tr><td colspan="2">开发日期</td><td colspan="2"></td></tr>
<tr><td colspan="2">客　　户</td><td colspan="2"></td></tr>
<tr><td>序号</td><td>材料名称</td><td>规格</td><td>计量单位</td><td>标准用量</td><td>损耗率</td><td>材料来源</td><td>单价</td><td>备注</td></tr>
<tr><td></td><td></td><td></td><td></td><td></td><td></td><td></td><td></td><td></td></tr>
<tr><td></td><td></td><td></td><td></td><td></td><td></td><td></td><td></td><td></td></tr>
<tr><td></td><td></td><td></td><td></td><td></td><td></td><td></td><td></td><td></td></tr>
<tr><td></td><td></td><td></td><td></td><td></td><td></td><td></td><td></td><td></td></tr>
<tr><td></td><td></td><td></td><td></td><td></td><td></td><td></td><td></td><td></td></tr>
</table>

确认：____________　　审核：____________　　制定：____________

4. 存量管制卡

由于应购数量必须扣除库存数量，因而，存量管制卡记载是否正确也会影响采购计划的准确性，这包括料账是否一致，以及物料存量是否全为良品。如果账上数量与仓库架台上的数量不符，或存量中并非全数皆为规格正确物料，这将使仓储的数量低于实际的可取用数量，因此采购计划中的应购数量将会偏低。

表3-2　存量管制卡

卡号：

<table>
<tr><td colspan="2">品名</td><td colspan="2"></td><td colspan="2">料号</td><td colspan="2"></td><td colspan="2">请购点</td><td colspan="2"></td><td colspan="2">安全存量</td><td></td></tr>
<tr><td colspan="2">规格</td><td colspan="2"></td><td colspan="2">存放</td><td colspan="2">库号：
架位：</td><td colspan="2">一次
请购量</td><td colspan="2"></td><td colspan="2">采购前置
时间</td><td></td></tr>
<tr><td rowspan="2">日期</td><td rowspan="2">凭证号码</td><td rowspan="2">摘要</td><td colspan="2">入库</td><td colspan="2">出库</td><td rowspan="2">结存数量</td><td colspan="7">请（订）购量</td></tr>
<tr><td>收</td><td>欠收</td><td>发</td><td>欠发</td><td>订购量</td><td>订购单号</td><td>订购日</td><td>请求交货日</td><td>实际交货日</td><td>交货量</td><td>备注</td></tr>
<tr><td></td><td></td><td></td><td></td><td></td><td></td><td></td><td></td><td></td><td></td><td></td><td></td><td></td><td></td><td></td></tr>
<tr><td></td><td></td><td></td><td></td><td></td><td></td><td></td><td></td><td></td><td></td><td></td><td></td><td></td><td></td><td></td></tr>
<tr><td></td><td></td><td></td><td></td><td></td><td></td><td></td><td></td><td></td><td></td><td></td><td></td><td></td><td></td><td></td></tr>
<tr><td></td><td></td><td></td><td></td><td></td><td></td><td></td><td></td><td></td><td></td><td></td><td></td><td></td><td></td><td></td></tr>
<tr><td></td><td></td><td></td><td></td><td></td><td></td><td></td><td></td><td></td><td></td><td></td><td></td><td></td><td></td><td></td></tr>
</table>

5. 物料标准成本

在制订采购预算时，对将来拟购物料的价格预测不容易，因此多以标准成本替代。

6. 生产效率

生产效率的高低，将使预计的物料需求量与实际的耗用量产生误差。产品的生产效率降低，会导致原物料的单位耗用量提高，而使采购计划中的数量不够生产所需。当生产效率有降低趋势时，采购计划必须将此额外的耗用率计算进去，才不会发生原物料短缺的现象。

7. 价格预期

在制订采购金额预算时，常对物料价格涨跌幅度、市场情况等多加预测，甚至列为调整预算的因素，由于个人主观的判定与事实的演变常有差距，也可能会造成采购预算的偏差。

3.4 编制采购计划的步骤

编制采购计划主要分为四个步骤，如图3-7所示。

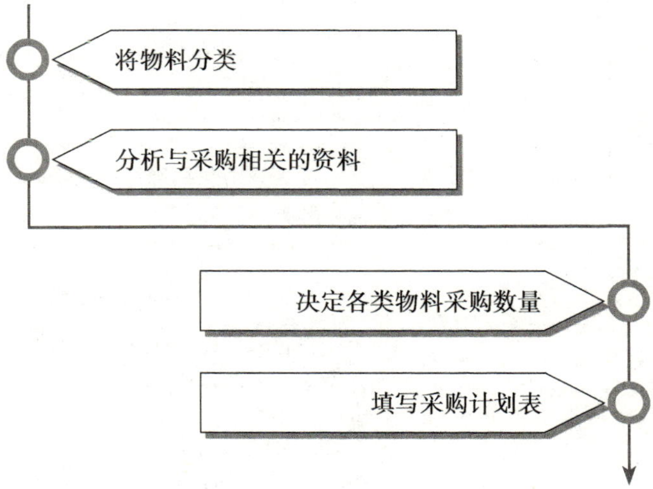

图3-7 采购计划的步骤

1. 将物料分类

首先必须将所需采购的物料依其本身重要性进行分类处理，通常可将物件分为四类，如图3-8所示。

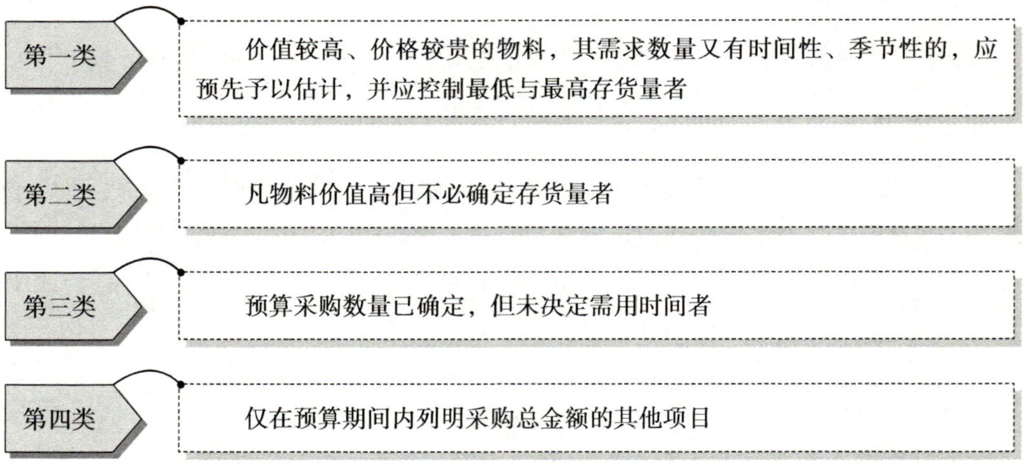

图3-8　物料分类

2. 分析与采购相关的资料

分析与采购相关的资料主要从四个方面进行，如图3-9所示。

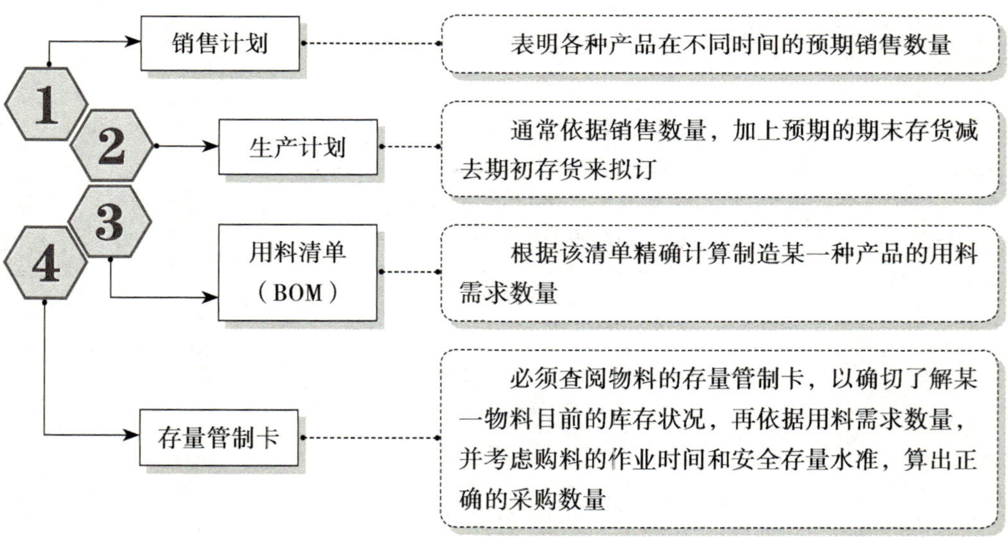

图3-9　分析与采购相关的资料

3. 决定各类物料采购数量

综上所述，生产计划、用料清单或材料需求计划以及存量管制卡是决定采购数量的主要依据。因此，可依以下步骤来计算物料的采购数量，如图3-10所示。

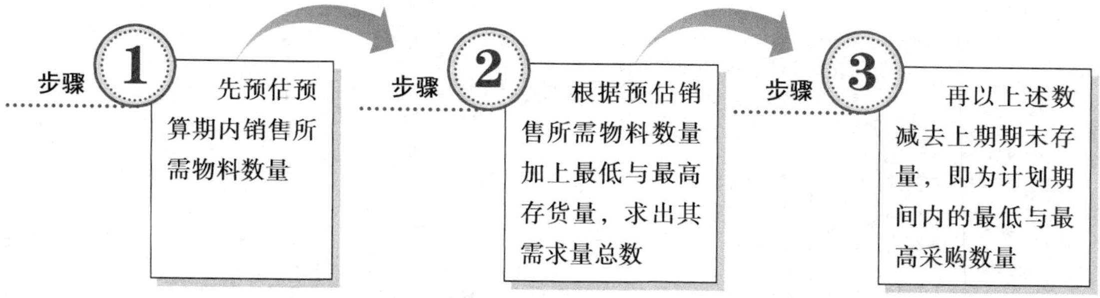

图3-10 确定采购数量的步骤

最高采购限额和最低采购限额的计算公式如下：

生产需要量＋最高存货限额－期末存货＝最高采购限额

生产需要量＋最低存货限额－期末存货＝最低采购限额

4. 填写采购计划表

接下来，将计算出来的数量及其他信息填入采购计划表里。一般而言，一些管理规范的企业都有标准化的表格，这时只要将相关信息填入就可以了；如果企业没有这样的标准化表格，则需要根据实际情况来加以制作。

下面是某企业采购时需用的采购计划表范本，仅供参考。

范本

物料年度采购计划

编号： 制表人：

物料类别										
序号	物料名称	料号	规格	单位	单价	年度用量	现有库存量	年计划采购量	年用金额	计划采购日期

批准日期： 审核日期：

范本

物品采购月计划

编号：　　　　　　　　　　　　　　　　　　　日期：

物料名称	规格	部门	全年采购总量	单价	金额	每月采购计划							
						1月		2月		3月		……	
						数量	金额	数量	金额	数量	金额	……	……

批准日期：　　　　　　　　审核日期：　　　　　　　　编制人：

范本

订单采购计划表

编号：　　　　　　　　　　　　　　　　　　　日期：

物料名称	品名规格	适用产品	上旬		中旬		下旬		库存量	订购量
			生产单号	用量	生产单号	用量	生产单号	用量		

批准日期：　　　　　　　　审核日期：　　　　　　　　编制人：

范本

物品定期采购计划表

编号：　　　　　　　　　　　　　　　　　　　　日期：______年____月____日

物料名称	规格	每月估计用量	订购交货日期	每日用量	每日最高用量	基本存量	最高存量	基本存量比率	每次订购数量

3.5 计划实施——采购任务的安排

采购计划制订好后，采购经理须就采购任务开始进行人员部署与时间安排了。

1. 采购任务的统计

每月，采购部文员须对下月的采购任务进行统计，统计方法如表3-3所示。

表3-3 2017年1月采购任务统计表

序号	物料名称	物料编号	数量	需求时间	需求部门
1	压盖24#	YG-24	1000个	2月1日	生产部门
2	压盖28#	YG-28	1000个	2月1日	生产部门
3	压盖27#	YG-27	1000个	2月1日	生产部门
4	胶圈12#	JQ-12	2000袋	2月1日	生产部门
5	胶圈18#	JQ-18	2000袋	2月1日	生产部门
6	水位	SW-01	2000个	2月2日	生产部门
7	软管180#	RG-180	500条	2月2日	生产部门
8	软管240#	RG-240	500条	2月2日	生产部门
9	软管360#	RG-360	500条	2月3日	生产部门

（略）

2. 采购任务的安排

统计了采购任务之后，采购经理必须将采购任务分派到各个采购人员，分派任务时要注意三点，如图3–11所示。

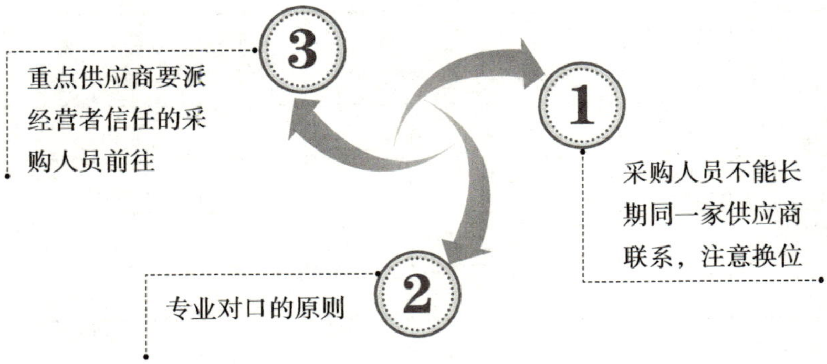

图3–11　安排采购任务注意要点

下面是某企业采购任务安排计划范本，仅供参考。

范本

采购任务安排计划表

日期：2016年12月19日

采购人员：××					
物料名称	物料编号	寻找供应商时间	下单时间	回厂时间	备注
压盖24#	YG–24	无	1月10日	1月20日	老供应商
压盖28#	YG–28	无	1月10日	1月20日	老供应商
压盖27#	YG–27	无	1月10日	1月20日	老供应商
胶圈12#	JQ–12	1月2～25日	1月26日	2月1日	开发新供应商
胶圈18#	JQ–18	1月2～25日	1月26日	2月1日	开发新供应商
采购人员：××					
水位	SW–01	无	1月5日	1月10日	老供应商
软管180#	RG–180	无	1月12日	1月20日	确定供应商
软管240#	RG–240	无	1月12日	1月20日	确定供应商
软管360#	RG–360	1月2～30日	下月计划	下月计划	开发新供应商

（其余略）

3. 新产品的采购安排

企业如果新开发了一种产品，必须面临新产品配件的采购。一般来说，企业在技术开发阶段很少有供应商的参与。如果进入批量生产，供应链便成为生产的一个环节，对于开发一个新产品配件供应商，采购经理必须花大量时间。

下面是某企业新产品配件供应商开发计划范本，仅供参考。

范本

××企业新产品配件供应商开发计划

1. 负责人：采购经理（××）

2. 参与人员：采购人员（××）、采购工程师（××）、品质工程师（××）、技术人员（××）

3. 具体时间安排

时间 阶段	1日	2日	3日	……	10日	……	15日	……	30日
寻找供应商									
洽谈									
现场审核									
技术指导									
下单									

4. 具体任务安排

（1）采购人员（××）寻找供应商。

（2）采购工程师（××）负责制定新产品的估价，并负责现场审核。

（3）品质工程师（××）负责制定新产品品质标准，并参与现场审核。

（4）技术人员（××）负责制定新产品技术要求核定。

（5）采购经理（××）负责采购洽谈，并负责跟踪采购计划的进度。

起草：采购人员（××）
审核：采购经理（××）
审批：总经理（××）
2016年12月19日

3.6 计划实施——供应商的考察

1. 供应商考察的内容

供应商考察的内容包括以一定的技术范围考察供应商的软件和硬件，具体说明如图3-12所示。

图3-12 供应商考察的内容

2. 相关部门责任

采购考察不是采购部一个部门能完成的，必须有一个团队，需要采购部、品管部、研发部共同开展采购物资的质量认证工作，具体说明如图3-13所示。

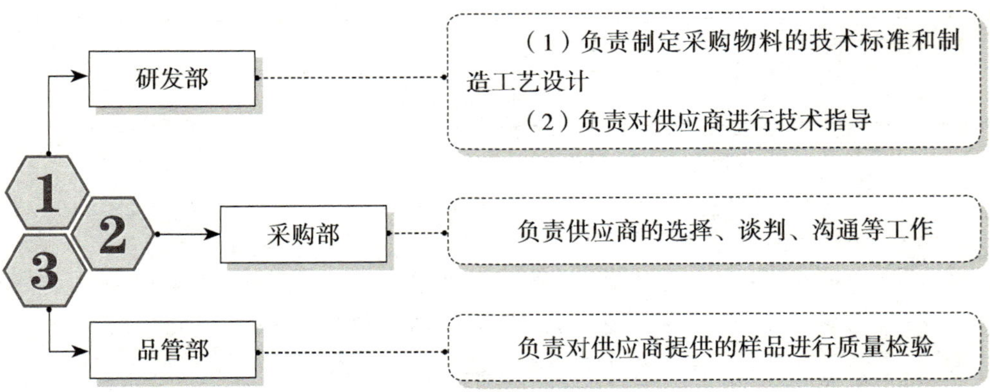

图3-13 相关部门的责任

3. 供应商考察准备

考察供应商前要做好以下准备工作，具体说明如图3-14所示。

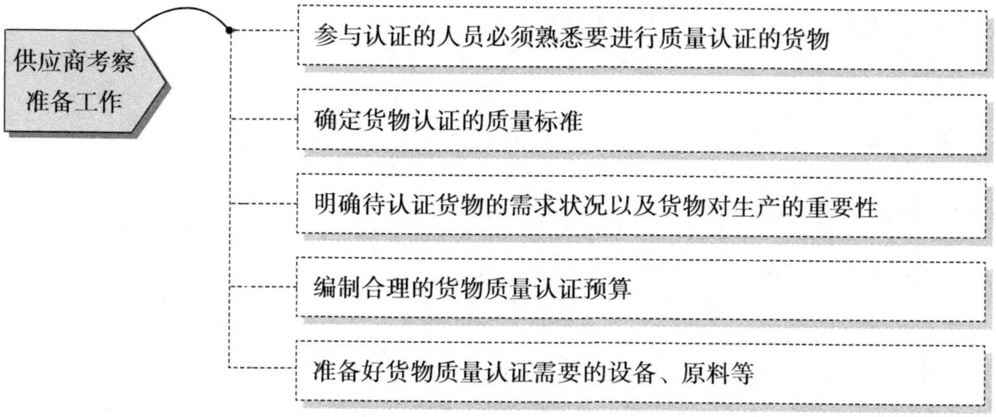

图3-14　供应商考察准备工作

4. 供应商的初选

（1）供应商初选程序

供应商初选程序主要分为五个步骤，具体说明如图3-15所示。

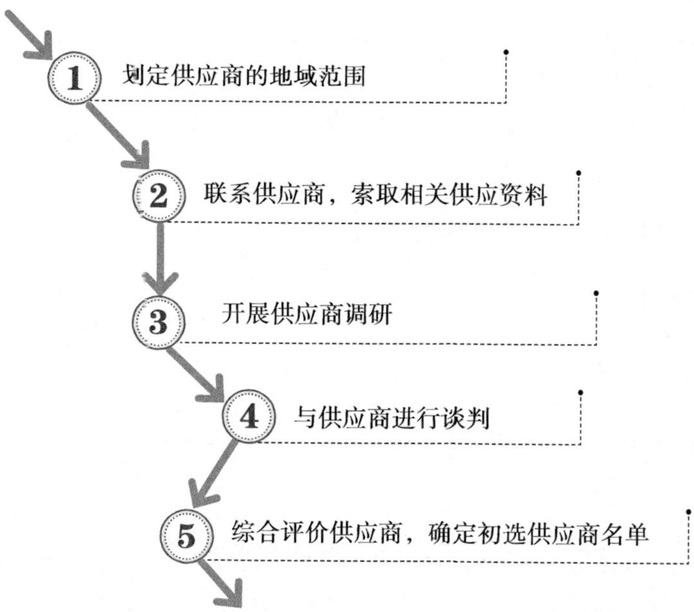

图3-15　供应商初选步骤

（2）供应商的选择标准

选择供应商主要有七个标准，具体说明如图3-16所示。

- 标准一：供应商的管理者品行优秀，工作经验丰富
- 标准二：供应商专业技术水平高，专业技术人员工作经验丰富
- 标准三：供应商机器设备的性能和生产能力满足企业所需物料的生产要求，而且机器设备被很好地保养和维护
- 标准四：供应商有充足的原材料供应源，而且原材料的品质好
- 标准五：供应商品管部制度完善、人员优秀，而且要求通过了相关的ISO质量认证
- 标准六：供应商的财务状况以及信誉良好
- 标准七：供应商企业管理规范、科学

图3–16　供应商的选择标准

（3）初选供应商的数量

采购部根据供应商调研和评价初选供应商，其数量不得少于三家。

5. 货物质量考察

货物质量考察主要分为三个步骤，如图3–17所示。

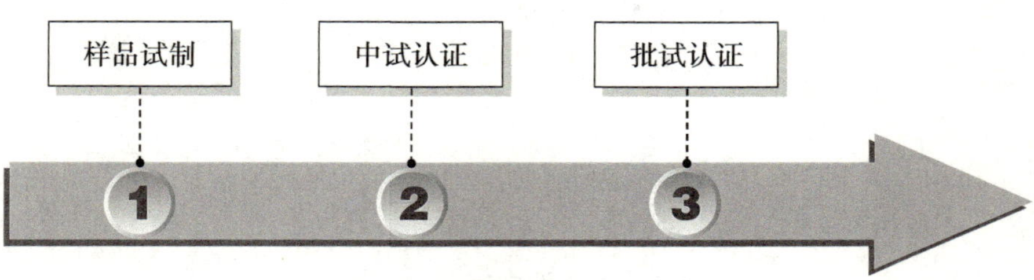

图3–17　货物质量考察步骤

（1）样品试制

这一步骤的主要工作是对供应商的加工过程进行协调监控，具体内容如下。

①设计人员制定的技术规格和供应商的实际生产过程是否有出入。

②认证部门组织设计、采购、工艺、品管等部门的相关人员对供应商提供的样品及检验报告进行评审，看其是否符合企业的技术规格和质量要求，其流程如图3–18所示。

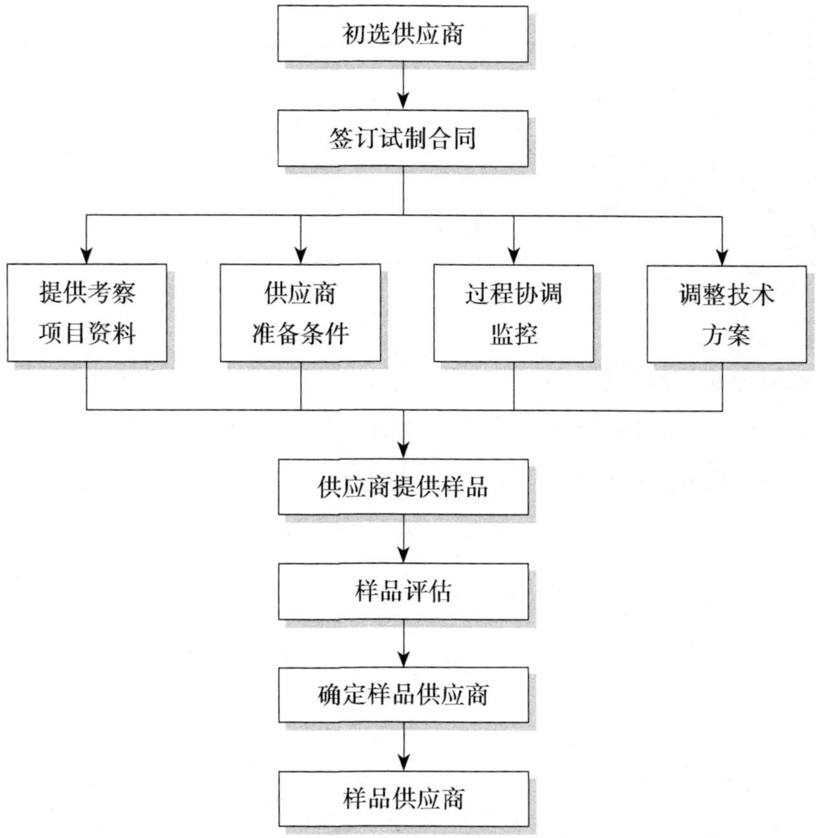

图3–18　试制考察流程图

“样品质量评价表”由相关认证人员即时填写，如表3–4所示。

表3–4　样品质量评价表

编号：　　　　　　　　　　　　　　　　　　　　　　　　　日期：______年____月____日

供应商名称		地址	
联系人		电话 / 传真	
样品名称		数量	
型号规格			
检测部门			
检测标准			
检测结论			
检测报告号码			
用于何种产品			
试用部门			

（续表）

试用情况			
评价结果			
评价部门工程师		主管	
经理签字		日期	

（2）中试认证

经过样品试制确认环节后，就进入了中试认证环节。因为样品认证合格不代表小批量生产就能符合质量要求，通常小批量生产的物料与样品的质量会存在一定的差异，所以，为了将来能进行批量采购，非常有必要进行小批试制认证，其流程如图3–19所示。

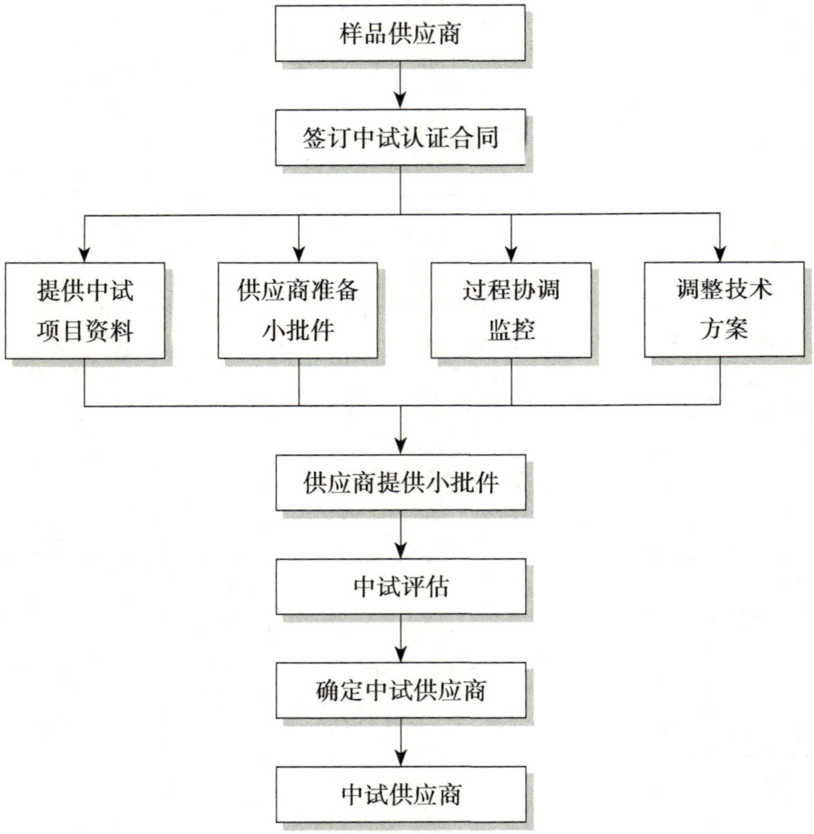

图3–19　中试认证流程图

（3）批试认证

批试认证的目的是一方面控制新开发产品批量生产的物料供应质量的稳定性；另一方面控制新增供应商的批量物料供应质量的稳定性，其流程如图3–20所示。

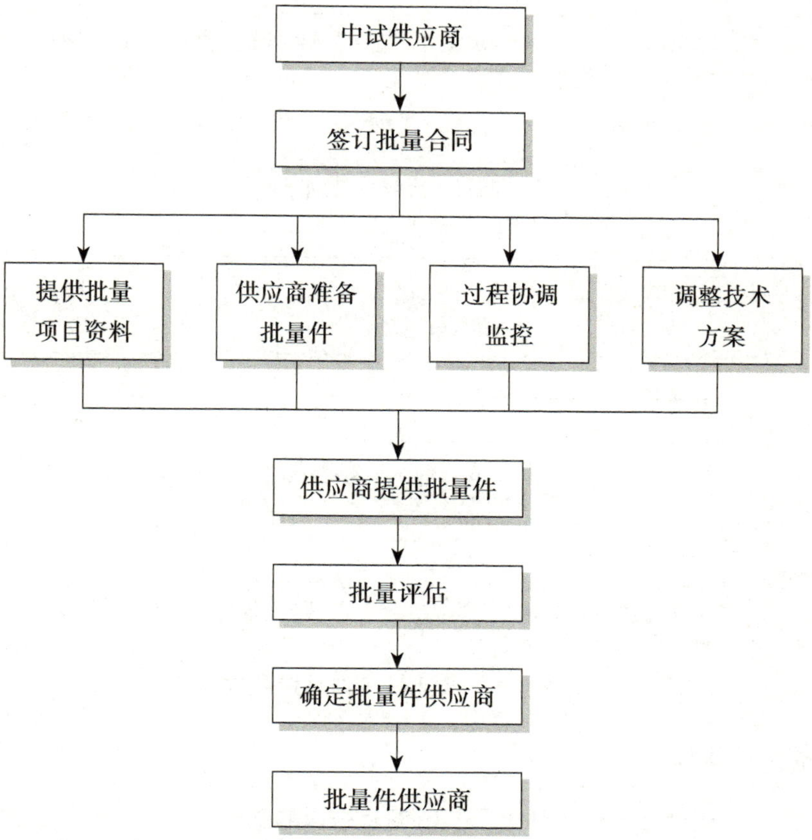

图3-20 批试认证流程图

批试货物认证指标如下。

①来料批次合格率=合格来料批次÷来料总批次×100%

②来料抽检缺陷率=抽检缺陷总数÷抽检样品总数×100%

③来料在线报废率=在线生产时发现的来料总报废数÷来料总数×100%

④来料免检率=来料免检种类数÷供应商供应品种数×100%

6. 供应定期评估

经过上述各个环节的认证考察就可以得出合格的批量供应商，但供应商在实际的供应过程中能否严格按照供货合同供货、绩效如何、是否要调整等问题在认证过程中是看不出来的，只有在实际的供货过程中定期对物品的供应状况进行评估才能得出适当的结论。定期评估的目的就是建立优化的采购环境。定期评估需要以下步骤，具体如图3-21所示。

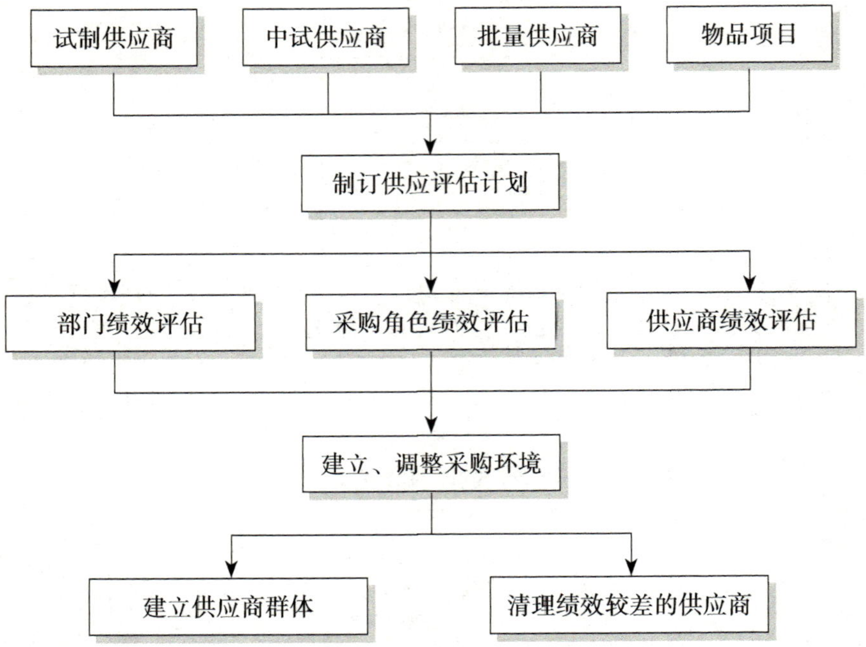

图3-21　认证供应评估流程图

7. 调整采购环境

采购部根据认证供应评估的结果，及时调整企业的采购环境和供应链，以保证采购货物适时、适质、适地、适量、适价的供应。采购环境通过“货物采购环境表”进行控制。

以下是某企业货物采购环境表范本，仅供参考。

范本

货物采购环境表

序号	货物					采购环境								采购环境容量总和	备注
	编号	号称	型号	年需求量	单位	供应商A				供应商B					
						比例	价格	期限	合同	比例	价格	期限	合同		
合计															

（续）

（续表）

<table>
<tr><td>制订</td><td></td><td rowspan="2">会签</td><td>研发人员</td><td></td><td>质量管理人员</td><td></td><td>认证人员</td><td></td><td>批准</td><td></td></tr>
<tr><td>日期</td><td></td><td>工艺设计人员</td><td></td><td>采购计划制订人员</td><td></td><td>订单提交人员</td><td></td><td>日期</td><td></td></tr>
<tr><td>采购认证编号</td><td colspan="2"></td><td>制定部门</td><td colspan="2"></td><td>任务来源说明</td><td colspan="2"></td><td>来源部门</td><td></td></tr>
</table>

备注：

1. 采购环境，同一物料的供应商数量不局限于两个。
2. 比例，供应商在物料年需求量中占的比例。
3. 合同，认证人员与供应商谈判所得的供应协议条款。
4. 采购环境容量总和，同一物料所有供应商年供应能力的总和。
5. 会签，物料的研发人员、工艺设计人员、质量管理人员、采购计划制订人员以及采购订单提交人员共同审核会签采购环境。

学习笔记

通过学习本章内容，想必您已经掌握了不少学习心得，请仔细记录下来，以便继续巩固学习。如果您在学习中遇到了一些难点，也请如实写下来，方便今后重复学习，彻底解决这些难点。

我的学习心得

1. ______________________________

2. ______________________________

3. ______________________________

4. ______________________________

5. ______________________________

我的学习难点

1. ______________________________

2. ______________________________

3. ______________________________

4. ______________________________

5. ______________________________

我的运用计划

1. ______________________________

2. ______________________________

3. ______________________________

4. ______________________________

5. ______________________________

第4章 采购谈判注意要点

作为商务谈判的一种，采购谈判应遵循商务谈判的规则，围绕所购商品进行洽谈，如商品的品种、规格、技术标准、质量保证、订购数量、包装要求、售后服务、价格、交货日期与地点、运输方式、付款条件等进行反复磋商，谋求达成协议，建立双方都满意的购销关系。

学习指引

采购谈判的内容
- 物品品质条件
- 物品价格
- 物品数量
- 物品包装
- 交货期
- 保险条件
- 货款
- 后续服务

采购谈判的规划
- 采购前预测
- 获得一些谈判的信息
- 做好采购分析
- 采购优劣势的分析

收集采购谈判资料
- 分析采购需求
- 调查材料市场
- 收集对方信息
- 整理与分析资料

制定采购谈判方案
- 确定采购谈判目标
- 安排采购谈判议程
- 制定谈判备选方案

选择采购谈判队伍
- 谈判队伍选择的原则
- 谈判人员的选择与配备
- 谈判人员的分工与合作

确定谈判地点

安排与布置谈判现场
- 最好能够为谈判安排三个房间
- 谈判双方座位的安排也应认真考虑

采购谈判的过程
- 有礼貌地相互介绍
- 立场表现要明确
- 议程中遵循三原则
- 选择适当的谈判方式
- 僵局一定要打破
- 谈判最后阶段的掌握

4.1 采购谈判的内容

在采购谈判中，采供双方主要就以下交易条件进行磋商，如图4-1所示。

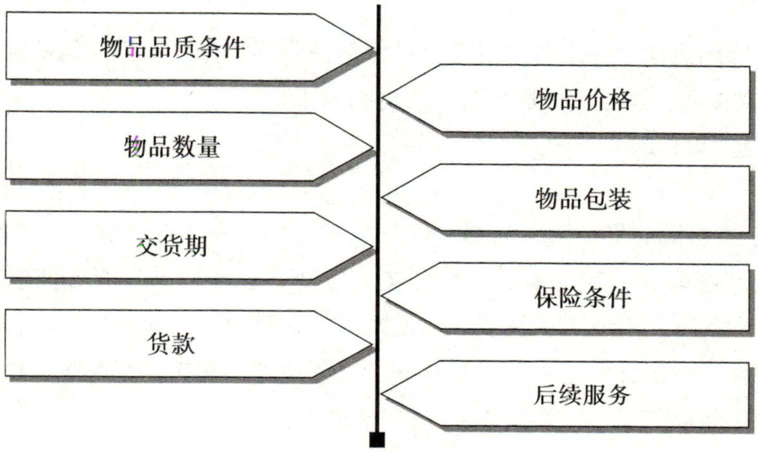

图4-1 采购谈判的内容

1. 物品品质条件

物品品质条件，即谈判双方首先应当明确双方希望交易什么物品。在规定物品品质时，采购人员可以用规格、等级、标准、产地、型号、商标、产品说明书和图样等方式来表达，也可以用一方向另一方提供物品实样的方式表明己方对交易物品的品质要求。

2. 物品价格

价格是所有谈判事项中最重要的项目。在谈判之前，采购人员应事先调查市场价格，不可听信供应商的片面之词。如果没有相同商品的市价可查，采购人员应参考类似商品的市价。

3. 物品数量

在磋商数量条件时，谈判双方应明确计量单位和成交数量，在必要时订立数量的机动幅度条款。在定量不大时，订购量往往很难令供应商满意。所以，采购人员在谈判时应尽量笼统，不必透露明确的订购数量，如果因此而导致谈判陷入僵局，则应转到其他项目谈。

4. 物品包装

包装可分为内包装和外包装两种。内包装是用来保护、陈列或说明商品之用，而外包装则仅用在仓储及运输过程的保护。采购人员在谈判包装的项目时，应协调对彼此双方都最有利的包装，不应草率订货。

5. 交货期

一般而言，对于采购方来说，交货期越短越好。因为交货期短，则订货频率增加，订购的数量就相对减少，所以存货的压力也大为降低，仓储空间的需求也相对减少。至于有长期承诺的订购数量，采购人员应要求供应商分批送货，以减少库存压力。

6. 保险条件

买卖双方明确由谁向保险公司投保，投保何种险别，保险金额如何确定以及依据何种保险条款办理保险等，在谈判时必须将此内容列进去。

7. 货款

货款的支付主要涉及支付货币和支付方式的选择。在国际货物买卖中使用的支付方式主要有汇付、托收、信用证等。不同的支付方式，会导致买卖双方面临的风险大小不同，采购人员在进行谈判时需根据情况慎重选择。在我国，一般供应商的付款条件是月结30～90天，采购人员应计算对本企业最有利的付款条件。在正常情况下，供需双方的付款作业是在单据齐全时，即可按买卖双方约定的条件付款。

8. 后续服务

后续服务有利于买卖双方预防和解决争议，保证合同的顺利履行，维护交易双方的权利，这是国际货物买卖谈判中必然要商议的交易条件。

4.2 采购谈判的规划

1. 采购前预测

要想将每次采购都做得完美，那就要做好采购前的预测工作。一个好的预测包含以下几项内容，如图4–2所示。

内容一：尽早由供应商处得到协助。供应商对产品的了解，通常较买方为多，因此最好要求供应商给予技术、管理、财务等方面的协助

内容二：使用量预测。收集过去使用量的资料，作为未来订购量的参考

内容三：掌握特殊重大事件，如有关自然灾害、关税、法令、运输状况等重大事件，这些重大事件除了从新闻媒体收集外，还可由销售人员处得知

内容四

注意价格趋势。过去供应商有多少产品项目价格上涨（何时、上涨幅度、通报方式），比较供应商的价格上涨模式与该产业的模式（是否比同业涨得快、涨得多）

图4-2 采购前预测的内容

小贴士

有的采购谈判可能一天就可以完成，但是有的则需要三四天。因此，采购经理要在谈判之前做好各项评估工作，以保证顺利完成谈判。

2. 获得一些谈判的信息

从所获得的信息中学习谈判的问题、对象及内容，是谈判成功的关键。下面分为容易得到（少花钱及时间）的信息与不易得到（多花钱及时间）的信息两部分叙述，如表4-1所示。

表4-1 谈判信息

易得到的信息	不易得到的信息
（1）供应商谈判技巧的倾向、供应商处理上次谈判的方式 （2）产品与服务的历史资料 （3）稽核结果，会计或采购稽核可发现待加强控制之处（例如供应商常发生错误的账款） （4）最高指导原则。携带企业政策、国家法规和过去的案例，以增强自己的谈判力 （5）供应商的营运状况。从供应商的销售人员及竞争能力可了解供应商的问题与优劣势 （6）谁有权决定价格。收集谈判者的个人资料加以运用 （7）掌握关键原料或关键因素。运用80/20原理，对非紧要项目可予退让，对重要项目要遵守谈判原则 （8）从销售人员处得到一些有价值的信息，例如价格趋势、科技的重要发明、市场占有率、设计的改变等	（1）寻求更多的供应来源（包括海外）。即使你仍向原来的供应商采购，但更多的供应来源可增强你的议价能力 （2）有用的成本、价格资料与分析。必要时应借重成本分析师，这是一种投资而非成本 （3）供应商的估价系统。化整为零——从供应商各个部门的生产过程来估算其合理的成本 （4）限制供应商的谈判能力。提供给对方的信息越少越好；尽量让对方发表意见，仔细聆听并从中找出对策 （5）了解供应商的利润目标及价格底线。需耐心地通过各种渠道获得（谈判过程也是渠道之一）
信息准备情况：	

3. 做好采购分析

采购分析主要包含六个方面的内容，具体说明如图4-3所示。

内容一　建立报价系统。利用专业成本分析师从事成本分析，借以估算底价

内容二　比价。将总成本分为细项——包括人工、原料、外包、制造费用、管理费用、利润，卖方与买方估计的价差，需要双方讨价还价来达成协议

内容三　找出决定价格的主要因素，掌握决定价格的主要因素是人工、原料抑或是外包，这可作为谈判的依据

内容四　价格的上涨如何影响供应商的边际利润。供应商的成本虽然上涨（例如由于通货膨胀），但其价格通常不只反映成本的增加（常有灌水现象）

内容五　实际与合理的价格是多少

内容六　对付价格上涨的最好对策。重要的是方法与时机的掌握——最好有专家的协助

图4-3　采购分析的内容

4. 采购优劣势的分析

采购人员必须评估与供应商谈判的力量，究竟有哪些优势或劣势，才能够选择适当的谈判策略与方法。例如，属于采购方力量占优势的状况，有以下各项。

（1）采购数量占供应商的产能的比率大。

（2）供应商产能的成长超过采购方需求的成长。

（3）供应商产能利用率偏低。

（4）卖方市场竞争激烈，而买方并无指定的供应来源。

（5）买方最终产品的获利率高。

（6）物料成本占产品售价的比率低。

（7）断料停工损失成本低。

（8）买方自制能力高，而且自制成本低。

（9）采用新来源的成本低。

（10）买方购运时间充足，而卖方急于争取订单。

观察采购力量与供应力量的对抗情形，自然可以找出机会或弱点，据此能够发展对付供应商的策略（压榨策略、平衡策略或多角化策略），这些策略将成为采购人员执行工作的行动方针，如表4-2所示。

表4-2　不同采购策略下的行动方针

行动项目	压榨策略	平衡策略	多角化策略
数量	分散	保持原状或谨慎转移	集中
价格	施以减价压力	伺机协商	保持低价格
合同涵盖程度	采购现货	平衡合同及现货采购	通过合同确保供应
新供应商	保持联络	择优采购	积极寻求
存货	维持低水准	保持相当存货	保有安全存量
自制	减少或避免	视状况决定	加强
替代品	保持接触	把握机会	积极寻求
附加价值开发	迫使供应商负责	因势制宜	着手本身计划
供输	尽量降低成本	选择性降低成本	确保足够货源

4.3　收集采购谈判资料

1. 分析采购需求

采购需求的分析就是要在谈判之前弄清楚企业需求什么、需求多少、需求时间，最好能够列出企业物料需求分析清单，如表4-3所示。

表4-3　采购物料明细表

序号	需求物品名称	规格	数量	交货期	包装	价格底线	质量	运输方式	备注

2. 调查材料市场

采购人员在对采购需求作出分析之后，要对材料市场进行调查分析，获得市场上有关物料的供给、需求等信息资料，为下一步采购谈判提供决策依据。目前，市场调查通常包括的内容如表4–4所示。

表4–4　市场调查的内容

调查项目	调查内容	调查目的
产品供应需求情况	（1）对于该产品来讲，目前市场上是供大于求、供小于求还是供求平衡 （2）了解该产品目前在市场上的潜在需求者，是生产本企业同种产品的市场竞争者，还是生产本企业产品替代品的潜在市场竞争者；还要时刻注意他们对于该产品的采购价格、政策等	制定不同的采购谈判方案和策略。例如，当市场该产品供大于求时，对于己方来说讨价还价就容易些；供小于求情况则相反
产品销售情况	（1）该类产品各种型号在过去几年的销售量及价格波动情况 （2）该类产品的需求程度及潜在的销售量 （3）其他购买者对此类新、老产品的评价及要求，可以使谈判者大体掌握市场容量、销售量，有助于确定未来具体的购进数量	可以使谈判者大体掌握市场容量、销售量，有助于确定未来具体的购进数量
产品竞争情况	（1）生产同种所需产品供应商的数目及其规模 （2）所要采购产品的种类 （3）所需产品是否有合适的替代品的生产供应商 （4）此类产品的各重要品牌的市场占有率及未来变动趋势 （5）竞争产品的品质、性能与设计 （6）主要竞争对手所提供的售后服务方式及中间商对这种服务的满意程度	通过产品竞争情况的调查，使谈判者能够掌握供应己方所需同类产品竞争者的数目、强弱等有关情况，寻找谈判对手的弱点，争取以较低的成本费用获得己方所需产品。也能使谈判者预测对方产品的市场竞争力，使自己保持清醒的头脑，在谈判桌上灵活掌握价格弹性
产品分销渠道	（1）各主要供应商采用何种经销路线，当地零售商或制造商是否聘用人员直接推销，其使用程度如何 （2）各种类型的中间商有无仓储设备 （3）各主要市场地区的批发商与零售商的数量 （4）各种销售推广、售后服务及储存商品的功能	可以掌握谈判对手的运输、仓储等管理成本的状况，在价格谈判上心中有数，而且可以针对供应商售后服务的弱点，要求对方在其他方面给予一定的补偿，争取谈判成功

3. 收集对方信息

收集对方的信息主要包括三个方面，如图4–4所示。

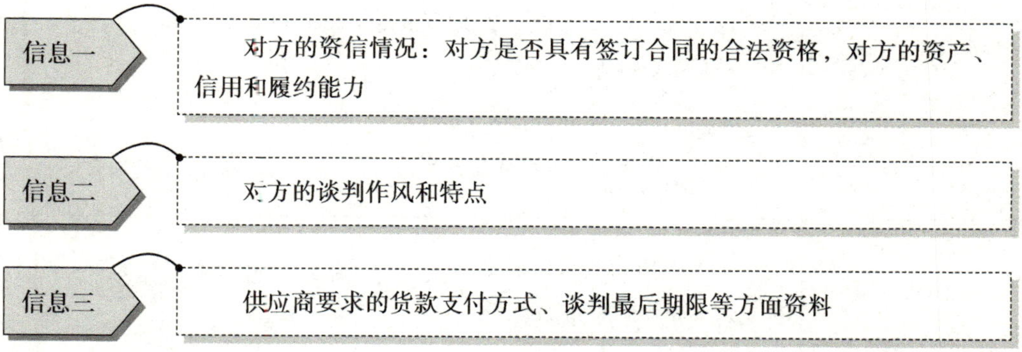

图4–4　收集对方信息

4. 整理与分析资料

整理与分析资料主要包括两个方面，如图4–5所示。

图4–5　整理与分析资料

小贴士

在实际工作中，由于各种各样的原因和限制因素，在收集到的资料中存在着某些资料比较片面、不完全，有的甚至是虚假、伪造的，所以采购人员必须对初步收集到资料进行进一步整理和甄别。

4.4　制定采购谈判方案

1. 确定采购谈判目标

谈判目标是指参加谈判的目的，一般可以分为三个层次，即必须达到的目标、中等目标、最高目标，其具体说明如表4–5所示。

表4-5　采购谈判的目标

目标层次	具体描述
必须达到的目标	满足本企业（地区、行业或单位）对原材料、零售件或产品的需求量、质量和规格等
中等目标	满足价格水平、经济效益水平等
最高目标	考虑供应商的售后服务情况，例如，供应商的送货、安装、质量保证、技术服务活动等

2. 安排采购谈判议程

谈判议程及谈判的议事日程主要是说明谈判时间的安排和双方就哪些内容进行磋商，具体说明如图4-6所示。

议程一　确定采购谈判主题

（1）凡是与本次谈判相关的、需要双方展开讨论的问题（采购产品的质量、数量、价格水平、运输等），都可以作为谈判的议题

（2）把它们一一罗列出来，然后根据实际情况，确定应重点解决哪些问题

议程二　选择谈判时间

在选择谈判时间时，要考虑以下几个方面的因素。

（1）要注意给谈判人员留有充分的准备时间，以免仓促上阵

（2）要考虑对方的情况，不要把谈判安排在对对方明显不利的时间进行

（3）谈判人员的身体和情绪状况，要避免在身体不适、情绪不佳时进行谈判

图4-6　采购谈判的议程

谈判主题列表如表4-6所示。

表4-6 谈判的主题

主题	讨论情况
◆产品的质量 ◆产品的数量 ◆价格水平 ◆运输 ◆付款条件 ……	

下面是某企业采购谈判方案范本，仅供参考。

范本

电脑谈判方案

一、谈判双方

双方情况简介：

甲方：（略）

乙方：（略）

注：甲方为××电子有限公司（采购方）；乙方为联想集团有限公司（供方）。

二、谈判主题

甲方向乙方公司采购100台台式电脑。

三、谈判目标

战略目标：和平谈判，按我方的采购条件达成采购协议。

①报价：2000元/台

②供应日期：一周内

底线：以我方底线报价2300元/台，尽快完成采购后的运作。

四、谈判团队人员组成

主谈：×××，电子公司谈判全权代表。

决策人：×××，负责重大问题的决策。

技术顾问：×××，负责技术问题。

（续）

法律顾问：×××，负责相关法律问题。

秘书：×××，负责接待安排、材料准备与拟写协议。

五、谈判接待与安排

1. 接待室地点：公司2楼会议室，接待室备有茶水、纯净水、水果盘及苹果、香蕉等。

2. 谈判时间：××××年××月××日。

3. 谈判地点：公司3楼会议室。

4. 谈判桌上：谈判必备的信息材料、签字笔、茶水等。

六、双方利益及优势、劣势分析

甲方核心利益：要求供方用尽量低的价格供应我方联想台式电脑，在保证质量前提的基础上，尽量减少成本。

乙方利益：用最高的价格销售，增加利润。

我方优势：有多方的电脑供应公司可供甲方选择，我方急需电脑，以满足教学与试训的迫切需要。

供方优势：供方的电脑品牌在国际国内声誉较好，且与其合作的对象较多，属于供应方，如果完不成谈判，可能损失以后合作的机会。

七、谈判议程及具体策略

1. 开局

（1）感情交流式开局策略。

通过谈及双方过去合作情况拉近感情距离，形成共鸣，把供方引入较融洽的谈判气氛中，创造互利共赢的气氛。

（2）采取进攻式开局策略。

营造低调谈判气氛，明确指出有多家供应商竞争，开出2 000元/台的报价，以制造心理优势，使我方处于主动地位。

2. 中期阶段

（1）红脸白脸策略。

由两名谈判成员其中一名充当红脸，一名充当白脸辅助协议的谈成，把握住谈判的节奏和进程，从而占据主动。

（2）层层推进、步步为营的策略。

有技巧地提出我方预期利益，先易后难，步步为营地争取利益。

（3）把握让步原则。

明确我方核心利益所在，实行以退为进策略，退一步进两步，做到迂回补偿，充分利用手中筹码，适当时可以退让承担运费来换取其他更大利益。

（续）

（4）突出优势。

以资料作支撑，以理服人，强调与我方协议成功给供方带来的利益，同时软硬兼施，暗示供方如果与我方协议失败，我方将立即与其他的电脑供应公司谈判。

（5）打破僵局。

合理利用暂停，首先冷静分析僵局原因，再可运用把握肯定供方形式，适时用声东击西策略，打破僵局。

3. 休局阶段

如有必要，根据实际情况对原有方案进行调整。

4. 最后谈判阶段

（1）把握底线。

适时运用折中调和策略，严格把握最后让步的幅度，在适宜的时机提出2 300元/台的最终报价，使用最后通牒策略。

（2）埋下契机。

在谈判中形成一体化谈判，以期建立长期合作关系。

（3）达成协议。

经过双方妥协，最终敲定我方的最终报价，出示会议记录和拟定的购买合同，请供方确认，并正式签订合同。

八、准备谈判资料

相关法律资料：《中华人民共和国合同法》《国际合同法》《国际货物买卖合同公约》《经济合同法》。

九、制定应急预案

1. 如果供方不同意我方的采购报价，对报价2 000元/台表示异议。

就供方报价金额进行谈判，运用妥协策略，换取在交接期、技术支持、优惠待遇等利益。

2. 供方使用权力优先策略，声称金额的限制，拒绝我方的报价。

了解供方权限情况，“白脸”据理力争，适当运用制造僵局策略，“红脸”再以暗示的方式揭露供方的权限策略，并运用迂回补偿的技巧来突破僵局，或用声东击西策略。

3. 供方使用借题发挥策略，对我方某一次提出的问题抓住不放。

我方避免没必要的解释，可转移话题，必要时可指出供方的策略本质，并声明供方的策略影响谈判进程。

十、谈判预算费用

车费200元，住宿费1 000元，饮食费1 500元，其他1 000元，合计3 700元。

范本

××企业采购谈判方案

一、采购谈判参加人员

采购谈判的主要参与人员包括材料设备部经理、采购经理、采购专员及相关物资的使用人员。

二、采购谈判的原则

1. 互利互惠原则

在谈判过程中，不仅要从企业自身的利益出发考虑谈判的方式和技巧，也要通过换位思考的方式，从对方的利益角度考虑谈判目标的实现，努力实现合同谈判过程中的互利互惠原则，以不损害谈判双方的友好合作关系为前提。

2. 时间原则

时间就是优势，在谈判前和谈判中要通过时间技巧掌握谈判的主动权，力求速战速决。

3. 信息原则

信息的掌握情况在很大程度上决定着谈判的成功与否。在谈判前要通过各种渠道搜集各类与谈判有关的信息，在谈判过程中通过对谈判信息的总结、提升，将其转化为谈判的优势。

4. 诚信原则

诚信是谈判成功的基础，是与供应商保持长期良好合作关系的前提。在谈判中严禁使用涉嫌欺诈的方式和手段。

三、谈判目标

谈判目标的具体内容如下表所示。

谈判目标明细表

项目 / 层次	价格	支付方式	交货条件	运输费用	产品规格	质量标准	服务标准
最优目标							
可接受目标							
最低限度目标							

四、谈判项目

1. 材料设备的质量保证

满足企业需要，附有产品合格说明书、检验合格证书及物料的有效使用年限。

（续）

2. 包装

内包装和外包装，根据谈判价格确定具体的包装形式，确保采购材料设备无折损。

3. 价格

明确合理的采购价格可以给供应商带来销售量的增加、销售费用的减少、库存的降低等利益因素。

4. 订购量

根据企业施工实际进度和企业仓储能力确定订购量。

5. 折扣

折扣有数量折扣、付现金折扣、无退料折扣、季节性折扣以及新品折扣等几种。

6. 付款条件

综合分析一次性付款、月结付款和付款方式带来的替代效应，选择最有利的付款方式。

7. 交货期

交货期的确定以不影响企业的正常生产为前提，结合企业货物存放的成本，尽量选择分批供货。

8. 售后服务事项

售后服务事项包括维修保证、品质保证、退换货等内容。

五、谈判准备

（一）信息收集

收集信息的种类如下表所示。

信息收集的种类及目的

种类	目的
谈判模式及价格的历史资料	了解供应商谈判技巧的趋势、供应商处理上次谈判的方式等
购买历史资料	价格的上涨有时意味着材料设备的下降，也可作为谈判的筹码
宏观环境资料	了解政府法令、企业政策等，增强谈判能力
供应商情报资料	了解价格趋势、科技重要发明、市场占有率等供应商的产品市场信息，做到知己知彼
主要合同条款的起草	起草一份企业熟悉的采购合同，列举出主要的合同条款

（二）议价分析

1. 采购人员在财务部相关人员的帮助下，对物料成本进行专业分析，设置议价

（续）

底线。

2. 进行比价分析

比价分析表

比价项目	内容
价格分析	对相同成分或规格的产品的售价或服务进行比较，至少要选取三家以上
成本分析	将总成本分为人工、原料、外包、费用、利润等，作为讨价还价的筹码

3. 确定实际与合理的价格

六、采购谈判的优势、劣势分析

（一）关注企业作为买方的实力

1. 采购数量的多少。
2. 主要原料。
3. 标准化或没有差异化的产品。
4. 利润的大小。
5. 商情的把握程度。

（二）供应商作为卖方的实力

1. 是否独家供应或独占市场。
2. 复杂性或差异化很大的产品。
3. 产品转换成本大小。

（三）替代品分析

1. 可替代产品的可选种类。
2. 替代产品的差异性。

（四）竞争者分析

1. 所处行业的成长性。
2. 竞争的激烈程度。
3. 行业的资本密集程度。

（五）新供应商的开发

1. 资金需求的多少。
2. 供应材料设备的差异性。
3. 采购渠道的建立成本。

七、采购谈判的议程

1. 谈判时间

（续）

时间：×年×月×日～×年×月×日。

每日：上午8:30～11:30；下午2:00～5:00。

2. 谈判地点

地点：××市××宾馆××会议室。

八、采购谈判过程

采购谈判过程如下表所示。

采购谈判过程

第一阶段	第二阶段	第三阶段	第四阶段
开局	报价	磋商	成交
（1）建立良好的谈判氛围 （2）交换相关谈判的内容意见 （3）双方进行开场陈述	（1）把握报价原则：采取书面报价或口头报价的方式 （2）确定合理的报价范围	（1）磋商的形式，包括书面或见面，以书面磋商为主 （2）把握磋商的反复性。磋商的过程就是讨价还价的过程 （3）在磋商过程中要作适当让步	（1）达到成交目的的策略，包括最后通牒、折中等 （2）争取完全成交，在完全成交不现实时，可把握部分成交 （3）签订协议。谈判的成果只有在协议签订以后才能成立

九、谈判特殊情况的处理

1. 材料设备部经理根据谈判的具体情况从总体上把握谈判的进程，并在自己的权限范围内灵活处理谈判中出现的新情况和新问题。

2. 对于采购经理无法决定的谈判内容，则报请工程总监和总经理进行审核批准。

3. 制定谈判备选方案

通常情况下，在谈判过程中难免会出现意外的事情，令谈判人员始料不及，影响谈判的进程。因此，谈判人员在谈判前应对整个谈判过程中双方可能作出的一切决定进行正确估计，并依此设计出几个可行的备选方案。

在制定谈判备选方案时，谈判人员可以注明在出现何种情况下使用此备选方案，以及备选方案的详细内容、操作说明等。

下面是某企业采购谈判备选方案说明范本，仅供参考。

范本

××企业采购谈判备选方案说明

备选方案说明

备选方案适用情况：

以下情况出现时启用备选方案：

1. ______________________________

2. ______________________________

3. ______________________________

4. ______________________________

5. ______________________________

备选方案详细内容：

1. ______________________________

2. ______________________________

3. ______________________________

……

操作说明：

1. ______________________________

2. ______________________________

3. ______________________________

……

4.5 选择采购谈判队伍

采购谈判队伍的选择就是指在对谈判对手情况以及谈判环境诸因素充分分析研究的基础上，根据谈判的内容、难易程度选择谈判人员，组织高效精悍的谈判队伍。

1. 谈判队伍选择的原则

谈判队伍选择的原则如图4-7所示。

原则一：较小型的谈判，谈判人员可由2~3人组成，有时甚至由1人全权负责

原则二：对于内容较为复杂且较重要的大型谈判，配备的人员数要比小型谈判多得多

原则三

遵循对等原则，即己方谈判队伍的整体实力与对方谈判队伍的整体实力相同或对等

图4-7　谈判队伍选择的原则

2. 谈判人员的选择与配备

谈判人员的选择与配备的要点如图4-8所示。

要点一

在确定具体谈判人选时，尽量选择“全能型的专家”，即通晓技术、经济、法律和语言四个方面的知识，能够专长于某一个方面的人

要点二

在确定谈判小组具体人数时，要以上述谈判队伍组选的原则为指导思想，合理确定谈判小组的规模，同时也要兼顾谈判小组的工作效率

要点三

一般情况下，谈判小组由3～5人组成

图4-8　谈判人员的选择与配备的要点

3. 谈判人员的分工与合作

在确定了具体谈判人员并组成谈判小组之后，就要对其内部成员进行分工，确定主谈与辅谈。主谈是指在谈判的某一阶段，或者对某一方面或几个方面的议题，以他为主进行发言，阐述己方的观点和立场。辅谈是指除主谈以外的小组其他成员及处于辅助配合位置的小组成员。谈判人员分工合作表如表4-7所示。

表4-7　谈判人员分工合作表

谈判阶段	谈判议题	主谈人员	辅谈人员

主谈与辅谈人员在谈判过程中并不是各行其是，而是在主谈人员的指挥下，互相密切配合。总之，既要根据谈判的内容和个人的专长进行适当的分工，明确个人的职责，又要在谈判中按照既定的方案相继而动，彼此呼应，形成目标一致的有机谈判统一体。

4.6 确定谈判地点

谈判地点的选择有三种情况，即己方所在地、对方所在地、双方之外的第三地。对于最后一种情况往往是双方在参加产品展销会时进行的谈判。三种地点选择有利有弊，其优缺点如表4-8所示。

表4-8 谈判地点的优缺点

谈判地点	优点	缺点
己方所在地	（1）以逸待劳，无需熟悉环境或适应环境这一过程 （2）随机应变，可以根据谈判形式的发展随时调整谈判计划、人员、目标等 （3）创造气氛，可以利用地利之便，通过热心接待对方，关心其谈判期间生活等问题，显示己方的谈判诚意，创造融洽的谈判氛围，促使谈判成功	（1）要承担繁琐的接待工作 （2）谈判可能常常受己方领导的制约，不能使谈判小组独立地进行工作
对方所在地	（1）不必承担接待工作，可以全心全意地投入到谈判中去 （2）可以顺便实地考察对方的生产经营状况，取得第一手的资料 （3）在遇到敏感性的问题时，可以说资料不全而委婉地拒绝答复	（1）要有一个熟悉和适应对方环境的过程 （2）谈判中遇到困难时，难以调整自己，容易产生不稳定的情绪，进而影响谈判结果
双方之外的第三地	对于双方来说在心理上都会感到较为公平合理，有利于缓和双方的关系	由于双方都远离自己的所在地，因此在谈判准备上会有所欠缺，谈判中难免会产生争论，影响谈判的成功率

4.7 安排与布置谈判现场

在己方所在地进行谈判时，己方要承担谈判现场的安排与布置工作。为了能充分利用上述优点，为己所用，在具体操作时应注意以下两个方面。

1. 最好能够为谈判安排三个房间

安排三个房间，一间作为双方的主谈判室，另外两间作为各方的备用室或休息。

主谈室作为双方进行谈判的主要场所，应当宽敞、舒适、明亮，并配备应有的设备和接待用品。备用室或休息室作为双方单独使用的房间，最好靠近谈判室，也要配备应有的设备和接待用品，同时也可以适当配置一些娱乐设施，以便双方缓和一下紧张的气氛。

2. 谈判双方座位的安排也应认真考虑

通常有两种座位安排方式。一是双方各居谈判桌一边，相对而坐；二是双方谈判人员随意就座。两种安排方式各有优缺点，要根据实际情况加以选择。

4.8 采购谈判的过程

在谈判开始前，参加谈判的人员必须知道谈判的各个步骤，以便斟酌其中每一个细节，从而争取双赢。采购谈判的步骤如图4-9所示。

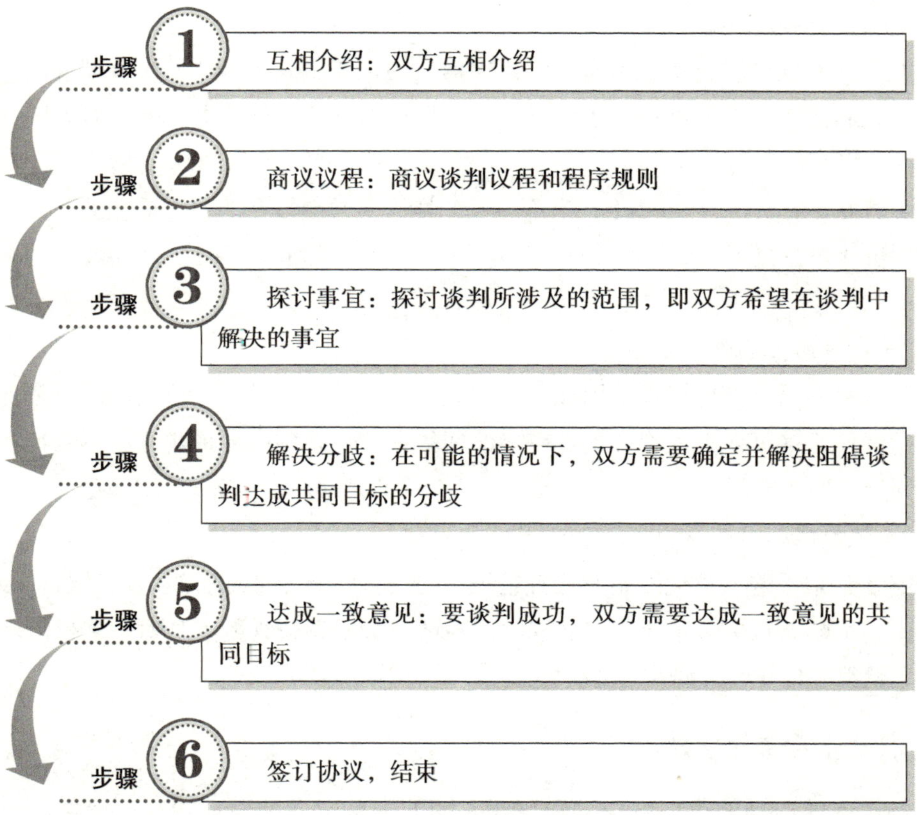

图4-9 采购谈判的步骤

在各个谈判的步骤中，供需双方均要把握好每个细节，以确保双赢的达成。在谈判时，采购人员应掌握以下知识。

1. 有礼貌地相互介绍

谈判中有邀请方与被邀请方，因此，作为负责这项事务的采购人员与业务人员必须承担起相互介绍的责任。在相互介绍时，采购人员应注意以下几点。

（1）首先可用一方的采购人员（业务人员）来负责介绍对方主要人物，然后依次按职务高低介绍其他人员。

（2）介绍时要坚持客方优先的原则。

（3）介绍后邀请双方入座，并向对方通报具体谈判议程安排。

2. 立场表现要明确

立场即认识和处理问题时所处的地位和所抱的态度。采购人员在谈判时要立场明确，应知晓以下常识。

（1）表示出求双赢

采购人员在谈判时，要表示出我们谈判的目的是双赢。事实证明，大部分成功的采购谈判都要在和谐的气氛下进行，才可能达成。而在相同条件交涉上，站在对方的立场上去说明，往往更有说服力。

双赢绝对不是50/50。事实上，有经验的采购人员总会设法为自己的企业争取最好的条件，然后也让对方得到好处。因此站在采购的立场上，谈判的结果应是60/40、70/30，甚至是80/20。

（2）产品质量不可让步

产品质量是采购商的门面。因此，采购人员在谈判时要供货方提供明确质量保证要求以及质量责任，甚至要求供货方提供质量保证依据。在谈判中，采购方绝不能牺牲质量来确保最低价格的实现。

（3）谈判属于组织行为

采购谈判是采购人员代表企业或者组织与另一供货方企业或者组织的销售代表实施谈判。因此，采购人员个人素质决定着谈判的成败。如果某位采购人员对某家供应商带有异样眼光，就很容易导致采购谈判的失败。

3. 议程中遵循三原则

谈判议程即谈判的议事日程，它主要是说明谈判时间的安排和双方就哪些内容进行磋商。在进行谈判之前，要确定谈判的主题与谈判议程；在执行谈判时，主持谈判的双方主管应该遵循谈判议程执行谈判。凡是与本次谈判相关的、需要双方展开讨论的问题，都要作为谈判的议题。因此，采购人员在谈判议程时必须把握好三个原则，如图4-10所示。

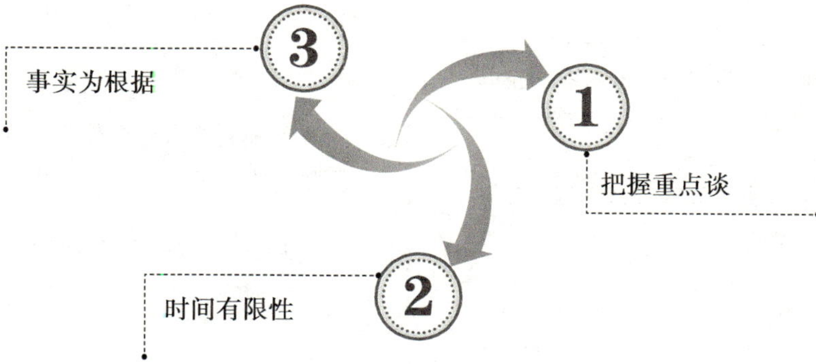

图4-10　议程中遵循三原则

（1）把握重点谈

谈判时，可以把谈判主体一一罗列出来，然后根据实际情况确定应重点解决哪些问题。对于采购谈判来讲，最重要的也就是采购原材料的质量、数量、价格水平、运输等方面，所以应把这些问题作为议题重点加以讨论。

（2）时间有限性

一般来说，必须把握谈判时间进度。人的精力有限性，有些谈判需要长年累月地谈，由于供需双方的利益不一样，可能谈判达成时间不一样，原则上应尽量有利于己方的达成时间。对于一般性企业，都应该从快处理。而对国际性采购，因其已经固定化了采购方式，可以根据价格需要采取一些谈判拖延战略。

（3）事实为根据

作为谈判双方，供方必须展示出自己真实的技术、质量、生产势力；采购方也必须展示出自己真实的购买能力，可以邀请采购方验厂或者采购方现支付一定订金。

4. 选择适当的谈判方式

在谈判中，选择适当的谈判方式对于采购人员来说是非常重要的。采购方式可以根据具体的谈判情况来确定。一般来说，谈判方式有以下两种，如图4-11所示。

图4-11　两种谈判方式

（1）强硬性谈判

强硬性谈判不是说谈判中采用强硬的语气，而是指在谈判中采取强硬的立场、绝不让步。采购人员在采取强硬性谈判时应要掌握以下五个条件，如图4-12所示。

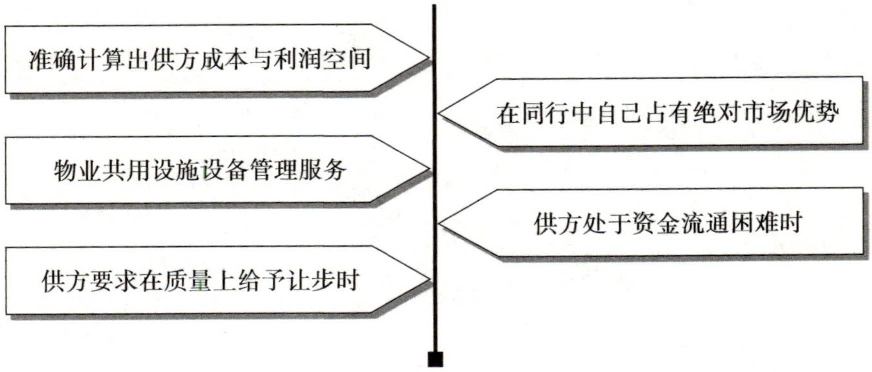

图4-12　强硬性谈判的条件

（2）温柔性谈判

温柔性谈判，是指在采购谈判中采取让步的状态来达成交易目的。某些企业在出现库存不足或者其他物资紧缺的情况下，通常会在采购谈判中采用温柔性谈判。采购人员在采取温柔性谈判时应掌握以下五个条件，如图4-13所示。

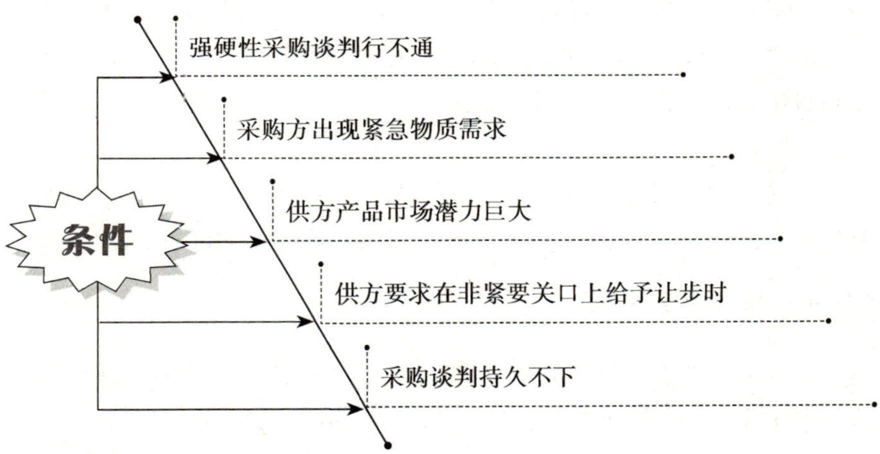

图4-13　温柔性谈判的条件

5. 僵局一定要打破

采购谈判中，在谈及价格与交货期问题时，出现僵局是很难避免的。一般认为，在谈判中出现僵局时，采购人员可采取以下技巧，具体说明如图4-14所示。

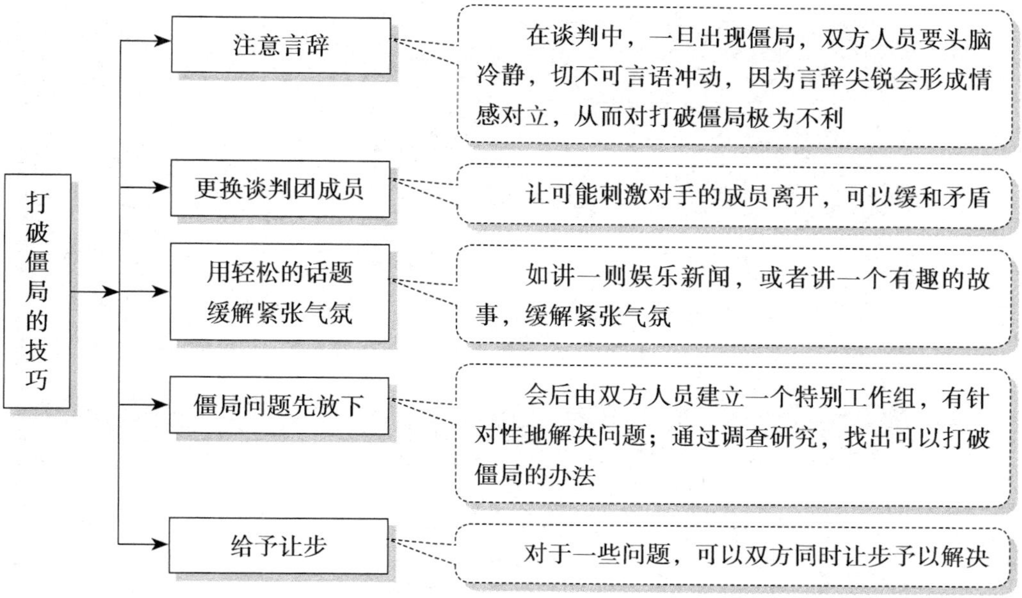

图4–14　打破僵局的技巧

6. 谈判最后阶段的掌握

谈判的最后阶段主要应做好以下工作，如图4–15所示。

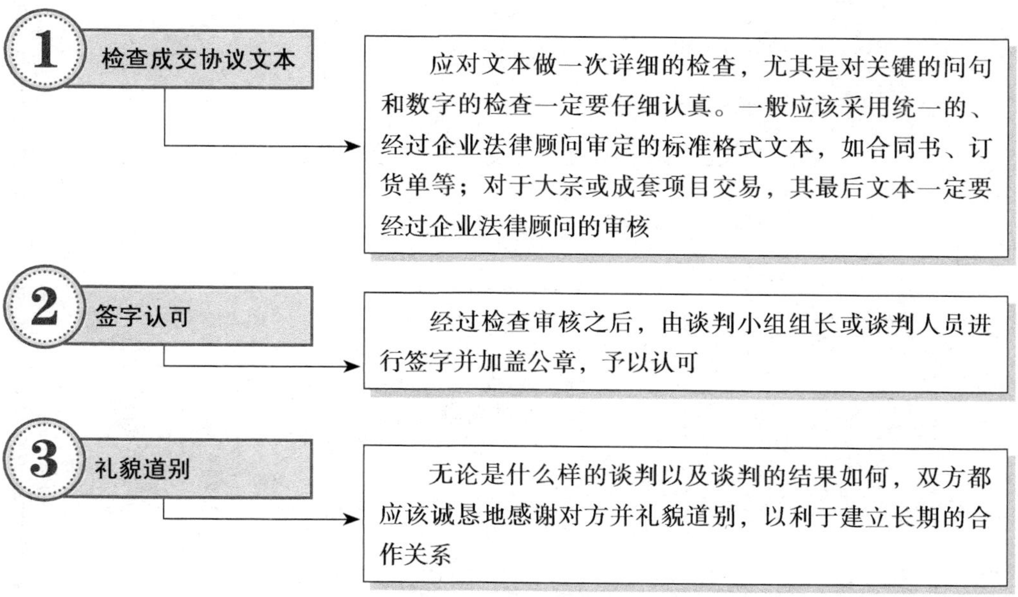

图4–15　谈判最后阶段应注意的工作

学习笔记

通过学习本章内容，想必您已经掌握了不少学习心得，请仔细记录下来，以便继续巩固学习。如果您在学习中遇到了一些难点，也请如实写下来，方便今后重复学习，彻底解决这些难点。

我的学习心得

1. ____________________

2. ____________________

3. ____________________

4. ____________________

5. ____________________

我的学习难点

1. ____________________

2. ____________________

3. ____________________

4. ____________________

5. ____________________

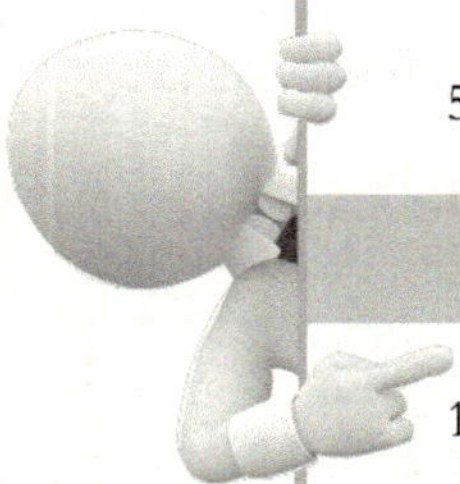

我的运用计划

1. ____________________

2. ____________________

3. ____________________

4. ____________________

5. ____________________

第5章 采购协议拟定须知

经过采购考察、谈判，确定了物料供应商后，采购经理就需要与其坐下来认真地讨论一下采购协议。对于大宗的、长期的物料采购，采购经理更应该签订一份框架协议。签订了采购协议的供应商基本上就是每次采购订单下发的首选对象。

学习指引

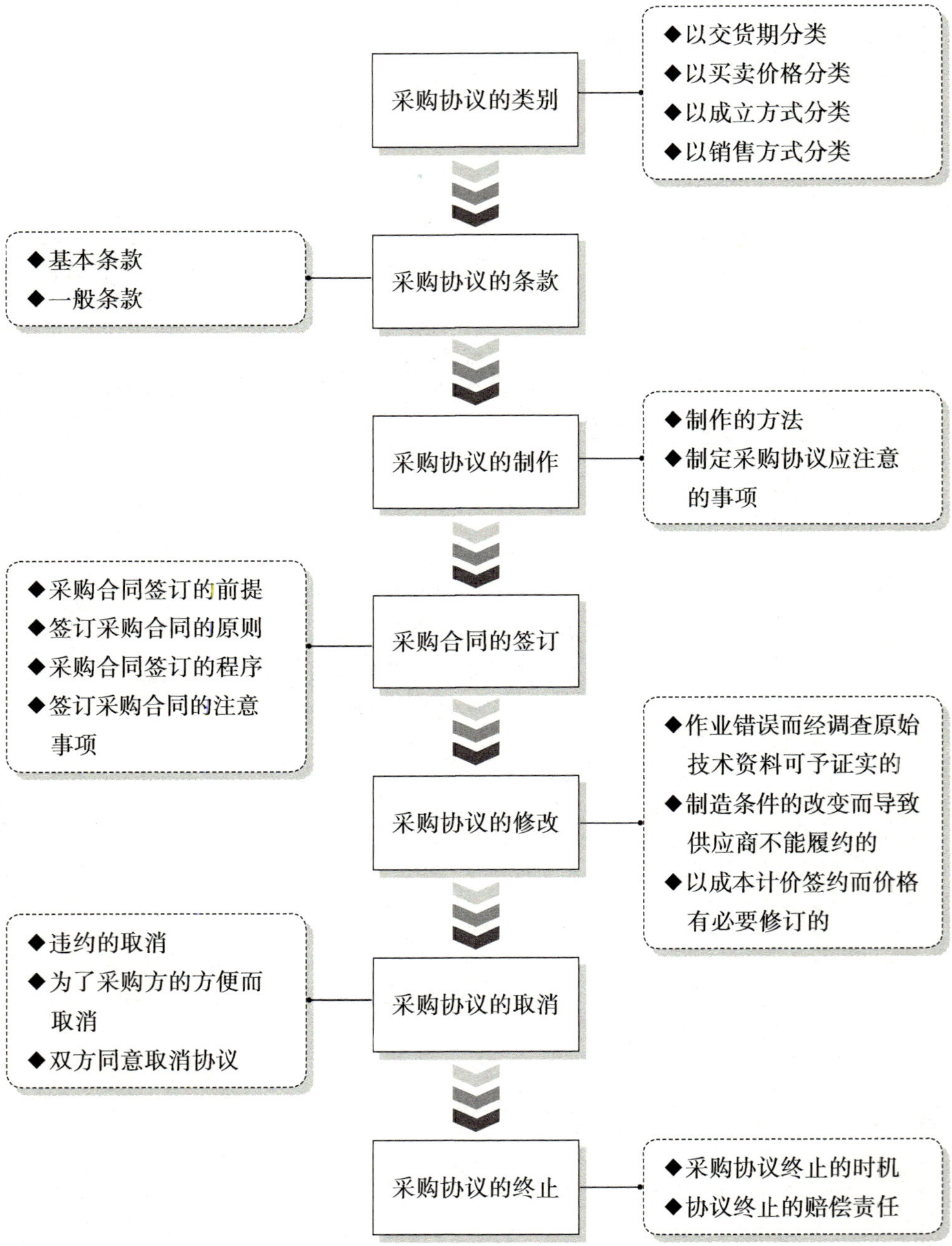
采购协议的类别
◆以交货期分类
◆以买卖价格分类
◆以成立方式分类
◆以销售方式分类
采购协议的条款
◆基本条款
◆一般条款
采购协议的制作
◆制作的方法
◆制定采购协议应注意的事项
采购合同的签订
◆采购合同签订的前提
◆签订采购合同的原则
◆采购合同签订的程序
◆签订采购合同的注意事项
采购协议的修改
◆作业错误而经调查原始技术资料可予证实的
◆制造条件的改变而导致供应商不能履约的
◆以成本计价签约而价格有必要修订的
采购协议的取消
◆违约的取消
◆为了采购方的方便而取消
◆双方同意取消协议
采购协议的终止
◆采购协议终止的时机
◆协议终止的赔偿责任

5.1 采购协议的类别

一般买卖交易所签订的协议，大都视采购物品的性质及其方式而订立不同的条款。采购协议通常有四种，如图5-1所示。

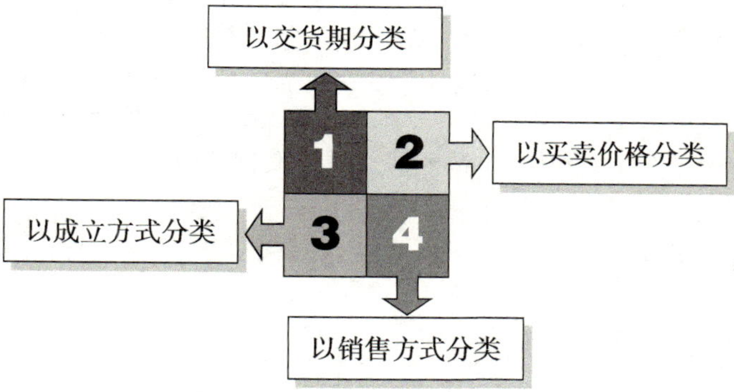

图5-1 采购协议的类别

1. 以交货期分类

以交货期分类，采购协议分为三种，具体说明如图5-2所示。

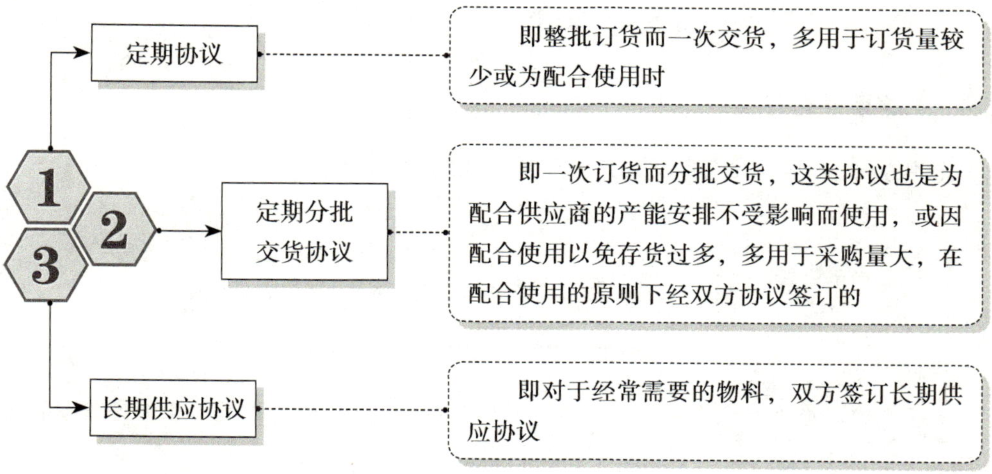

图5-2 采购协议以交货期分类

2. 以买卖价格分类

以买卖价格分类，采购协议分为两种，具体说明如图5-3所示。

第一类 固定价格协议

即以买卖双方商洽协议时的价格作为交货后付款的依据。除协议另有规定以外，不得以任何理由变更价格

第二类 浮动价格协议又称成本补充协议

即以协议当时的各项成本因素、市价作为基准价格，于交货结算货款时，再依结算时的市价与基准价格核算比较涨跌的比率而予以调整。一般金额较大、交货期较长的物料采购或工程计价，大多采用这种方式签约

图5-3 采购协议以买卖价格分类

3. 以成立方式分类

以成立方式分类，采购协议又分为两类，如图5-4所示。

1 书面协议

即买卖双方以文书签订的协议

2 非书面协议

即以口头、电话等方式而经双方协议同意成立者，其以订立正式字据为要件

图5-4 采购协议以成立方式分类

4. 以销售方式分类

以销售方式分类，采购协议又分为三类，如图5-5所示。

1 经销协议

多以生产或供应货品的厂商要求条件而成立

2 承揽协议

多为业务推广性质，立于媒介的地位来促进双方的交易，从中取得佣金者

3 代理协议

大多仅为代理报价签约，不设立门市并且不与买方直接发生交易行为，仅做服务性工作而促成买卖双方交易，其佣金则依约定由买方或卖方支付

图5-5 采购协议以销售方式分类

5.2 采购协议的条款

采购买卖条件一经协议，即由双方将协议细节、权利与义务在书面协议书上详细记载，以取得法律的保障。但是采购协议书并无一定标准格式，其内容通常视采购本身的性质与类别而定。不过，无论哪类采购协议均可分两种条款，一种为基本条款，常见于协议书正面；另一种为一般条款，通常记载在协议书背面。

1. 基本条款

一般采购机构大都以印制协议书格式使用，如遇采购特殊物品，所商定买卖条件较复杂时，才须另外草拟协议。常见于协议书正面，其内容如下。

（1）前文

包括：签订协议年月日，协议号码，协议当事人的名称、住址，签订协议的内容及有关说明。

（2）条款内容

即协议内最主要项目，包括：货品名称（Commodity）、品质（Quality）、数量（Quantity）、单价及总价（Unitprice & Amount）、交货期（Shipment）、到达地（Destination）、包装（Packing）、保险（Insurance）、付款（Payment）、检验（Inspection）。

2. 一般条款

一般条款即指买卖协议中主要条件及项目的补充说明。一般条款大都印在正式协议书的背面，如内容太复杂，也有另行印制附列。一般条款内容说明如下。

（1）制定目的

一般条款虽是协议主要条件的补充说明，也含有保护制作协议方权益的作用。

（2）条款效力

即表示协议正面基本条款有约定者，应优先适用。在实务上，往往采购方所制作的协议一般条款，部分条文未为供应商所接受，则另由供应商提出修正意见经采购方同意接受者列为协议“特别条款”，此“特别条款”其适用效力优于一般条款。

（3）格式

一般条款格式无一定标准，视采供双方需要而定。

一般条款无固定项目，大都是对基本条款或基本条款以外的特殊条款加以阐释，为其定义进行适当的补充说明。其目的无非为保护采购方的权益。

（4）其他项目

如协议有效期、协议转让与不可转让、违约与解约、索赔等，得斟酌情形列入。

下面是某企业采购合同信息统计表范本，仅供参考。

范本

合同信息统计表

登记日期：　　　　　　　　　　　　　　　　　　　登记人：

序号	合同编号	合同内容	供应商名称	合同数量	合同单价	合同总额	采购形式	联系人	联系方式

审核人：　　　　　　　　　　　　　　　　　　　审批人：

5.3　采购协议的制作

1. 制作的方法

采购协议的制作是指将双方交易协商结果逐项填入标准格式的协议书，如有特殊情形，原有协议格式不够用时，再另加特别条款，以双方签署始生效。一般而言，协议制作的方法如下。

（1）采用事先已印制的标准协议格式，这种方法适用于一般性采购。

（2）重拟协议条款。原有协议格式无法适用时，另拟协议草稿，经双方同意签署生效，适用于特殊采购。

2. 制定采购协议应注意的事项

采购是一项繁琐的工作，其涉及的范围很广，因此在签订买卖条款时必须以最明智、最适当、最迅速的判断来处理。对于各项采购条件必须事前有周全缜密的考虑，如稍有疏忽，极易造成日后不必要的纠纷。采购人员如明白这个道理，易稳操胜券，否则实难确保采购品质，更不必侈言“如期交货”或“品管”了。签订采购协议应注意的事项如表5-2所示。

表5-2制定采购协议应注意的事项

项目或条款	注意事项
货品名称	（1）品名的书写，宜采用国内或全球通用名称为原则。因同一货品的品种及项目很多，因此称呼也不同，为避免混淆或发生错误，最好采用通俗化的一般名称 （2）品名的书写务必工整，避免笔误，有时因一字之差会导致无谓的麻烦
品质及规格	（1）注意货品规格、品质是否适当。因工业水准不同，货品品质也有差异 （2）注意品质厘定方法，这包括当品质规格不符时的查证机关与证明方法和出现不良品时的处理方法
数量	（1）注意货品的数量是采用毛重还是净重 （2）假如货品数量不足，是否订有适当的解决方法
价格	（1）在价格方面应该注意有关价格条件、币值变动及价格变化的处理方法 （2）国外采购货物，更须留意汇率波动
包装	（1）包装方法很多，有散装、木箱装、桶装、纸箱装、袋装、瓶装等，注意包装时究竟采用哪一种方式包装 （2）特殊性能物资采用哪一种方式包装，都应详加注明
供应地区	（1）须注意进口货品与海关输入的规定，如有些产品是管制进口 （2）有些货品（如机器设备）签订商与他国制造厂技术合作，是否可以接受
交货	须注意交货期限与开发信用证日期是否配合
运输	（1）运输方法是海运、空运还是陆运 （2）是采用一次装运还是分批装运？如分批装运其批次、数量及日期是否列明，诸如种种均须记载清楚
付款方法	（1）付款方法有现金支付、支票支付，一次付清或分期付款均须列明 （2）国外的信用证开发日期是否与装船期相配合
保险	（1）所列条件是否适当 （2）保险金额是否合理并应注意保险时效与投保手续
重量与检验	（1）货品品质与数量，在协议上须详细记载 （2）该货品究竟由厂商检验还是独立公证，检验期限的确定
运费、保险费及汇率变动	（1）有关运费、保险费究竟由采购方或供应商支付，应在契约上详细注明 （2）汇率变动风险，也应注明清楚，以杜绝争端

5.4 采购合同的签订

1. 采购合同签订的前提

（1）合同的当事人必须具备法人资格。这里的法人，是指有一定的组织机构和独立支配财产，能够独立从事流通活动或其他经济活动，享有权利和承担义务，依照法定程序成立的企业。

（2）合同必须合法。也就是必须遵照国家的法律、法令、方针和政策签订合同，其内容和手续应符合有关合同管理的具体条例和实施细则的规定。

（3）必须坚持平等互利、充分协商的原则签订合同。

（4）当事人应当以自己的名义签订经济合同。委托别人代签，必须要有委托证明。

（5）采购合同应当采用书面形式。

2. 签订采购合同的原则

采购合同的签订必须遵循以下原则。

（1）法人原则，即合同的当事人必须具备法人资格。这里的法人是指有一定的组织机构和能独立支配财产，能够独立从事流通活动或其他经济活动，享有权利和承担义务，依照法定程序成立的企业。

（2）合法原则，即合同必须合法，也就是必须遵照国家的法律、法令、方针和政策签订合同，其内容和手续应符合有关合同管理的具体条例和实施细则的规定。

（3）平等原则，即必须坚持平等互利、充分协商的原则签订合同。

（4）书面原则，即采购合同应当采用书面形式。

3. 采购合同签订的程序

签订合同的程序是指合同当事人对合同的内容进行协商，取得一致意见并签署书面协议的过程。签订合同一般有以下五个步骤，如图5-6所示。

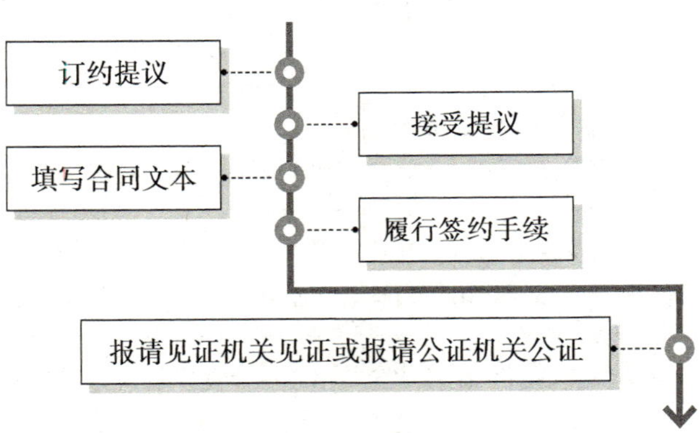

图5-6　签订采购合同的步骤

（1）订约提议

订约提议是指当事人一方向对方提出的订立合同的要求或建议，也称要约。订约提议应提出订立合同所必须具备的主要条款和希望对方答复的期限等，以供对方考虑是否订立合同。提议人在答复期限内不得拒绝承诺。

（2）接受提议

接受提议是指提议被对方接受，双方对合同的主要内容表示同意，经过双方签署书面契约，合同即可成立，也称承诺。承诺不能附带任何条件，如果附带其他条件，应认为是拒绝要约，而提出新的要约。新的要约提出后，原要约人变成接受新要约的人，而原承诺人成了新要约人。实践中签订合同的双方当事人，就合同的内容反复协商的过程，就是要约→新要约→再要约→直到承诺的过程。

（3）填写合同文本

填写合同文本时要注意的内容如图5-7所示。

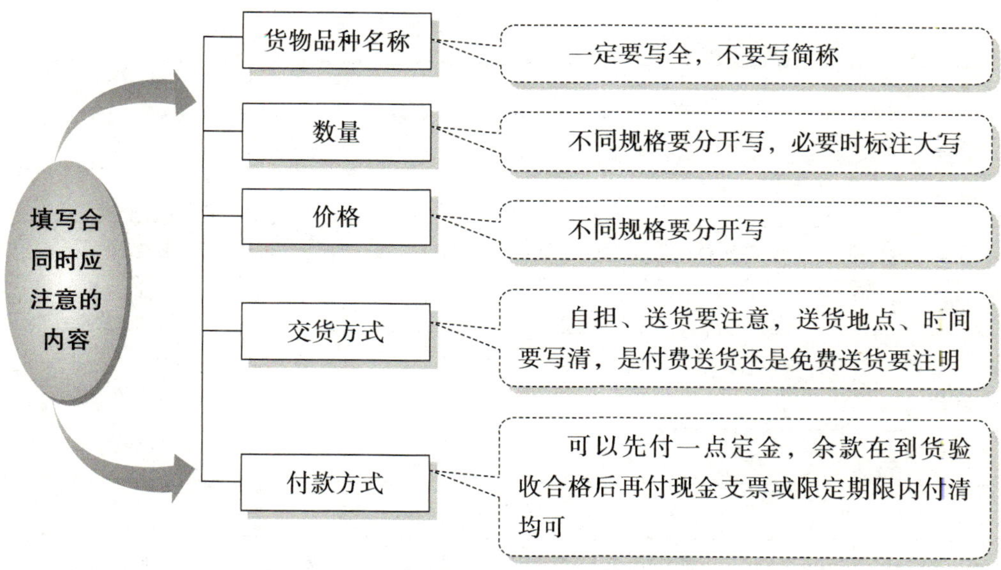

图5-7　填写合同时应注意的内容

（4）履行签约手续

双方要按照合同文本的规定事项，履行相关的签约手续。具体的手续，也可由双方协商而定。

（5）报请见证机关见证或报请公证机关公证

有的经济合同，法律规定还应获得主管部门的批准或工商行政管理部门的签证。对没有法律规定必须签证的合同，双方可以协商决定是否见证或公证。

4. 签订采购合同的注意事项

采购经理在签订采购合同时，要注意下列事项。

（1）对生产用原材料与零部件应尽可能采取统一的合同格式和条款，便于供应商统一管理。

（2）合同起草讨论过程应由采购、质量、财务、法律等相关人员共同参与，由具有法定资格的代表签署。

（3）对于生产用原材料与零部件的采购合同，单价及交货数量尽可能采用“开口”方式。即只确定定价的原则与方法、交货数量的计算与方法，具体的价格用报价单协议等合同附件进行约束，为定期评审价格及日常交货付款提供方便。

（4）确定价格与付款时，要依据币种、汇率，综合考虑付款方式、交货方式、付税责任、发票等，要尽量选择本国货币付款。

下面是某企业的采购合同范本，仅供参考。

范本

采购合同评审表

<table>
<tr><td>合同内容</td><td></td><td>合同编号</td><td></td></tr>
<tr><td>供方单位</td><td></td><td>合同金额</td><td></td></tr>
<tr><td>相关项目</td><td colspan="3"></td></tr>
<tr><td>合同类别</td><td colspan="3">材料□　外购件□　加工件□　标准件□　辅材□　其他□</td></tr>
<tr><td>付款方式</td><td></td><td>交货期</td><td></td></tr>
<tr><td>与前期价格的比较</td><td colspan="3"></td></tr>
<tr><td>价格评审</td><td colspan="3"></td></tr>
<tr><td colspan="4">评审意见</td></tr>
<tr><td>部门</td><td>评审内容</td><td>评审意见</td><td>评审人签字</td></tr>
<tr><td>销售部</td><td></td><td></td><td></td></tr>
<tr><td>生产部</td><td></td><td></td><td></td></tr>
<tr><td>技术部</td><td></td><td></td><td></td></tr>
<tr><td>财务部</td><td></td><td></td><td></td></tr>
<tr><td>评审结论</td><td colspan="3"></td></tr>
<tr><td>合同批准</td><td colspan="3">年　月　日</td></tr>
</table>

范本

特种材料采购合同

供方：____有限公司（以下简称甲方）
需方：××有限公司（以下简称乙方）

依据《中华人民共和国合同法》及中华人民共和国其他相关的法律法规，甲乙双方经协商一致，签订本合同。

甲乙双方经充分协商，达成如下协议，以资遵守。

1. 甲方向乙方供应以下产品

品名	规格型号	单位	数量	单价	金额	备注
总价款：						

2. 产品质量

上述产品应符合__________标准。

3. 订货

乙方应于距所要求的最早交付日____日前向甲方订货。甲方收到乙方订货单，应当以传真等书面形式向甲方确认。

4. 运输与包装

由甲方负责运输和包装，费用由甲方负担。

5. 交货的时间和地点

甲方交货期限为____年____月____日至____年____月____日。甲方应当于具备交付条件时及时通知乙方，并于乙方付款之日起五日内组织运输。乙方应当在送货单上签收。

6. 产品检验

6.1 甲方将产品送至乙方仓库后，乙方在收货之日起五日内进行检验，并将产品规格、数量、质量等不符合约定的情况通知甲方，并要求甲方予以更换或补齐数量。

6.2 乙方在两年内发现甲方出卖的产品存在隐蔽瑕疵，应当及时通知甲方，并要求更换或修复。

6.3 甲方出卖的产品如果有质量保证期，乙方在质量保证期内有权要求甲方予以更换或修复。

7. 结算方式及期限

乙方采取以下第____种方式向甲方支付货款。

（续）

7.1 乙方在订货时向甲方支付全部价款的____%作为预付款，于甲方通知乙方可以交货时向甲方支付剩余价款。乙方以支票、电汇等双方认可的方式向甲方支付货款。甲方就该预付款和剩余价款的支付分别向乙方开具发票。

7.2 乙方在甲方通知乙方可以交货时向甲方支付全部价款。乙方以支票、电汇等双方认可的方式向甲方支付货款。甲方向乙方开具发票。

8. 不可抗力及风险承担

8.1 甲方因不可抗力不能如期交货或不能交货时，应积极采取措施防止损失扩大并及时通知乙方。甲方凭有权机关出具的证明，不承担违约责任。甲方没有积极采取措施，或者未及时通知乙方，应当对乙方损失承担赔偿责任。

8.2 产品损毁、灭失的风险，甲方在乙方仓库交付前由甲方承担，在乙方仓库交付后由乙方承担。

9. 违约责任

9.1 如甲方逾期交付时，如乙方同意收取，视为甲方完全履行合同；如乙方认为不再需要购买该产品，甲方应退还乙方支付的预付款。

9.2 如甲方交付产品的规格与约定不符，应当负责调换。数量与约定不符的，对于多出的部分，乙方可以选择按价接收或者退还甲方；对缺少的部分，甲方应负责补齐或减少相应价款。

9.3 甲方交付的产品质量与约定不符，如乙方同意收货，双方应当按质重新约定价格；如乙方不同意收货，甲方应当更换；如甲方不能更换，应退还乙方支付的预付款。

9.4 如乙方迟延付款，每迟延一日，按照迟延给付部分的万分之四支付违约金。

10. 合同争议的解决

双方在履行合同中如发生争议，应先协商解决；协商不成的，通过如下第____种方式解决。

10.1 向乙方所住地有管辖权的人民法院起诉。

10.2 向____市仲裁委员会提请仲裁。

11.合同生效

11.1 本合同签订于____市____区，由双方授权代表签字并加盖公司印章后生效。

11.2 双方基于本合同订货的订货单、确认书均具有法律效力。订货单、甲方确认书的传真件与原件具有同等法律效力。

甲方：______________有限公司	乙方：××有限公司
授权代表：__________________	授权代表：
______年____月____日	______年____月____日

范本

原材料零部件采购合同

合同号：

兹由买方________企业和卖方________企业于____年___月___日签订合同，各方同意买卖有关商品并遵守如下各项条件。

1. 商品

商品代码:

说明：

备注：

2. 原产地

原产地：

生产厂商：

3. 质量

3.1 卖方应按照买方认可的产品供货，未经买方事先当面同意，不得对产品本身或生产场地有任何改变。

3.2 卖方应严格按照经买方认可的，体现于相应的图纸、胶卷、样本、CAD软件及品质协议等当中的质量和技术规格要求生产或供应货品。如有任何改变，买方负责告知卖方更新有关图纸或胶卷等，卖方严格跟进相关的变化。

3.3 卖方应不断改进其品质，愿意配合买方不断提高各自的品质体系，达到品质目标。

3.4 买方提出的任何质量投诉，卖方应立即采取更正行动予以改进，并在24小时内反馈给买方。

3.5 卖方应主动、积极地参与买方发起的质量改进活动，如质量免检等，以利于共同进步。

3.6 卖方应保持所有生产或供应的货品均符合有关环保法规要求。

4. 订单安排

4.1 买方向卖方发出订单（PO）采购货品，卖方应严格按其时间和数量交货。实际购销的货品数量由买卖双方定期依据实际收货数量核对确定。

4.2 卖方对采购商提供的订单应在24小时内予以确认，并通过传真或电子邮件反馈给买方。

4.3 卖方不断改进其企划表现，确保100%的供应可靠性，从而缩短供应时间、提高供货或订单变化的灵活性；并愿意配合买方一起通过引入计算机系统等不断提高其企划系统。

4.4 卖方应主动、积极地参加买方发起的有关企划改进活动，如即时供应等，以

（续）

利于共同进步。

5. 价格及条款

5.1 买卖双方应不断改进，通过提高质量与效率等来降低成本及价格，并让利给用户。双方确认努力保持这种降低成本的趋势，每年至少重新审视一次价格。

5.2 买卖双方同意在5.4条款和8.2条款所明确的付款与交货条件下遵循：

代码说明	单价	币种	数量	短溢范围	总计

以上单价含税____%。

5.3 任何价格变化必须经双方同意，确定生效日期。有关的订单或销售通知（如有的话），应与最新的双方同意价格一致。

5.4 付款条件：在收到卖方开具的正本发票后____天内用电汇或信汇的方式付款。此条件等同于____天结算。

6. 支持与合作

6.1 买卖双方确认依据采购商的采购方针，通过共同努力，向合作伙伴的方向发展目前的关系。

6.2 卖方确认配合买方发起的供应商考核、供应商质量体系审核及供应商改进会议等行为要不断保持进步，达到有关质量、企划及价格合理等目标。

6.3 买方将每季度评估一次供应商的表现，更新其认可供应商名册及供应商关系（商业型、优先型、合作伙伴型）。如卖方表现不符合要求，买方将会反馈给卖方督促其改进。

6.4 为发展新业务，买方鼓励合作伙伴型供应商早期介入买方的产品开发过程，卖方不得因此合作而收取费用。

6.5 如买方提供了有关的设备、工具、测试仪器、模具等给卖方，卖方应妥善保管，正确使用及维护。如有任何严重损坏应在24小时以内用传真或电子邮件正式通知买方，并经买方同意立即采取正确措施予以修复。

7. 包装

7.1 所有货品应按标准或买方认可的包装规格，用强度足够的卡箍、塑料袋或桶、瓶等容器包装，适应长途海运、邮寄、空运或汽车运输以及气候变化的要求，防潮、防震。

7.2 包装说明如表所示。

（续）

代码说明	每件数量	包装方法

7.3 交运货品时应同时随货提供一份完整的装箱单或发货票，标明订单号、商品代码、数量及货品说明等。

7.4 货品说明、代码及数量应清楚地标注在每件外包装及必须的内包装外面。

8. 发运及交货

8.1 所有货品发运应严格符合买方发出的订单中明确的要求。

8.2 卖方必须在装船/运输完毕后24小时以内，以传真等方式向买方告知货物名称、数量、毛重、船名、航班号及起运日期、预计到达目的港时间等。

8.3 对于工厂交货的情况，买方应通过订单提前通知卖方提货时间等，卖方按要求做好发货准备。

8.4 对于买方提供的需循环使用的包装、运输材料、工具或设备等，卖方应予以妥善保管，正确使用与维修。

9. 保险

9.1 在FOB条件下，货品装运后由买方投保。

9.2 在CIF条件下，由卖方出资按110%发票金额投保。

10. 检验

10.1 卖方应随货或提前将有关的出货检验报告或证明提供给买方以备检查。

10.2 买方按上面所述各方同意的质量、技术规格、订货量及包装要求等进行收货并做来货检验。

10.3 如来料不符合要求并确定退货，退货需按要求由卖方拉走或买方退出。本地货品一周内、国外货品一个月内退订。

10.4 如来料不符合要求，但因急需而要从中挑选部分来料，则卖方应立即组织挑选或由买方直接组织挑选。因此发生的费用由卖方承担。

11. 索赔

11.1 除应由保险企业或货运企业承担的赔偿外，对任何涉及质量、技术规格或数量等不符合双方同意的有关条款要求的情况，买方有权要求给予赔偿。因此而发生的费用如检验、退货运输、补货、保险、仓储、装卸等费用应由卖方负担。

11.2 一旦有不符合的情况发生，买方将书面通知卖方，卖方有责任立即采取改进行动，防止问题再次发生。

（续）

12. 不可抗力

12.1 如卖方因不可抗力，包括罢工、火灾、水灾、政府行动或禁令或其他任何不可合理控制的理由，不能按商定要求按时供货时，卖方应在事发14天内邮寄由当地政府签发的事发证明给买方。

12.2 即使不可抗力事件发生，卖方仍有责任采取一切可能措施恢复供货。如卖方在事发后两周内仍不能履行合同责任，买方有权按合同弃权处理。

13. 违约或取消合同

13.1 如卖方未能履行合同所规定的任何重要条款，如无合理解释，买方有权终止合同或拒收货品。

13.2 如买方要取消或终止合同或订单，而其理由超出卖方所能接受的范围，卖方有权要求买方给予赔偿因此造成的损失。

14. 纷争解决

14.1 本合同双方当事人在履行合同时发生的一切争议均应通过友好协商解决，如友好协商不能解决，双方当事人可选择仲裁或法院诉讼方式解决。

14.2 双方选择仲裁时，应另行达成仲裁协议，并确定仲裁机构。

14.3 如果选择诉讼，应按中国的法律规定确定受理案件的诉讼法院。

15. 其他

15.1 未经允许，任何一方不得将对方的商业秘密或其他情报以口头、书面出示或借用、转让、泄露给第三方。对于OEM段分包产品，如有必要，双方可另立知识产权协议。

本合同中英文一式两份。由双方在原件上签字，各执一份。

买方：________________　　卖方：________________

授权人签字：____________　　授权人签字：____________

日期：________________　　日期：________________

范本

产品加工订货合同

供方（全称）：

需方（全称）：

（续）

根据《中华人民共和国合同法》规定，经双方协商，签订本合同，以资共同信守。

1. 品名、规格、数量、价格、交（提）货日期。

品名	规格	单位	数量	单价（17%）	金额	分期交（提）货数量		
						月	月	月
总金额（大写）：								

2. 技术资料、图纸提供办法及保密需求。

3. 验收标准、方法和期限。

4. 交（提）货方法、地点及运杂费负担。

5. 货款结算时间及方法。

6. 包装要求及包装物回收办法，费用负担。

7. 本合同自签订之日起，双方盖章签字后生效，任何一方不得擅自修改或终止。如需修改或终止的，应经双方协商同意，另立补充协议。补充协议与本合同具有同等效力。

8. 本合同在履行期内任何一方违约，承担总金额1%违约金。

9. 合同争议的解决方式：本合同在履行过程中发生的争议，由双方当事人协商解决，协商不成依法向人民法院起诉。

10. 其他：如因使用过程中出现质量问题由供方负责。

11. 本合同一式两份，双方各执一份。

甲方	乙方
法定代表人：________	法定代表人：________
委托代理人：________	委托代理人：________
地址：________	地址：________
电话：________	电话：________
____年____月____日	____年____月____日

5.5 采购协议的修改

一般采购协议签订以后以不再变更为原则，但为了维护采供双方的共同利益，可经采供双方共同协商对协议加以修改，但协议的修改必须在不损及采供双方的利益及其他关系人的权益下进行。通常出现下列情形时，要协商修改协议条款。

1. 作业错误而经调查原始技术资料可予证实的

协议签订以后如发现作业有错误而须加以更正时，得以原始技术资料为准而经采供双方协议加以修正，并将修正情形通知相关企业。

2. 制造条件的改变而导致供应商不能履约的

由于协议履行督导期间发现因制造条件的改变，因而判定供应商不能履约，但因物料的供应不能终止协议或解约，重新订购无法应急时，采购方可以协商适度地修改原协议后要求供应商继续履约。

3. 以成本计价签约而价格有必要修订的

以成本计价的协议，由于成本的改变、超过协议规定的限度时，采供双方均可提出要求修订协议所订的总成本。而固定售价协议其价格以不再改变为原则，但如有下述情形时可协商修改。

（1）由于生产材料的暴跌致使供应商获取暴利时，可协商修订价格。

（2）由于生产材料的暴涨致使采购方履约交货困难，解约重购对采供双方不利时，可协商修订价格。

下面是某企业采购合同变更申请表范本，仅供参考。

范本

采购合同变更申请表

供应商名称		原合同编号	
变动内容			
变动原因			
联系电话		经办人	

（续）

（续表）

<table>
<tr><td rowspan="3">采购部意见</td><td>采购员</td><td>采购主管</td><td>采购经理</td></tr>
<tr><td></td><td></td><td></td></tr>
<tr><td>日期： 年 月 日</td><td>日期： 年 月 日</td><td>日期： 年 月 日</td></tr>
<tr><td rowspan="3">财务部核准意见</td><td>经办人</td><td colspan="2">负责人</td></tr>
<tr><td></td><td colspan="2"></td></tr>
<tr><td>日期： 年 月 日</td><td colspan="2">（盖章） 年 月 日</td></tr>
<tr><td>主管副总经理</td><td></td><td colspan="2">（盖章） 年 月 日</td></tr>
<tr><td>总经理</td><td></td><td colspan="2">（盖章） 年 月 日</td></tr>
<tr><td colspan="4">备注：</td></tr>
</table>

5.6 采购协议的取消

取消协议即不履行协议的义务。因此，为了公平的原则，不遵守协议的一方必须承担发生取消协议的责任。但在法律上，到底哪一方承担责任，须视实际情形来决定。一般取消协议大致有违约的取消、为了采购方的方便而取消、双方同意取消协议三种情形，如图5-8所示。

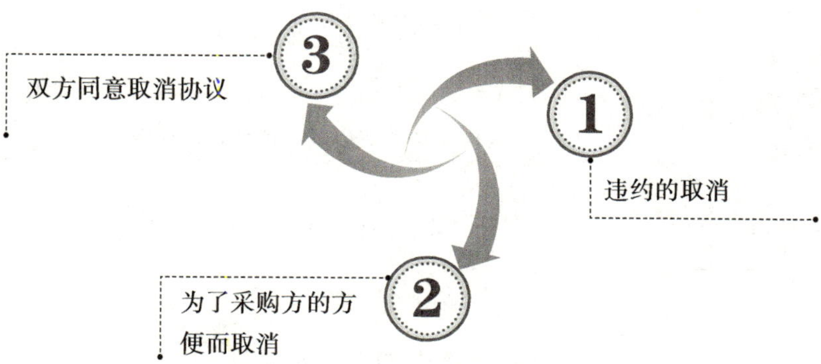

图5-8 采购协议取消的三种情形

1. 违约的取消

违反协议有以下两种情况。

（1）供应商不依约履行。例如，交货的规格不符、不按时交货，其违约的原因可能是故意、无能力履行或其他无法控制的因素所造成。

（2）采购方的违约。例如，不按时开发信用证而取消协议。

2. 为了采购方的方便而取消

采购方由于利益或其他因素不愿接受协议的物质而取消协议，此时供应商可要求采购方赔偿其所遭受的损失。

3. 双方同意取消协议

当出现不可抗力的情形时，双方通常都会同意取消协议。

5.7　采购协议的终止

为维护采供双方的权益，在采购协议内订有终止协议的条款，以便在必要时终止协议的全部或其中的一部分。

1. 采购协议终止的时机

在履约期间，因受天灾人祸或其他不可抗力的因素，使供应商丧失履约能力时，采供双方均可要求终止协议。

有以下原因发生时，采购方可要求终止协议，如图5-9所示。

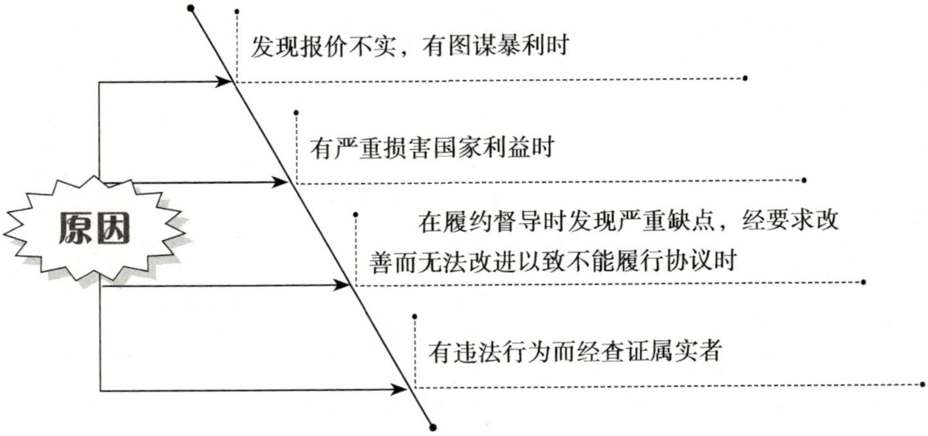

图5-9　采购协议终止的原因

2. 协议终止的赔偿责任

采购协议终止的赔偿责任分为三种情况，如图5-10所示。

- **情况一**：因需要变更而由采购方要求终止协议者，供应商因此遭受的损失由采购方负责赔偿
- **情况二**：供应商不能履约：属于自然灾害或不可抗力因素所引起的，采供双方都不负赔偿责任；属于人为因素的，采购方的损失由供应商负责
- **情况三**：因特殊原因而导致协议终止的，采供双方应负何种程度的赔偿责任，除协议中另有规定而依其规定外，应会同有关企业及签约双方共同协商解决，如无法达成协议时则可采取法律途径解决

图5-10　采购协议终止的赔偿责任的情况

学习笔记

通过学习本章内容，想必您已经掌握了不少学习心得，请仔细记录下来，以便继续巩固学习。如果您在学习中遇到了一些难点，也请如实写下来，方便今后重复学习，彻底解决这些难点。

我的学习心得

1. ______
2. ______
3. ______
4. ______
5. ______

我的学习难点

1. ______
2. ______
3. ______
4. ______
5. ______

我的运用计划

1. ______
2. ______
3. ______
4. ______
5. ______

第6章 如何做好下单准备

任何作业都有一定的程序或须经过一定的手续，采购订单的管理也如此。一般而言，采购订单的处理需要经过许多步骤。

学习指引

请购的确认
- ◆确认需求
- ◆需求说明

采购订单准备
- ◆熟悉物品项目
- ◆确认价格
- ◆确认质量标准
- ◆确认物料需求量
- ◆制定订单说明书

选择供应商
- ◆查询采购环境
- ◆计算供应商容量
- ◆与供应商确认订单
- ◆确定意向供应商
- ◆发放订单说明书
- ◆确定物品供应商

向供应商下单
- ◆制作订单
- ◆审批订单
- ◆与供应商签订订单

小额订单的处理
- ◆集中采购
- ◆减少品种
- ◆化零为整
- ◆采取统购

紧急订单的处理
- ◆紧急订单产生的原因
- ◆紧急订单的应对措施

6.1 请购的确认

1. 确认需求

确认需求，就是在采购作业之前，应先确定购买哪些物品、买多少、何时买、由谁决定等，这是采购活动的起点。

任何采购都产生于企业中某个部门的确切需求。生产或使用部门的人应该清楚地知道本部门独特的需求，即需要什么、需要多少、何时需要。仓储部收到生产或使用部门发出的物品需求单，经汇总后将物品需求信息传递给采购部。有时，相关需求也可以由其他部门的富余物品来加以满足。当然，企业必然要进行新的物品采购，因此采购部必须有通畅的渠道能及时发现物品需求信息。

同时，采购部应协助生产部一起来预测物品需求。采购管理人员不仅应要求需求部门在填写请购单时尽可能地采用标准化格式，尽量少发特殊订单，而且应督促其尽早地预测需求以避免太多的紧急订单，从而减少因特殊订单和紧急订货而增加的采购成本。

另外，由于了解价格趋势和总的市场情况，有时为了避免供应中断或价格上涨，采购部必然会发出一些期货订单。这意味着对于任何标准化的采购项目，采购部都要就正常供货提前期或其他的主要变化通知使用部门，对物品需求作出预测。因此要求采购部和供应商能早期介入（通常作为新产品开发团队的一个成员）。采购部和供应商早期介入会给企业带来许多有用信息和帮助，从而使企业避免风险或降低成本，加速产品推向市场的速度，并能带来更大的竞争优势。

2. 需求说明

需求说明就是在确认需求之后，对需求的细节如品质、包装、售后服务、运输及检验方式等，都要加以准确说明和描述。

在将具体的规格要求交给供应商之前，采购部需要对其最后检查一次。这一步完成之后要填写请购单，请购单应该包括以下内容。请购单模板如表6-1所示。

（1）日期。

（2）编号（以便于区分）。

（3）申请的发出部门。

（4）涉及的金额。

（5）对于所需物品本身的完整描述以及所需数量。

（6）物品需要的日期。

（7）任何特殊的发送说明。

（8）授权申请人的签字。

表6-1 请购单

请购单位： ______年____月____日 编号：

产品名称			生产数量			开工日期		
序号	品名	规格	单位	单位用量	库存量	请购数量	核准数量	备注
领导批示								

产品组长： 填表人： 共____页第____页

6.2 采购订单准备

采购人员在接到审核确认的请购单之后，不要立即向供应商下达订单，而是先要进行以下订单准备工作，如图6-1所示。

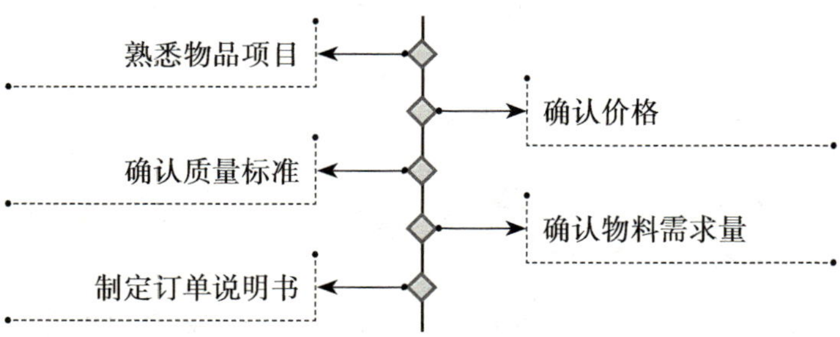

图6-1 采购订单准备

1. 熟悉物品项目

采购人员首先应熟悉订单计划。订单上采购的物品种类有时可能很多，有时可能是从来没有采购过的物品项目，采购人员对其采购环境不一定熟知，这就需要采购人员花时间去了解物品项目的相关资料。

同时，为了估价，采购人员对应发出估价单，具体内容如表6-2所示。

表6-2 估价单

________公司　　估价单号码　　　第____号　　　______年____月____日 采购的物品希望符合下列条件。请回送估价单。 1．估价单提出日期：______月______日。 2．接受地点：________________公司。 3．订购后______日交货。 4．品质构造：________________________________。 5．估价有效期限：________________________________。 采购部　印

2. 确认价格

采购人员应对最终的采购价格负责。根据采购环境的变化，订单人员有权向采购环节（供应商群体）价格最低的供应商下达订单合同，以维护企业的最大利益。

3. 确认质量标准

采购人员与供应商的日常接触较多，采购人员应随时掌握供应商实力的变化，以便对前一订单的质量标准进行调整。

4. 确认物料需求量

订单计划的需求量应等于或小于采购环境订单容量，如果订单计划的需求量大于采购环境订单容量，则提醒认证人员扩展采购环境容量。另外，采购人员应及时指出计划人员的错误操作，以保证订单计划的需求量与采购环境订单容量相匹配。

5. 制定订单说明书

订单说明书的主要内容包括项目名称、确认的价格、确认的质量标准、确认的需求量、是否需要扩展采购环境容量等，另附有必要的图纸、技术规范、检验标准等。

6.3 选择供应商

订单准备工作完毕后，下一步工作就是最终确定某次采购活动的供应商。确定某次具体采购活动的供应商，应做好以下几项工作，如图6-2所示。

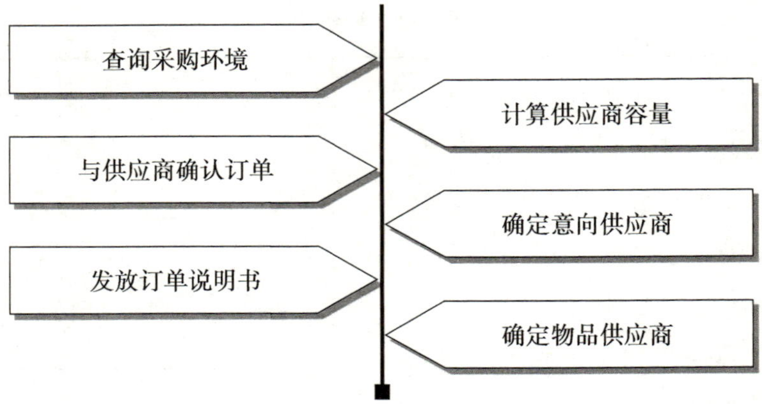

图6-2　选择供应商

1. 查询采购环境

采购人员在完成订单的准备后，要查询采购环境信息系统，以寻找适合本次物品供应的供应商。认证环节结束后会形成企业物品项目的采购环境，用于订单操作。对小规模的采购，采购环境可能记录在认证报告文档上；对于大规模的采购，采购环境则使用信息系统来管理。一般来说，一项物品应有三家以上的供应商，但也会出现只有一家供应商的特殊情况，即独家供应商。

2. 计算供应商容量

如果向一个容量已经饱和的供应商下单，那么订单很难被正常执行，最后导致订单操作失败。经验丰富的采购人员，首先会计算采购环境中供应商的容量，确定哪些是饱和的，哪些有空余容量。如果全部饱和，则会立即通知相关认证人员，并进行紧急处理。

3. 与供应商确认订单

从主观上对供应商的了解需要得到供应商的确认，供应商组织结构的调整、设备的变化、厂房的扩建等都影响供应商的订单容量，有时还需要进行实地考察，尤其要注意谎报订单容量的供应商。

4. 确定意向供应商

采购人员在权衡利弊（既考虑原定的订单分配比例，又要考虑现实容量情况）后可以初步确定意向供应商以便确定本次订单由哪一家供应商供应，这是订单操作进展的实质性一步。

5. 发放订单说明书

既然是意向，采购人员就应该向供应商发放相关技术资料。一般来说，采购环境中的供应商应具备已通过认证的物品生产工艺文件。如果是这样，订单说明书就不包括额外的技术资料。供应商在接到技术资料并分析后，即向采购人员作出“接单”还是“不接单”的答复。

6. 确定物品供应商

通过以上过程，采购人员就可以决定本次订单计划所投向的供应商，并上报主管审批，可以是一家，也可以是若干家。

6.4　向供应商下单

1. 制作订单

拥有采购信息管理系统的企业，采购人员直接在信息系统中生成订单，在其他情况下，需要订单制作者自选编排打印。通常企业都有固定标准的订单格式，而且这种格式是供应商认可的，采购人员只需在标准合同中填写相关参数（物品名称代码、单位、数量、单价、总价、交货期等）及一些特殊说明书后，即完成制作合同操作。

订购单内容应特别侧重交易条件、交货期、运输方式、单价、付款方式等方面。

2. 审批订单

审批订单是订单操作的重要环节，一般由专职人员负责。主要审批内容如图6–3所示。

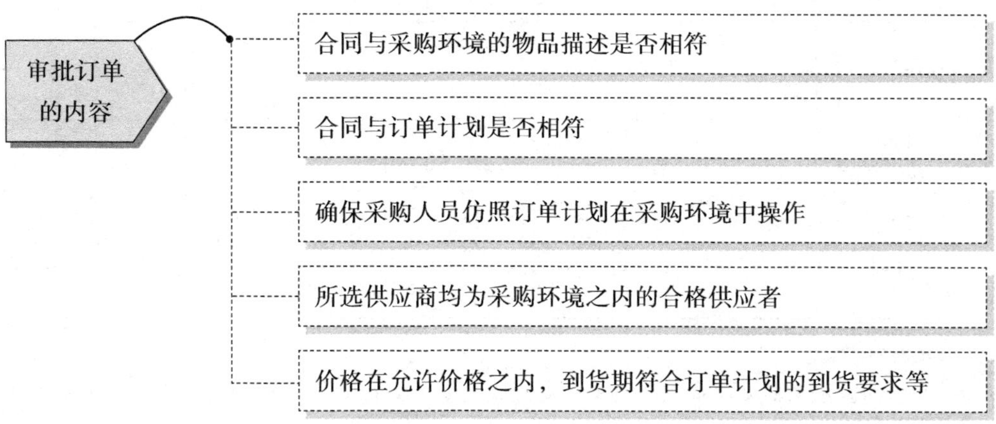

图6–3　审批订单的内容

3. 与供应商签订订单

经过审批的订单，即可传至供应商确定并盖章签字。签订订单的方式有四种，如图6–4所示。

方式一：与供应商面对面签订订单，买卖双方现场盖章签字

方式二：采购人员使用传真机将打印好的订单传至供应商，并且供应商以同样方式传回

方式三：使用E-mail进行合同的签订，买方向供应商发订单E-mail，则表示接受订单并完成签字

方式四：建立专用的订单信息管理系统，完成订单信息在买卖双方之间的传递

图6-4　签订订单的方式

下面是某企业的订购单范本，仅供参考。

范本

××公司的订购单

日期：　　　　　　　　　　　　订单编号：

<table>
<tr><td colspan="3">厂商名称</td><td colspan="4"></td><td>厂商编号</td><td colspan="3"></td></tr>
<tr><td colspan="3">厂商地址</td><td colspan="4"></td><td>电话／传真</td><td colspan="3"></td></tr>
<tr><td>序号</td><td>料号</td><td>品名规格</td><td>单位</td><td>数量</td><td>单价</td><td>金额</td><td colspan="4">交货数量及日期</td></tr>
<tr><td></td><td></td><td></td><td></td><td></td><td></td><td></td><td colspan="2"></td><td></td><td></td></tr>
<tr><td></td><td></td><td></td><td></td><td></td><td></td><td></td><td colspan="2"></td><td></td><td></td></tr>
<tr><td></td><td></td><td></td><td></td><td></td><td></td><td></td><td colspan="2"></td><td></td><td></td></tr>
<tr><td></td><td></td><td></td><td></td><td></td><td></td><td></td><td colspan="2"></td><td></td><td></td></tr>
<tr><td>合计</td><td colspan="3"></td><td colspan="7">仟　佰　拾　万　仟　佰　拾　元　角　分</td></tr>
<tr><td colspan="2">交货方式</td><td colspan="3"></td><td colspan="3">交货地点</td><td colspan="3"></td></tr>
<tr><td colspan="11">交易条款
交货期：承制商必须遵循本订购的交货期或本公司的采购部电话及书面通知调整的交货期，如有延误，每逾1日扣除该批款____%。
1. 质量
1.1 检验方法：按MIL－STD－105EⅡ抽样检验，AQL=______。
1.2 按工程图纸要求。</td></tr>
</table>

（续）

（续表）

<table>
<tr><td colspan="5">1.3 质量保证期限为3个月。
2. 不良品处理
2.1 检验后如发现质量不良或承制损坏时，承制厂商接获通知后3日内应将该退货部分取回，并尽快补回，逾期本公司概不负责。
2.2 如果急用，须选别的，所需人工费用由承制厂商负责。
3. 其他
3.1 承制厂商送货时应多附____%Spare（备品）。
3.2 交货时请在送货单上注明本订购单号，并附上开立金额统一的发票，单据上应注明物料编号。
3.3 附产品图纸张，检验标准份。</td></tr>
<tr><td>承制厂商</td><td>总经理</td><td>采购经理</td><td>采购主管</td><td>采购人员</td></tr>
<tr><td></td><td></td><td></td><td></td><td></td></tr>
</table>

6.5 小额订单的处理

解决小额订单问题有许多办法。通常情况下，这些办法都涉及采购过程的简化或自动化，或合并采购，以便减少采购周期时间（从发现需求到支付货款之间的这段时间）、削减管理费用、节省采购人员的时间，以将其用于金额更高的或更重要的采购事项。具体解决办法如下。

1. 集中采购

集中采购包括指定办理的部门及时间。例如，将各部门所需的小量请购交由指定的部门集中办理，统筹供需；或指定这些小量物料的请购日期，在同一时间内汇集其需求量，以便一次性采购。集中采购可节省人力，且可获取数量折扣。

2. 减少品种

设法将小量采购的项目标准化，以减少请购次数。例如，将规格相近的物品加以汇总，订出通用的标准规格，品种减少了，请购的件数也就会随之减少。

3. 化零为整

在接到小量请购时，如果不是紧急需用者，采购人员可以将其暂时搁置，待累积达到较大数量或金额时再行采购。

4. 采取统购

统购是指将价值不高、价格稳定、经常需用而品种规格繁多的物品，先与供应商签订统购合同，议定价格。当需用时，由请购部门直接通知供应商送货，免除请购及采购的手续，只要仓储部开出验收单即可付款。

采购人员在处理小额订单时需建立采购申请一览表，在特定的时间接受特定事项的采购申请。这样对某一物料或服务的采购申请都会在同一时间收到，或对某一家供应商所能提供的所有物料的申请都在同一时间提出。采购申请一览表如表6-3所示。

表6-3 采购申请一览表

供应商名称：　　　　　　　　　　　　申请日期：

序号	物料编号	型号	规格	所需数量

6.6 紧急订单的处理

通常情况下，采购部会收到很多标注"紧急"字样的订单。紧急订单的出现不可避免。款式和设计上的突然改变以及市场状况的突然变化都会使精心规划的物料需求不再适用。如果实际所需的部件或物料没有库存，那么就会不可避免地造成生产中断。

1. 紧急订单产生的原因

紧急订单产生的原因主要有以下几种，如图6-5所示。

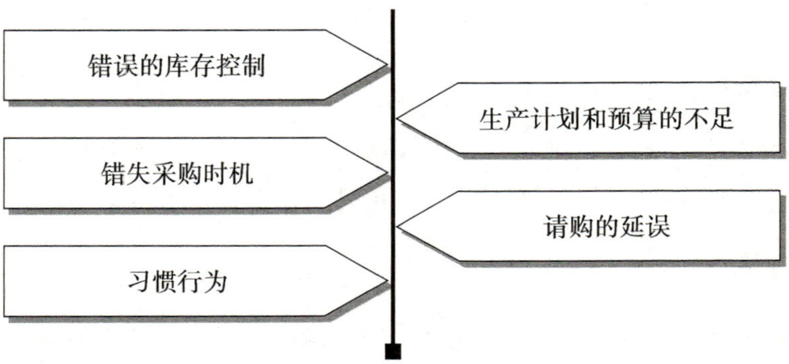

图6-5 紧急订单产生的原因

（1）错误的库存控制

实际库存数量与账上数量不符，领用时才发现缺料。有时库存数量虽充足，但品质有瑕疵，因而无法使用。这两种情况都必须紧急请购以补充不足。

（2）生产计划和预算的不足

对物料预测的准确与否会影响生产计划能否顺利执行，如销售预测发生偏差，生产计划就必须加以修改。当追加销售数量或插入紧急订单时，该项产品的原料如果没有足够库存，必将发生紧急请购。另外，在制订生产计划时，只依据对外销售数量安排原材料需求量，忽略了自用数量，也会发生紧急请购。

（3）错失采购时机

采购人员对原料的供应来源及时机未能正确掌握，也会发生紧急请购。

① 就来源而言，未能掌握供应商状况，当其未依约交货时，必须紧急转向其他来源采购。

② 就时机而言，当发现来源渐趋短绌，就应紧急提高请购数量，以备不时之需。

③ 有时因为采购员与供应商议价时日耗费太久，导致购运时间不足，也会发生紧急采购。

（4）请购的延误

由于物料管制系统或人员的失误，未能及时开出“请购单”，致使库存已消耗殆尽才发觉，因此必须紧急请购。有时则因为请购的规格无法确认或预算不足，一再磋商或拖延，也会发生紧急请购。

（5）习惯行为

习惯行为即完全出于习惯，在订单上标注“紧急”的字样。不过，现实中许多所谓的“紧急”订单实际上并不紧急。

2. 紧急订单的应对措施

紧急订单引发的代价通常较大，也会给供应商带来负担，而这必然会直接或间接地体现在买方最后的支持价格之中。那么，如何减轻这些问题带来的不良后果呢？对于那些并不是出于紧急需要的所谓“紧急”订单而言，可以通过进行正确的采购流程方面的教育加以解决。例如在一家企业，如果某一个部门发出了紧急订单，这个部门必须向总经理作出解释并得到批准。而且，即使这一申请得到批准，紧急采购所增加的成本在确定之后也要由发出订单的部门来承担，这自然会使紧急订单大量减少。

学习笔记

通过学习本章内容，想必您已经掌握了不少学习心得，请仔细记录下来，以便继续巩固学习。如果您在学习中遇到了一些难点，也请如实写下来，方便今后重复学习，彻底解决这些难点。

我的学习心得

1. ______

2. ______

3. ______

4. ______

5. ______

我的学习难点

1. ______

2. ______

3. ______

4. ______

5. ______

我的运用计划

1. ______

2. ______

3. ______

4. ______

5. ______

第7章 如何跟进采购订单

采购人员在发出采购订单或签订采购合同之后，为确保购用材料如期交货，需采取措施对采购订单进行跟进。

学习指引

采购跟催的事前规划
- ◆规划合理的购运时间
- ◆销售、生产部与采购部加强联系
- ◆准备替代来源
- ◆预定流程进度
- ◆订约时加重违约处罚

订单执行期中跟催
- ◆一般监视
- ◆工厂实地查证
- ◆跟催步骤
- ◆订单跟催法
- ◆定期跟催法
- ◆善用物料跟催表跟催
- ◆运用物料跟催箱跟催
- ◆供应进度落后的应对措施
- ◆不同供应商的应对

订单执行各阶段的跟催要点
- ◆下订单阶段
- ◆进行阶段
- ◆生产阶段
- ◆交货后阶段

物料接收的前期管理
- ◆订购信息的处理
- ◆限制提早交料
- ◆验收速度掌握
- ◆交料流量的平衡
- ◆确定交货方式
- ◆对验收管理作出明确规定

采购物料接收监管
- ◆对交料作出限制
- ◆收料作业程序

验收入库的三个基本要点
- ◆验收作业程序
- ◆三个基本要点
- ◆物料验收基本原则
- ◆损害赔偿的处理

采购结算与付款
- ◆制订采购结算计划
- ◆付款程序
- ◆采购付款汇总

7.1 采购跟催的事前规划

采购跟催的事前规划有以下几个要点，如图7-1所示。

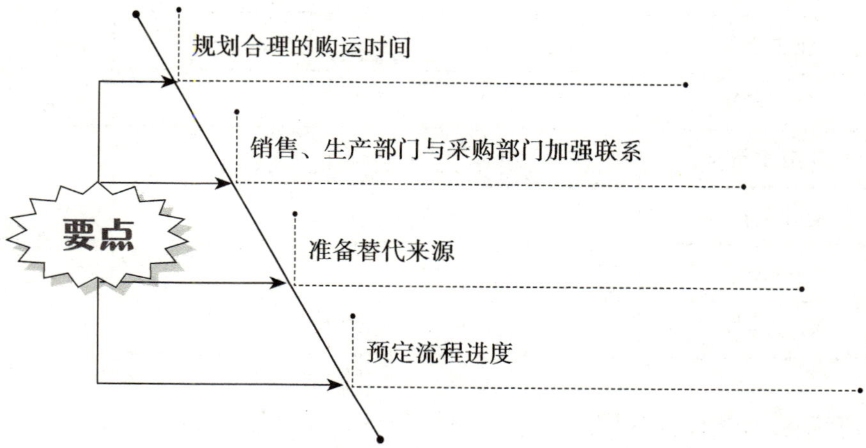

图7-1 采购跟催的事前规划要点

1. 规划合理的购运时间

对请购、采购、卖方准备、运输、检验等各项作业所需的时间进行合理规划，避免造成供应商为难。

2. 销售、生产部与采购部加强联系

由于市场的状况变幻莫测，因此生产计划如有调整的必要，必须征询采购部的意见，以便对停止或减少送货的数量、应追加或新订的数量等情况作出正确的判断，并尽快通知供应商，使其减少可能的损失，以提高配合的意愿。

3. 准备替代来源

供应商不能如期交货的原因颇多，而且有些属于不可抗力。因此，采购人员应未雨绸缪，多联系其他来源；工程人员也应多寻求替代品，以备不时之需。

4. 预定流程进度

采购方可在采购订单或合同中明确规定供应商应编制预定时间流程进度表，如表7-1所示。

表7–1 供应商编制预定时间流程进度表

制定日期： 联系人：

序号	作业项目	预定进度	实际进度	备注
1	设计作业			
2	采购作业			
3	工具准备			
4	组件制造			
5	次装配作业			
6	总装配作业			
7	完工试验			
8	装箱交运			

供应商编制预定时间流程进度表，应包括全部筹划供应作业的时程，包括设计作业、采购作业、工具准备、组件制造、次装配作业、总装配作业、完工试验及装箱交运等全部过程。此外，采购方应明确规定供应商必须编制实际进度表，将实际进度与预定进度进行对照，并说明延误原因及改进措施。

5. 订约时加重违约处罚

（1）在签订买卖合同时，采购方应加重违约罚款或解约责任，使供应商不敢心存侥幸。

（2）如需求急迫时，采购方应对如期交货或提早交货的供应商给予奖励，或给予较优厚的付款条件。

7.2 订单执行期中跟催

1. 一般监视

采购方在开立订单或签订合同时，就应决定监视的程度。如果采购的物料并不是重要项目，则仅作一般监视即可，通常只需注意是否能按规定时间收到验收报表，有时可用电话查询。但如果采购的物料较为重要，可能影响企业的经营，则应考虑另作较周密的监视。

采购方应审核供应商的计划供应进度，并分别从各项资料获得供应商的实际进度，如供应商的制程管制资料、生产汇报中所得资料，或供应商按规定送交的定期进度报表等。

2. 工厂实地查证

对于重要物料的采购，除要求供应商按期报送进度表外，采购方还应实地前往供应商工厂访问查证，但此项查证应明确在合同或订单内，必要时可派专人驻厂监视。

3. 跟催步骤

采购订单的跟催主要有四个步骤，如图7-2所示。

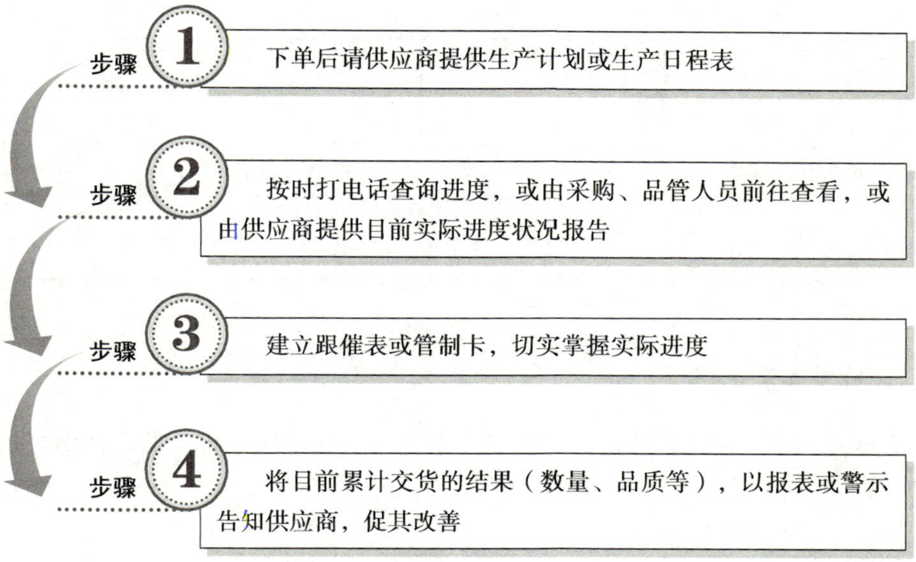

图7-2　跟催步骤

下面是某企业的催货通知单范本，仅供参考。

范本

××公司催货通知单

敬启者：

查贵公司与本公司签订的下列契约业已到期，尚未交货，请于此通知单到达一周内速予交清为荷！

此致

查照　　　　　　启

______年____月____日

（续）

（附到期未交货物料一览表）

订约日期	契约号码	物料名称及规范	数量	单位	约定交货日期	备注
本单一式三联：一联送厂，一联送仓储部转请购单位，一联存查。						

4. 订单跟催法

订单跟催法就是按订单预定的进料日期，提前一定时间进行跟催，其中包括两种方法，如图7–3所示。

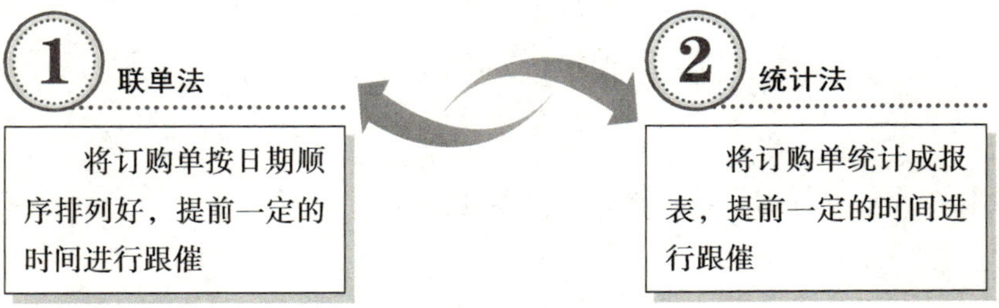

图7–3　订单跟催法

5. 定期跟催法

定期跟催法即于每周固定时间将要跟催的订单整理好，打印成报表，统一定期跟催。

6. 善用物料跟催表跟催

采购部可以根据物料跟催表掌握供料状况，明确跟催对象，确保进料。

订购单统计报表如表7–2所示，物料跟催表如表7–3所示。

表7-2　订购单统计报表

订购单号	供应商	下单日期	交货日期	跟催日	跟催情况

表7-3　物料跟催表

物料名称	规格	订购量	实际入厂		供应商	备注
			数量	交货期		

7. 运用物料跟催箱跟催

即在采购部的办公室内设置一个物料跟催箱，如图7-4所示。在这个物料跟催箱里，规划成32格，前面的31格代表着一个月的31天（第1格代表当月的第1天，第2格代表当月的第2天，第3格代表当月的第3天，以此类推），而第32格则是急件处理格。

采购人员按照所发出采购单的预定进料日期，将这张采购单放入适当的格内。假如某零件的预定进料日期是9日，则该零件的采购单放在第9格内；当该零件入库后，就把这张采购单抽出来归档。

因为物料跟催箱里的采购单会随物料的入库而消失，这样采购人员就可以集中精力跟催那些还存放在物料跟催箱里的采购单了。

对于跟催有困难的物料，采购人员可以将这项物料的采购单抽出来，放到第32格内，请相关部门人员来协助催料。

催 料 看 板		年　月
1	12	23
2	13	24
3	14	25
4	15	26
5	16	27
6	17	28
7	18	29
8	19	30
9	20	31
10	21	急件
11	22	

图7-4　物料跟催箱图

8. 供应进度落后的应对措施

供应进度落后的情况下，采购经理应采取以下四种措施，如图7-5所示。

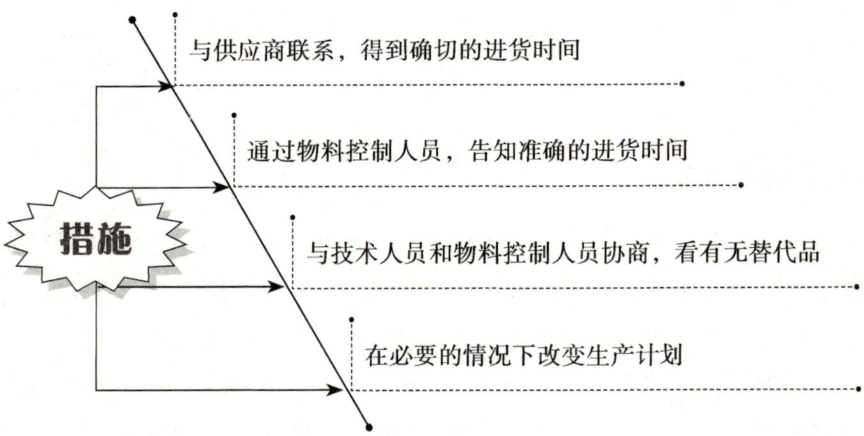

图7-5　供应进度落后的应对措施

9. 不同供应商的应对

针对不同的供应商，应对方法也不相同，如图7-6所示。

图7-6　不同供应商的应对

7.3　订单执行各阶段的跟催要点

采购业务可分为下订单阶段、进行阶段、生产阶段和交货后阶段四个阶段，如图7-7所示。

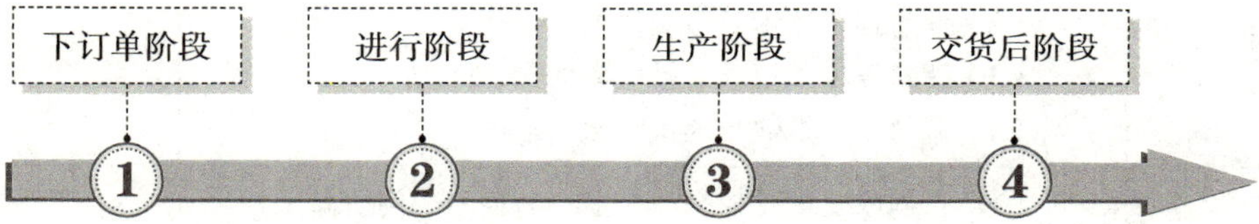

图7-7　订单执行四个阶段

1. 下订单阶段

下订单阶段是指从发出订单开始实行相关业务处理的阶段。首先，为了使供货商能按照货期交货，采购方要给予供应商必要的支持。例如，虽然发出了订单，但是图纸或规格不交给供应商，那么供应商仍然无法制订生产计划。另外，供应商如果对所交付的资料有所质疑，采购方应迅速解释说明。又假如只提示制品或零件的机能或设计构想，图纸或规格约定由供应商制定时，采购方应跟踪对方在约定时间内提交图纸或规格，一经提交则迅速交给技术部门核认。

其次，有必要安排物品在预定日提供。至于有需模、治工具者要决定由买方制造还是由供应商制造，接洽日程以决定其性能或程度能否符合于最适经济成本。

再次，不易进货的材料，要妥善与供应商协调，如有货则予提供。

供应商的负荷也需调查，看看是否货期过分集中，是否会影响如期交货。

采购人员在下订单阶段应跟进的事项如表7-4所示。

表7-4　下订单阶段应跟进的事项

对象	跟进事项	实际行动及效果
图纸、规格	（1）确认有无发出 ①已发出时应决定如何分发，进而予以追踪决定 ②未发出时应确认如何发出，决定如何分发，并调整交货期 （2）有疑问时或供应商有所质疑时，应详加调查 （3）确认有关图纸、规格提供 （4）有必要由供应商提出图纸、规格，予以承认时 ①对图纸、规格的提出加以追踪 ②所提出的图纸、规格不完备时，要求其修订并予追踪 ③新设计视与技术部的协调情形，应予追踪	
提供品	（1）掌握提供预定日 （2）调整提供预定日与交货期 （3）调整提供预定日与供应商的生产能力 （4）调整生产批数与提供批数	
模、治工具	（1）自制或交由其他企业制造，与请购部门协商 （2）掌握进货预定日 （3）调整进货预定日与交货期 （4）调整进货预定日与供应商的生产能力 （5）模、治工具的性能、程度等的决定要符合最适经济成本	
取得困难的材料对策	分析所指定的材料不易入手的主要原因如下 （1）是特殊材料，不知应由何处取得 （2）调度期间长，容易耽误交货期 （3）规格不明确，无从找起（不知制造厂在何处） （4）不是标准规格 （5）货品少或缺货 （6）交易单位（量的单位）太少或太多 （7）缺少资金 （8）所要求者超出市场的一般规格或品质 （9）能够购得，但没有检查设备，无法保证品质	□与供应商周旋 □手边有材料时立即提供 □指定替代，借用材料
掌握供应商的能力	（1）负责状况的调查（人力的） （2）负荷的总重虽然与能力一致，仍要确认每一批的交货期是否有勉强之处 （3）设备、机械能量的调查（物料的）	

2. 进行阶段

进行阶段是指供应厂商按照订单已处于制订生产计划的状况，所以有必要再度确认能否顺利生产。图纸、规格是否齐全、有无完备、是否需要修订、版数（跟着修订而会改变版数）是否符合等事项要加以确认，在此阶段的主要事项如表7–5所示。

表7–5　进行阶段应跟进的事项

对象	跟进事项	实际行动及效果
图纸、规格	（1）确认有无不齐、不备的图纸、规格 （2）有了修订时，迅速通知并予确认 （3）核对试制图纸与正式发行图纸 （4）反复制作制品要确认其版数 （5）不清楚的地方要随时予以回答 （6）如果对方提出无法按照规定制造时，应详加调查并予回答	
提供品	（1）确认有无按照预定提供 （2）延迟时要调整交货期 （3）确认有无不良、不足、疏漏、成品差异等情况 （4）按照指定的提供但还是发生不足的场合，采取以下措施 ①发生原因出在诸供应商时（不良品的发生、损失、损伤），办理再提供手续并予追查 ②发生原因出在诸订购厂商时（指定数目的错误，添加率过低），应与有关部门接洽，办理追加提供的手续并予追查 （5）发生需要中断或取消订货时，对提供品的收回及收回不足的部分，办理清偿手续并予追查	
模、治工具	（1）确认能否按照预定计划送到 （2）延迟时，与有关部门接洽，决定对策并调整交货期 （3）制造完成时，有必要检查的场合，办理检查手续并予追查 （4）对不合格的模、治工具决定对策 ①当获知供应商的能力无法制造时，与有关部门接洽以决定对策 ②获知图纸、规格不完备时，迅速决定如何处置并予指示	
材料	（1）确认有无按照预定入库 （2）对未入库部分予以追查 （3）对未易入库的材料，决定对策 ①从中协助供应商 ②手边有材料时就予提供 ③指定替代或代用材料 （4）调整预定日与交货期	

3. 生产阶段

生产阶段是指供应商已经处于着手生产的状况，所以更有必要追查是否顺利进行。

此阶段最大的问题是模、治工具或设备、机器的故障及缺勤发生而使保有工数逐渐减少。订购厂商假如有余力，可援助修保，或将制程上成为瓶颈的部分拿回来自己做。

又如在发生火灾、风灾、水灾或倒闭的情况下，不得不改换由其他企业来制造。

除此之外，还有由于订购厂商的原因而要延迟交货期或中止订货、取消订货等。此种情况应妥加采取对策，避免抵触有关支付货款的法律及规章。

此阶段跟催要点如表7–6所示。

表7–6　生产阶段应跟进的事项

对象	跟进事项	实际行动及效果
模、治工具或设备、机器的故障	与有关部门接洽并决定对策，进而调整交货期	
保有工数的递减	由于伤病而发生缺勤，或由于和其他货品发生竞争，或与其他企业所订的货品发生竞争时 （1）要求时间外（加班）的开工速制 （2）与其他货品调配 （3）改换其他的供应商 （4）改为自制 然后，调整交货期	
火灾、风灾、水灾	视被害的程度而决定 （1）改由其他企业制造 （2）自我制造 然后调整交货期	
倒闭	（1）改由其他企业制造 （2）自我制造 然后收买模、治工具，进一步追查以下事情 （1）连锁倒闭的防止 （2）债权、债务的处理	
罢工	调整交货期后尚难望解决时 （1）改由其他企业制造 （2）自我制造 除此之外，还有考虑损害赔偿的事	
由于订货者的原因而延迟交货期	按照合同规定的期限，增加补充协议，调整交货期，同时还要保证在制品的品质	

（续表）

对象	跟进事项	实际行动及效果
取消中断	（1）对提供品的收回与收回不足部分，办理清理手续并予追查 （2）处理在制品 （3）属订货者的原因时，对契约变更的损害赔偿要予折中 （4）属自采购者的原因时，对损害的赔偿要予折中	

4. 交货后阶段

交货后阶段是所订货品已经交货之后的事情，采购人员的任务要到交货后的货品经检查合格并运到现场为止，所以在这一阶段不能撒手不管。在这一个阶段，或许会有数量过多或不足的情况，当然也难免会有不良品的纳入，采购人员对这些情况都要给予适当的处理。例如，供应商辛辛苦苦交来的货品有无被请购部门放置未用，采购人员也需加以注意。

交货后阶段跟进的要点如表7–7所示。

表7–7　交货后阶段应跟进的事项

对象	跟进事项	实际行动及效果
数量过多或不足与损失	（1）未收数量的追查 ①催促交货，确认交货期 ②交货期已过，已经不需要该货品时，办理取消手续 （2）过剩数量的处置 ①有其他订单，也有未收数量时，办理调换手续 ②退还 （3）不足与损失的处置 ①调查原因，追踪成品 ②重新安排货品的取得 （2）过剩数量的处置 ①调查原因，追踪成品 ②重新安排货品的取得	
搬运	确认已收货品是否迅速通过检查并搬运给下一部门	
检查	确认已收货品是否进行顺利，能够在预定的检查期间内完成检查；要督促紧急进货品的检查	

（续表）

对象	跟进事项	实际行动及效果
不良品的处置与对策	（1）确认不良品的内容 （2）调查原因 （3）接洽合格品质的水准 （4）要求适合于使用目的的视为良品（过剩品质的防止） （5）调整交货期 （6）决定重新安排或对策 （7）特别采用（只要稍加加工就能使用的产品，如涂装之前，使用砂纸一抹就除去伤痕） （8）改由其他企业制造 （9）自我制造	
良品的搬运督促	由检查到现场搬运的追查	
交货数与提供品	未提供品与过剩提供品的追查	

7.4　物料接收的前期管理

在进行收料作业时，采购方应对交料作出限制，处理好验收的速度，注意平稳交料的流量，管理好物料的验收，以及对收货绩效进行考核，同时必须避免使供应商的交货期意识降低。采购经理在进行物料接收的前期管理时应注意以下几点要求，如图7–8所示。

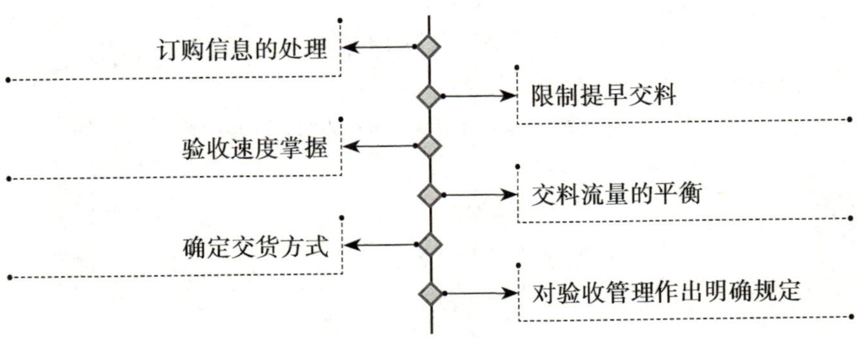

图7–8　物料接收的前期管理的要求

1. 订购信息的处理

订购信息的范围应包括订单内容、替代品、供应商评审等级及生产制造能力等相关资料，资料的分类可以根据交易对象能力、产品等加以区分。订购信息处理得恰当与否，将影响整个交货期管理的绩效，所以采购人员一定要认真对待。

2. 限制提早交料

提早交料不仅会使库存增多，而且扰乱遵守交货期的规则。因此，采购人员必须明确规定容许交料期限的范围，严格加以限制，尤其需避免提前付款。

3. 验收速度掌握

对于收到的物料必须迅速进行验收。验收的迟滞，不仅会使供应商的交货期意识降低，而且占用验收场地，使物料的下落不够明确，有时候还可能由于生锈、腐蚀、变质等引起品质劣化的情形出现。因此，采购人员须明确规定验收作业的程序及时限。

4. 交料流量的平衡

验收部门的编制是固定的，交料时间和物料的流量应尽可能保持均衡，防止有时候物料堆积如山，验收时间延长；有时候交料数量很少，造成工作量不平衡。因此，采购人员在订购阶段就必须考虑交料时间及数量，避免劳逸失衡。

5. 确定交货方式

对于所订购物料的交货方式，采购人员应该事先与供应商协商确定下来。一般而言，交货方式有以下几种，如图7–9所示。

1 供应商包送

（1）供应商负责将物料送到企业仓库

（2）由供应商承担运输费用、货损、货差和运输风险

（3）企业只等供应商送货上门，只需要与供应商进行一次交接和验收就可以完成此次采购任务了

2 托运

（1）由供应商委托一家运输企业，把物料送到采购方手中

（2）如果运输的货物出现差错或出现货损、货差时，就需要取得运输商的认证，还要和供应商联系、洽商补货、退赔等事宜

3 外包

（1）由采购方把运输进货外包给第三方物流企业或运输商

（2）企业要进行两次交接、两次验货，和供应商交接一次，和运输商交接一次

（3）要根据与供应商签订合同的情况，决定企业是否还要承担运输损失和运输风险

4 自提

（1）企业派人开车到供应商处提货，自己承担运输进货业务

（2）要和供应商进行一次交接、一次验货

（3）自己要全部承担运输途中的风险及费用

（4）入库时，还要进行一次入库验收

图7–9　交货的方式

6. 对验收管理作出明确规定

供应商交来的物料如与订单上记载的数量不符，则不予签收。查核数量时，由于采用各个分别点收的方法确实麻烦，因此多数企业都利用数箱数或计算秤等来确认物料的数量。另外，经验收后，部分不良物料可能会有被退货、整修再重新交料的可能性，因而应对验收管理作出明确规定。

（1）制定合理的标准化规格。

（2）合同条款应写明验收标准，使交货验收时，不至于因内容含混而引起纠纷。

（3）设置健全的验收组织，由设计、品质、财务和采购组成验收小组，制定出一套完善的采购验收制度。

（4）采购、检验、收料人员分工负责。

7.5　采购物料接收监管

物料的品质对企业最终生产出的产品品质有至关重要的影响，如何做好物料验收工作，是众多企业产品的品质保证的重点方针之一。

作为采购经理，一般情况下不需要亲自进行物料接收，但是需要做好物料接收管理工作，如对交料作出限制、制定收料作业标准等。

1. 对交料作出限制

在进行收料作业时，采购经理应对交料作出限制，处理好验收的速度，注意平稳交料的流量，管理好物料的验收以及对收货绩效进行考核，同时必须避免使供应商的交料期意识的降低。

2. 收料作业程序

为了对收料作业进行有效的控制，企业有必要制定一套规范的作业程序、作业标准，并让相关部门对其都有所了解。

下面是某企业收料作业程序及操作标准范本，仅供参考。

范本

××企业收料作业程序

流程	作业标准	控制重点	相关文件
采购通知收料部门	（1）采购部门在确定采购内容及交货期后应通知仓库 （2）仓库在收到经核准的订购单或请购/验收单时，应依采购类别、数量及日期等预作仓位安排及卸料工具（如堆高机、垫板）的准备		（1）请购单 （2）订购单 （3）请购/验收单
供应商交货	（1）供应商应在交货日备妥送货资料、发票（三联式）在指定地点交货 （2）供应商交料时，应按本公司进出厂规定及卸料方式作业，且交货、随车人员均应接受执勤保安监督管理		（1）出入厂管理办法 （2）送料凭证 （3）请购/验收单
点收（核对数量）	（1）卸料完毕后，仓库人员应依请（订）购单据实计数并核对数量 （2）点收无误后，仓库人员应立即开立进料验收单通知质量检验人员进行检验作业		（1）进料验收单 （2）请购/验收单
物料检验作业	（1）品管部收到仓库转来的进料验收单时，应立即派检验员对来料依检验规范实施检验 （2）物料检验规范应包括： ①取样规定及方法 ②质量标准及检验方法 ③允收方法 （3）品管部对检验不合格的物料加以复检研判及说明，以作为最后收用与否的参考	（1）属一般性质的物料可由目测判定其规格、质量的，可直接由仓库或采购部会同使用单位在收料时检验的，而不必送品管部检验的 （2）不经品管部检验的依合同进行	（1）物料检验规范 （2）不良品检验作业规定 （3）物料不良检验报告表
入库记账	检验合格时，品管部应将检验结果通知仓库办理入库，并转记物料库存账卡进料栏内，同时在备注栏内注明进料验收单的号码		物料库存账卡
请款	检验合格时，品管部应将检验结果通知仓库，仓库应将发票及来料有关凭证等转送采购部办理请款		请款单

（续）

（续表）

流程	作业标准	控制重点	相关文件
索赔	（1）如检验不合格时，则依判定结果办理退料、扣款或索赔的手续 （2）依“与合同不符作业”规定办理		

7.6 验收入库的三个基本要点

验收的基本依据为采购合同，主办验收的部门根据采购合同进行验收记录，经参加会验的人员签字，以示验收工作的完成。

1. 验收作业程序

验收应依照业务的内容不同分为两种。一种是检验是否与运送单上的内容相符合，或是检查数量是否无误，以及确认外形包装上是否有问题的“检查验收”工作；另一种就是将买方的订购单与卖方缴货单及运货单等一一核对检查的“检验”工作。其具体说明如图7-10所示。

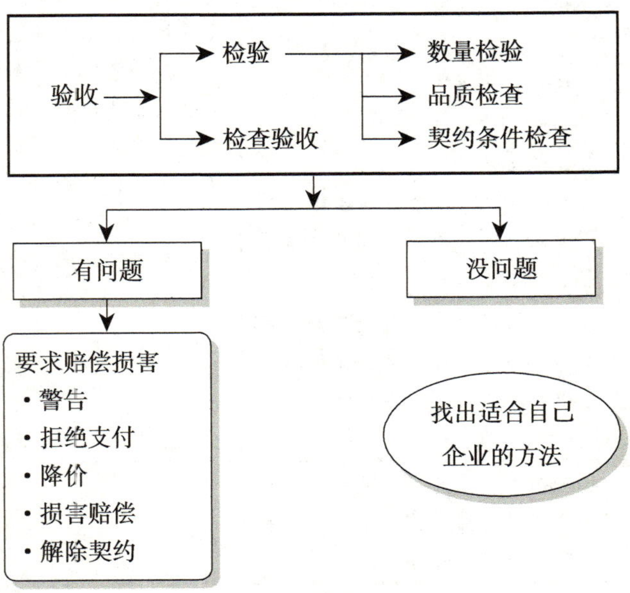

图7-10 验收作业程序

2. 三个基本要点

检验的工作通常都颇受企业重视，此工作有以下三个基本要点，具体说明如图7-11所示。

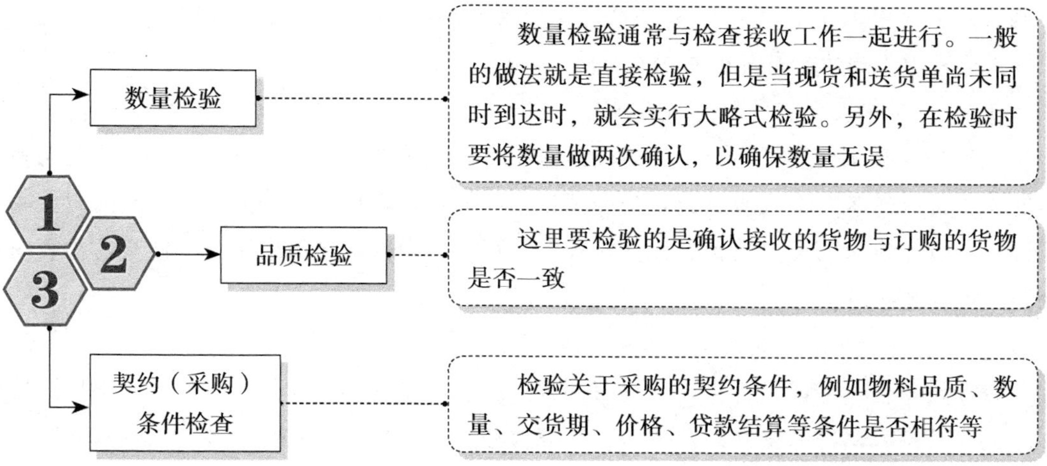

图7-11　验收入库的三个基本要点

小贴士

品质检验的方式是对所有商品进行全面检查或抽样检查，但是一般对于高级品或招牌商品都会进行全面检查，而对于购入数量大或单价低的商品则采取抽样性检查。

3. 物料验收基本原则

为了确保交货的安全，采购经理就要做好检验工作。如果忽略检验工作，则一切采购成果便会落空。所以，采购经理应明确整个采购的任务及责任，才能切实做好检验工作。验收时应注意的基本原则有以下几项，如图7-12所示。

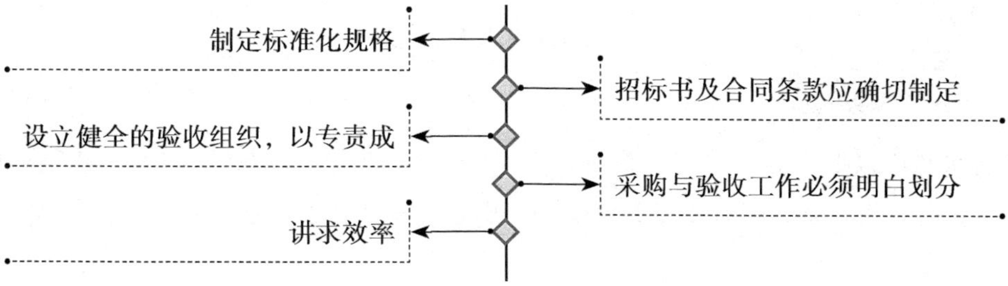

图7-12　物料验收基本原则

（1）制定标准化规格

规格的制定涉及专门技术，通常由使用单位提出，要以经济实用及能够普遍供应为原则，切勿要求过严。所以采购经理在制定规格时，既要考虑到供应商的供应能力，又要顾及交货后是否可以检验，否则，一切文字上的拘束易流于形式。但规格制定也不能过宽，否则会致使劣货冒充，影响使用。总之，规格的制定与审查要走向合理化、标准化的途径，这样验收工作才能有合理的标准可循。

（2）招标书及合同条款应确切制定

规格虽属技术范畴，但是招标时还是作为审查的重要条件，因其涉及品质优劣与价格高低，不得有丝毫含糊。所以，采购经理在招标书上须作详尽明确的规定，必要时应附详图说明，以免供应商发生误会。买卖完成后，在合同内也应该清晰制订，使交货验收时不会因内容含糊而引起纠纷。

（3）设立健全的验收组织，以专责成

有专设单位，才能设计出一套完善的采购验收制度，同时对专业验收人员施以高度的训练，使其具有良好的操守以及丰富的知识与经验，然后严密监督考核，以发挥验收应有的功用。

（4）采购与验收工作必须明白划分

采购工作讲究分工合作。直接采购人员不得主持验收工作，以发挥内部牵制作用。验收与收料人员的职能也应加以划分。一般用料品质与性能由验收者负责，其形状、数量及可以根据简单度量衡仪器确定的，则由收料人员负责。各依职责行使，以达预期效用。

（5）讲求效率

无论在境内或境外采购，验收工作应力求迅速确实，减少供应商不必要的麻烦，不可只求近利，忽略后患。

4. 损害赔偿的处理

当发生供应商提供货物与要求不符，如物料数量不足、没有达到一定质量、交货期延误或没有履行相关义务等情形时，采购部有必要对供应商作出相应处理，以防止此类情形再次发生。例如，当数量不足时，就要要求追加补充。提出赔偿的程度也会因为疏失乃至于重大过失等因素不同而有以下程度之分。

（1）提出警告。

（2）要求货品赔偿。

（3）要求金钱赔偿。

货品赔偿可以要求损害赔偿、降价、拒绝支付等。而金钱赔偿可以要求解约，或者搭配组合以追求责任归属。同时要注意，事先一定要互相协商好与赔偿相关的条款和约定。

7.7 采购结算与付款

1. 制订采购结算计划

对于供应商的货款，采购经理应采取有计划的付款方式。如规定每月下旬的25～30日为对账、付款日，财务部负责编制付款计划，根据企业资金状况进行逐步付款，如表7-8所示。

表7-8 资金支出（采购）计划表

填报部门： 计划期间： 单位：元

序号	用于项目	金额	收款单位相关资料			付款方式
			单位全称	开户银行	银行账号	

填报人： 采购经理： 财务会签： 主管领导： 填报时间：

2. 付款程序

（1）供应商来收款时，采购人员先根据入库单和供应商出具的增值税专用发票或其他合法票据进行审核，审核无误后填写“付款申请表（见表7-9）”，交由采购经理批准。

（2）财务部根据“付款申请表”进行复核（程序审核、单证审核、价格审核、合同审核、发票审核）。

（3）总经理审批后由出纳员付款。

采购人员在填写、审核“付款申请表”时一定要注意是否将退货、有因不良品而产生的扣款计算在内。

表7-9　付款申请表

申请表编号：　　　　　　　　　　　　　　　　　　　　　　申请时间：
企业名称：　　　　　　　　　　　　地址：　　　　　　　　电话：
收款单位名称：　　　　　　　　　　地址：　　　　　　　　电话：

<table>
<tr><th>序号</th><th>材料编码</th><th>名称</th><th>型号描述</th><th>合同编号</th><th>合同数量</th><th>单位</th><th>单价</th><th>入库数量</th><th>金额</th><th>备注</th></tr>
<tr><td></td><td></td><td></td><td></td><td></td><td></td><td></td><td></td><td></td><td></td><td></td></tr>
<tr><td></td><td></td><td></td><td></td><td></td><td></td><td></td><td></td><td></td><td></td><td></td></tr>
<tr><td></td><td></td><td></td><td></td><td></td><td></td><td></td><td></td><td></td><td></td><td></td></tr>
<tr><td></td><td></td><td></td><td></td><td></td><td></td><td></td><td></td><td></td><td></td><td></td></tr>
<tr><td colspan="7">合计</td><td></td><td></td><td colspan="2"></td></tr>
<tr><td colspan="2">总金额（大写）</td><td colspan="9">佰　拾　万　仟　佰　拾　元　角　分</td></tr>
<tr><td colspan="2" rowspan="2">特别说明</td><td colspan="2">后付单据</td><td colspan="7"></td></tr>
<tr><td colspan="2">其他说明</td><td colspan="7"></td></tr>
<tr><td colspan="3">付款申请人</td><td colspan="3"></td><td colspan="3">采购经理审核</td><td colspan="2"></td></tr>
<tr><td colspan="3">总经理审批</td><td colspan="3"></td><td colspan="3">财务部审批</td><td colspan="2"></td></tr>
</table>

3. 采购付款汇总

对于付款的情况，采购人员应定期进行汇总，以了解哪些款项已经结算，哪些没有结算，从中也可以知道退货金额、质量罚款情况，从而也可以据此对供应商的质量状况有一个直观的了解。

采购付款汇总表如表7-10所示。

表7-10　采购付款汇总表

采购项目名称：　　　　　　　　　　时间：　　　　　　　　　　单位：元

<table>
<tr><th>序号</th><th>供货单位</th><th>材料名称</th><th>规格型号</th><th>单位</th><th>数量</th><th>单价</th><th>结算金额</th><th>退货数量</th><th>退货金额</th><th>质量罚款</th><th>已付款</th><th>欠款</th><th>备注</th></tr>
<tr><td></td><td></td><td></td><td></td><td></td><td></td><td></td><td></td><td></td><td></td><td></td><td></td><td></td><td></td></tr>
<tr><td></td><td></td><td></td><td></td><td></td><td></td><td></td><td></td><td></td><td></td><td></td><td></td><td></td><td></td></tr>
<tr><td></td><td></td><td></td><td></td><td></td><td></td><td></td><td></td><td></td><td></td><td></td><td></td><td></td><td></td></tr>
<tr><td></td><td></td><td></td><td></td><td></td><td></td><td></td><td></td><td></td><td></td><td></td><td></td><td></td><td></td></tr>
<tr><td></td><td></td><td></td><td></td><td></td><td></td><td></td><td></td><td></td><td></td><td></td><td></td><td></td><td></td></tr>
<tr><td colspan="7">材料款总计：</td><td></td><td></td><td></td><td></td><td></td><td></td><td></td></tr>
</table>

采购经理：　　　　　　　　　　采购人员：　　　　　　　　　　会计：

学习笔记

通过学习本章内容，想必您已经掌握了不少学习心得，请仔细记录下来，以便继续巩固学习。如果您在学习中遇到了一些难点，也请如实写下来，方便今后重复学习，彻底解决这些难点。

我的学习心得

1. ______________________________

2. ______________________________

3. ______________________________

4. ______________________________

5. ______________________________

我的学习难点

1. ______________________________

2. ______________________________

3. ______________________________

4. ______________________________

5. ______________________________

我的运用计划

1. ______________________________

2. ______________________________

3. ______________________________

4. ______________________________

5. ______________________________

第8章

如何应对货期延迟

货期延迟是指供应商未能按照双方约定的日期交货。货期延迟是企业日常生产中经常遇到的情况。那么，面对货期延迟的情况，采购经理不仅要了解货期延迟的原因，还要了解供应商的情况，以及做好货期延迟原因的汇总分析工作。

学习指引

发现延迟的原因

- ◆供应商
- ◆责任为订货方
- ◆来自采供双方沟通差距的交货期延迟

分析引起协调差距的原因

- ◆未能掌握产能的变动
- ◆未充分掌握新订货品的规范规格
- ◆未充分掌握机器设备的问题点
- ◆未充分掌握经营状况
- ◆指示联络的不切实
- ◆日程变更说明不足
- ◆图纸、规格的接洽不充分
- ◆单方面的交货期指定

切实了解供应商的情况

- ◆供应商的优先顺序
- ◆供应商的产能实况

消除隔阂的基本对策

- ◆适当、适量向适当的对象下单
- ◆确立调度基准日程
- ◆建立交货期的权威，以提高交货期的信赖度
- ◆使订货的批量适当
- ◆确立物品的提供日程并加以遵守

……

建立加强交货期意识的制度

- ◆异常发生报告制度
- ◆延迟对策报告制度
- ◆编制每月供应商的交货期遵守（延迟）率并分发、公告的制度
- ◆表扬制度
- ◆与订货量关联的制度
- ◆与支付条件关联的制度
- ◆指导、培训的制度
- ◆抱怨处理的制度

交货期延误原因的汇总分析

- ◆编制延迟原因的分类统计
- ◆编制慢性延迟物料表
- ◆编制采购人员的延迟状况图表

8.1 发现延迟的原因

现场管理领域有“三现主义”一词，意即“在现场、现实（实际）观看现物”。通过“三现主义”，通常能发现货期延迟的原因。

有很多种原因会导致货期延迟，采购人员应当根据企业的采购制度和规定，要求对方对货期延迟提出书面理由。

那么，如何发现货期延误的原因呢？采购人员可以从以下三个方面入手。

1. 供应商

（1）超过产能接单。

（2）超过技术水准接单。

（3）产量变动。

（4）手边作业量掌握不充分。

（5）时间估计错误。

（6）对新下单品不熟。

（7）制程管理不完备或不良。

（8）不良品的发生。

（9）劳务管理不适切。

（10）品质管理不充分。

（11）需调度的材料零配件的入手延迟与品质不良。

（12）遵守货期的责任感不足。

（13）作业管理不完备。

（14）对再转包的管理能力不足。

（15）低工资员工工作意愿低。

（16）机器设备不完备。

（17）将小批量的订单合起来才生产。

（18）与订货厂商沟通不佳。

（19）由于经营业绩不振，经营者经营策略转向。

（20）不可抗力。

2. 责任为订货方

当责任方为订货方时有两种可能，一是因采购部原因发生延迟，二是因采购部以外的原因导致延迟。

当责任方是采购部时，发生延迟的原因如下。

（1）供应厂商的选定原则有误。

（2）对供应厂商的产能掌握或技术水准的调查不足。

（3）业务手续的不完备与耽误。

（4）订单或指示联络事项不完备、不彻底。

（5）材料、零配件的提供延迟。

（6）所要求的品质、说明不清。

（7）价格的决定很勉强。

（8）进度的掌握与督促不充分。

（9）技术指导的疏忽。

（10）采购人员的经验不足或确保交货期的意识低。

（11）付款条件过严或货款耽误。

（12）频频改换供应厂商。

（13）下订单的地方过远。

（14）资讯交换不顺畅。

（15）各种指示或联络未能迅速而确实行使。

当责任方是采购部以外时，发生延迟的原因如下。

（1）调度的期间过短。

（2）调度基准日程的缺乏、不使用、不完备、无视。

（3）未考虑材料或零配件的提供日就决定交货期。

（4）模、治工具的出借延迟。

（5）图纸、规格的不完备。

（6）由于紧急订货而引起日程变更的混乱。

（7）生产计划的制订、实施错误或延迟。

（8）生产计划的变更。

（9）生产计划变更未彻底的缘故，日程计划重新安排未能迅速行使。

（10）设计变更或规格的指示不彻底。

（11）订货数量太少。

（12）来自特殊事情。

3. 来自采供双方沟通差距的交货期延迟

来自采供双方沟通差距的交货期延迟具体原因如下。

（1）未能掌握产能的变动。

（2）新下单品的规范规格的掌握不充分。

（3）机器设备的问题点掌握不充分。

（4）经营状况的掌握不充分。

（5）指示、联络的不切实。

（6）日程变更说明不足。

（7）图纸、规格接洽不充分。

（8）单方面指定交货期。

8.2 分析引起协调差距的原因

追究货期延迟的原因时，发现来自供应商与订货厂商之间的协调有了差距或隔阂。其主要原因有以下几点，如图8-1所示。

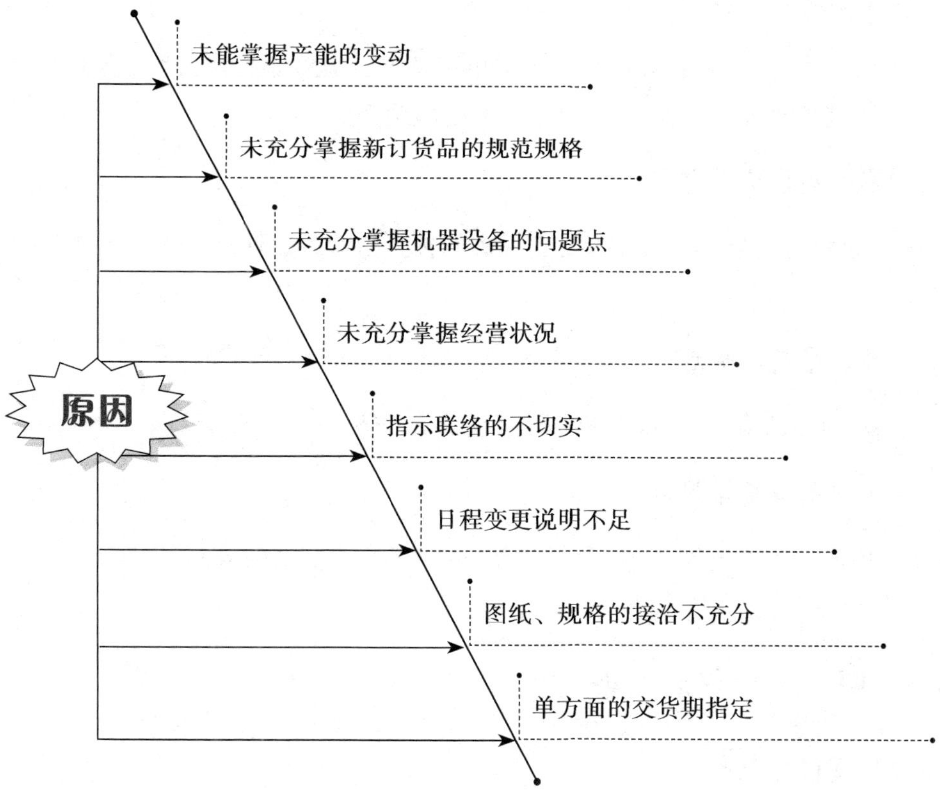

图8-1 货期延迟的原因

1. 未能掌握产能的变动

供应商接收了超过产能以上的订单，目的是缓解订单不足的状况，却由于企业的订货骤增、作业员生病需要长期疗养、有人退休而致人手不足等原因无法完成订单，但供应厂商却不坦白告知这些原因。

2. 未充分掌握新订货品的规范规格

供应商尽管想知道更加具体的内容，却担心订货厂商认为啰唆而不给订单，以至于在未充分掌握规范规格的情况下进行生产。

3. 未充分掌握机器设备的问题点

为了定期点检而需停止操作，或由于故障而需要维修等事情，确实不是订货厂商所能了解。

4. 未充分掌握经营状况

由于资金短缺而导致无法一起购进材料之类的事情就属此种情况。

5. 指示联络的不切实

关于图纸的修订、数量的增加、交货期的提前等未能详细传达给能够处理这些问题的人。除了口头说明之外，事后的补送书面资料也极为重要。

6. 日程变更说明不足

无论日程提前或延后，假如不将真实意图传达给对方，使对方充分了解，必定会有差错。

7. 图纸、规格的接洽不充分

有的人视对方的来询、接洽为麻烦，不愿认真对待，所以会出问题。

8. 单方面的交货期指定

没有了解供应商的现状，仅以订货厂商的方便指定交货期的情况。

8.3　切实了解供应商的情况

1. 供应商的优先顺序

供应商通常在一定的期间要生产许多订货的物品。就以仅来自特定某家企业的订单而言，也不可能只制造一种货品。许多订货品的交货期可能重叠，也可能集中于某些机器设备上。针对这些情形，供应商会排出先后缓急的顺序，如图8-2所示。

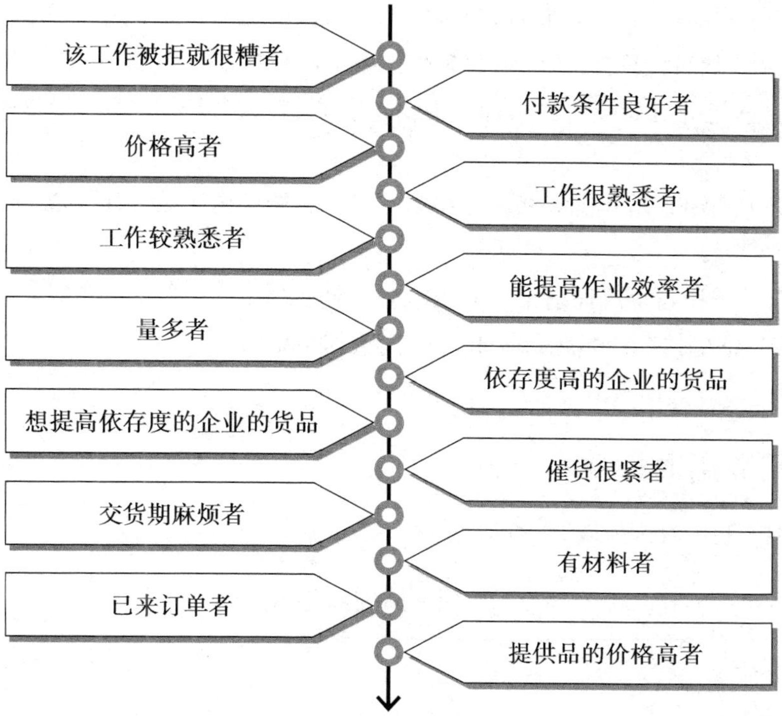

图8-2　供应厂商的生产优先顺序

2. 供应商的产能实况

供应商所提出的产能与实际产能之间可能存在差异，采购人员最好能亲自到供应商的工厂去了解其实际的生产状况。但现实中，采购人员不可能下一张订单就往工厂跑一趟，所以有必要活用以下“订货累积表”来管理，如表8-2所示。

表8-2　订货累积表

上年实绩	每5天5万元
今天限度	//

经办人：

供应商：××公司

No.	订单号码	品名	数量	订货日期	约束日期	订货金额（单位：元）					
						1～5	6～10	11～15	16～20	21～25	26～30
1	26121	置台	662	1/2	7/2	6 620					
2	26122	置台	662	8/2	14/2		6 620				
3	26123	点火手把	660	10/2	17/2			19 860			
	合计					6620	6620	19860			

该表的No.1=26121，品名=置台，数量=662，订货日期=1/2，约束日期=7/2，订货金额为1～5栏=6620。然后，每5天的订货金额不要超过上年实绩5万元。

当然，引进新的机器设备或增加作业员时，在订货限度栏应填写修订金额，减少时亦然。

此外，努力沟通，站在供应商的立场来下订单，避免由于彼此间的隔阂引起上述现象而导致交货期的延迟。

同时，每一季邀请供应商前来，说明本企业今后的动向、企业的方针、生产计划等，使其了解订货厂商的情况，如此则能建立相互间的协调体制。

8.4 消除隔阂的基本对策

消除隔阂的基本对策如表8-3所示。

表8-3 消除隔阂的基本对策

改善方法				项目	经办部门				
个人改善	协同指导	协同改善	建立制度		采购部	生产部	财务部	品管部	计算机
○				（1）在充分了解购入品或外包加工品内容的前提下，将适当、适量的货品向适当的供应商下订单	○				
			○	（2）确立调度基准日程	○	○			
		○		（3）建立交货期的权威，以提高交货期的诚信度	○	○			
		○		（4）依订货批量适当	○	○			
		○		（5）确立提供物品的提供日程并予遵守	○	○			
○				（6）管理供应商的产能、负荷、进度的余力	○				
○				（7）事务手续、指示、联络、说明、指导的迅速化	○				
○				（8）有了交货期变更或紧急订货时，正确掌握其影响度	○				

（续表）

改善方法				项目	经办部门				
个人改善	协同指导	协同改善	建立制度		采购部	生产部	财务部	品管部	计算机
○				（9）加以适当地追查	○				
○				（10）分析现状并予重点管理	○				
			○	（11）改善基于适当价格的采购与支付条件	○		○		
	○			（12）为确立供应商的品质管理制度而予指导	○			○	
	○			（13）为确立供应商的交货期管理制度而予指导	○				
			○	（14）行使长期，短期订货计划的说明	○				
			○	（15）利用计算机编制延迟表	○				○

1. 适当、适量向适当的对象下单

在充分了解购入品或外包加工品内容的前提下，将适当、适量的货品向适当的供应商下订单。采购人员对自己要经手的物品要有充分的了解之外，也需掌握对方的产能。

例如，像以NC（Numerical Control，数值控制方式）铣床为主体的切削工厂外包单纯的磨削加工，或像擅于量产的装配工厂，给予多种少量品的订单，都是错误的。

为了避免此类情况的发生，采购人员要研习机械工学或电气工学的基础知识，学习阅读图纸或规范，同时要常到工厂了解实况。

2. 确立调度基准日程

关于调度所需要的时间，采购人员要与生产管理部门取得共同的理解，要得到生产管理、设计、制造、技术部等部门的帮助，以便对外包加工品设定调度基准日程，据此确定适当的交货期用于下订单。

3. 建立交货期的权威，以提高交货期的信赖度

基于订货厂商与供应商双方的信赖来设定交货期，另外，使交货期的变更或紧急、特

急、临时订货之类的事情减少，以建立交货期的权威，提高信赖度，从而提高交货期的遵守度。

4. 使订货的批量适当

使订货厂商及供应商双方都能接近最经济的数量。

5. 确立物品的提供日程并加以遵守

采购人员应该避免“提供慢了，但是交货期要遵守”之类不合理的要求。

6. 管理供应商的产能、负荷、进度的余力

掌握对方（供应商）的产能、生产金额或保有工数以行使其余力的管理。余力的管理方法，可活用前面所提的“订货累计法”。尤其重要的是不要流于纸上谈兵，要切实做到。具体而言，采购人员要了解供应商的以下情况。

（1）机器、设备。

（2）作业人员的职种、技术水准别。

（3）产能的界限等。

为了掌握机器、设备、人力的界限，不妨要求供应商提供“机器设备状况”“职种别劳务状况”及“职务别劳务状况”等报表。

7. 事务手续、指示、联络、说明、指导的迅速化

例如，交货地点变更、图纸改版的指示、不易懂的图纸说明、品质管理的重点应放在哪里等。

8. 有了货期变更或紧急订货时，正确掌握其影响度

某一货品的进货虽已确保，但要妥为处理，避免其他货品因该货品的如期交货而延迟，否则将引起恶性循环。

9. 适当的追查

还有宽裕处置的时候，确认其进行状况。

10. 分析现状并予重点管理

用ABC分析法，进而变成柏拉图，使对目的影响最大的因素一目了然，掌握应重点管理的对象。举例如下。

（1）A品的件数虽然少，但金额很大。

（2）C品的件数虽然多，但金额小。

所以对A品有必要好好管理。由此可见，分析现状的目的是为了改变管理方法，或为

了重新检讨管理措施。

8.5 建立加强交货期意识的制度

1. 异常发生报告制度

要求供应商提出异常发生报告的义务，例如，对机器设备、模具、治工具（夹具）的故障或不良、货期延迟原因的出现等提出报告。

通过异常发生报告预知货期的延迟，做到未雨绸缪。该项制度远比延迟发生后才来研讨对策更加有效。

2. 延迟对策报告制度

除了异常发生报告制度使供应商明确延迟原因外，也应要求对其改善的对策提出报告。

3. 编制每月供应商的交货期遵守（延迟）率并分发、公告的制度

编制每月供应商的交货期遵守（延迟）率并分发、公告的制度，可以按照相关的计算式求取数字。另外，也可掌握每件物料的延迟日数，以便掌握总延迟日数。

4. 表扬制度

对交货期遵守情形良好的供应商，分为每年、每半年、每季度等给予表扬，如表8-4所示。

表8-4 各企业的表扬制度

<table>
<tr><th rowspan="2">方法
企业名</th><th colspan="3">次数（1次）</th><th colspan="3">表扬者（奖状具名人）</th><th rowspan="2">纪念品</th><th rowspan="2">奖金一等</th><th rowspan="2">对象企业</th><th rowspan="2">表扬的目的</th></tr>
<tr><th>每年</th><th>每半年</th><th>每季度</th><th>总经理</th><th>资材经理</th><th>事业经理</th></tr>
<tr><td>A</td><td>○</td><td></td><td></td><td>○</td><td></td><td></td><td>○</td><td>○</td><td>前10名</td><td>建立表扬的权威</td></tr>
<tr><td>B</td><td></td><td>○</td><td></td><td></td><td>○</td><td></td><td>○</td><td></td><td>前10名</td><td>增加次数给予动机</td></tr>
<tr><td>C</td><td></td><td></td><td>○</td><td></td><td></td><td>○</td><td></td><td>○</td><td>前10名</td><td>增加次数给予动机</td></tr>
<tr><td>D</td><td>○</td><td></td><td></td><td>○</td><td></td><td></td><td>○</td><td></td><td>前10名</td><td>建立表扬的权威</td></tr>
<tr><td>E</td><td></td><td>○</td><td></td><td></td><td>○</td><td></td><td>○</td><td></td><td>前10名</td><td>增加次数给予动机</td></tr>
</table>

5. 与订货量关联的制度

视供应商交货期遵守的程度而采取以下的措施，如图8-3所示。

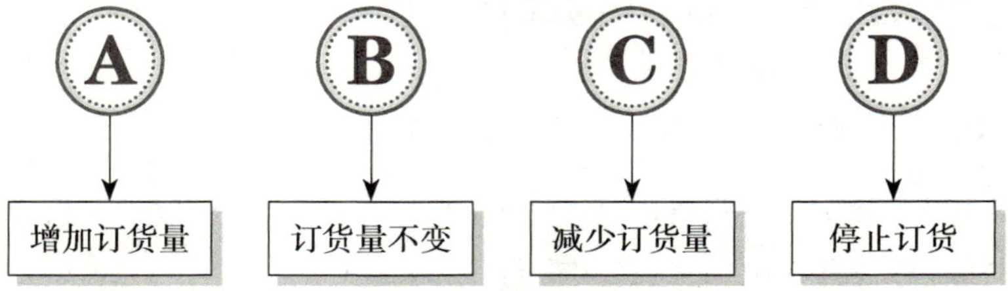

图8-3　视交货期遵守的程度而采取的措施

但是，品质与价格比其他企业优异时，应另作考虑。

还有，必须先和供应商说明，以避免由减少或停止订货量所引起的纠纷。

6. 与支付条件关联的制度

视供应商交货期遵守的程度按下列方式改变付款方式，如图8-4所示。

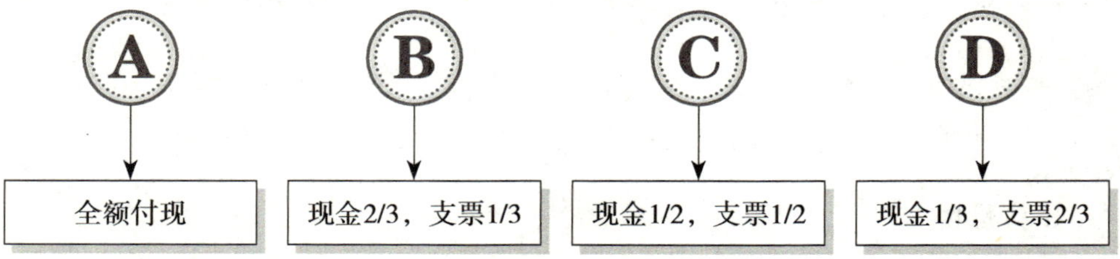

图8-4　视交货期遵守的程度改变付款的方式

另外，假如由于资金周转困难而采取此策略时，采购人员应注意是否会丧失长年所建立的信赖关系。

7. 指导、培训的制度

例如，经营者研讨会、供应商有关人员的集中教育、个别巡回指导等。

8. 抱怨处理的制度

采购人员要诚恳听取供应商的抱怨、要求，并迅速加以处理、回答。可在物控部门内设置“供应商会谈室”之类的场所，用于供应商的指导、培训及期望的处理。

8.6　交货期延误原因的汇总分析

为了实施基本策略，确立加强交货期意识的制度，采购人员有必要将延误的原因加以汇总查看。

如果运用计算机系统，则可如表8-5一样任意设定“代码”，一旦有相关的原因发生就加以输入，很快就可绘制原因别统计图，进一步设定品目别、经办人别的统计图。

表8-5 延迟原因分类编号

责任在订货厂商情形		责任在供应商的情形	
代码	原因	代码	原因
101	事务手续的延迟、不备	201	设备、机器故障
102	指示联络不佳	202	作业员离职
103	提供物提供延迟	203	工数计算错误
104	交货期不适当	204	不良的重修
105	模具、治工具提供延迟	205	作业员缺勤
106	图纸、规格的不完备	206	材料入手延迟
		207	再发包的延迟

1. 编制延迟原因的分类统计

按照延迟原因分类编号，制作延迟原因的频度统计图，使延迟原因一目了然，并据此作为研究对策的资料，如图8-5所示。

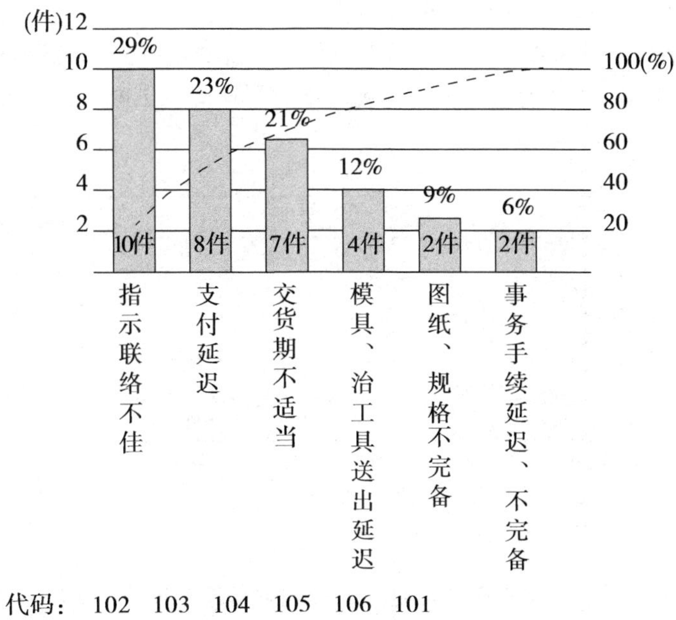

图8-5 按延迟原因分类统计图

2. 编制慢性延迟物料表

抽出反复发生的延迟物料，将其频度图形化，使慢性延迟的实况清楚，借以加深有关人员的认知，如图8-6所示。

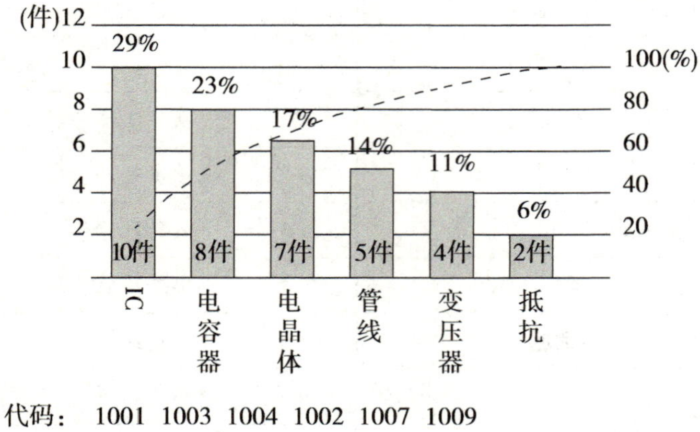

图8-6　按慢性延迟物料分类统计图

3. 编制采购人员的延迟状况图表

将延迟件数、延迟日数等按照经办人予以汇总统计，进一步加以图形化，使个人的成绩明了，据此加强经办人的交货期意识。

将“经办人别延迟件数统计”（如图8-7所示）与“经办人别延迟日数统计”（如图8-8所示）加以比较时，件数多者延迟日数未必也多。所以，采购人员应做此类统计。

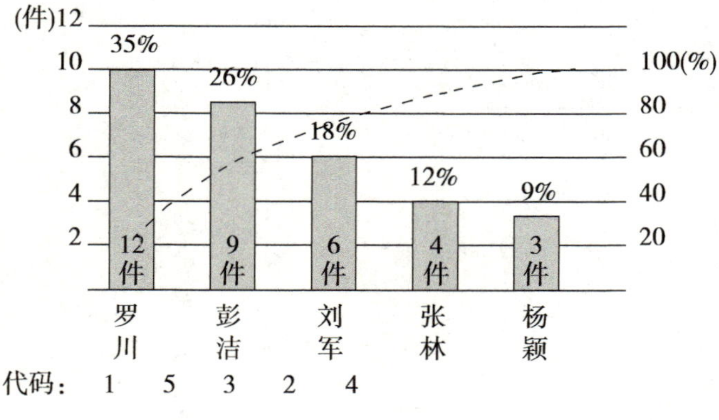

图8-7　各经办人延迟件数统计图

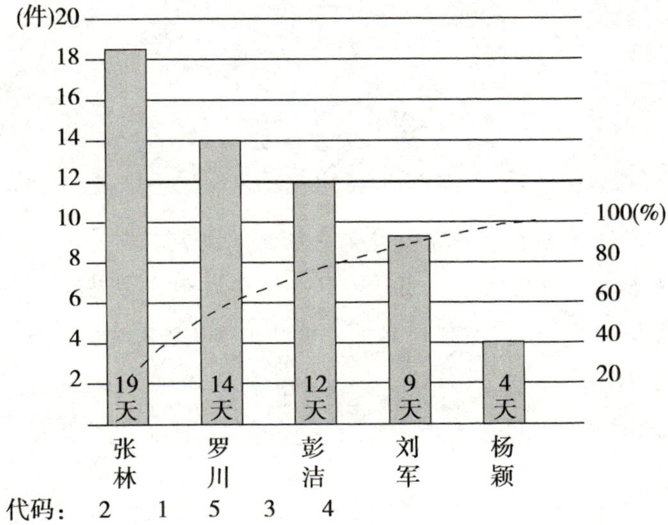

图8–8　各经办人员延迟日数统计图

学习笔记

通过学习本章内容，想必您已经掌握了不少学习心得，请仔细记录下来，以便继续巩固学习。如果您在学习中遇到了一些难点，也请如实写下来，方便今后重复学习，彻底解决这些难点。

我的学习心得

1. ______
2. ______
3. ______
4. ______
5. ______

我的学习难点

1. ______
2. ______
3. ______
4. ______
5. ______

我的运用计划

1. ______
2. ______
3. ______
4. ______
5. ______

第9章

采购过程管控要点

采购过程是指从采购计划开始，到采购询价、采购合同签订，一直到采购材料进场为止的过程。采购经理对采购过程的管控主要包括价格、品质等方面。

学习指引

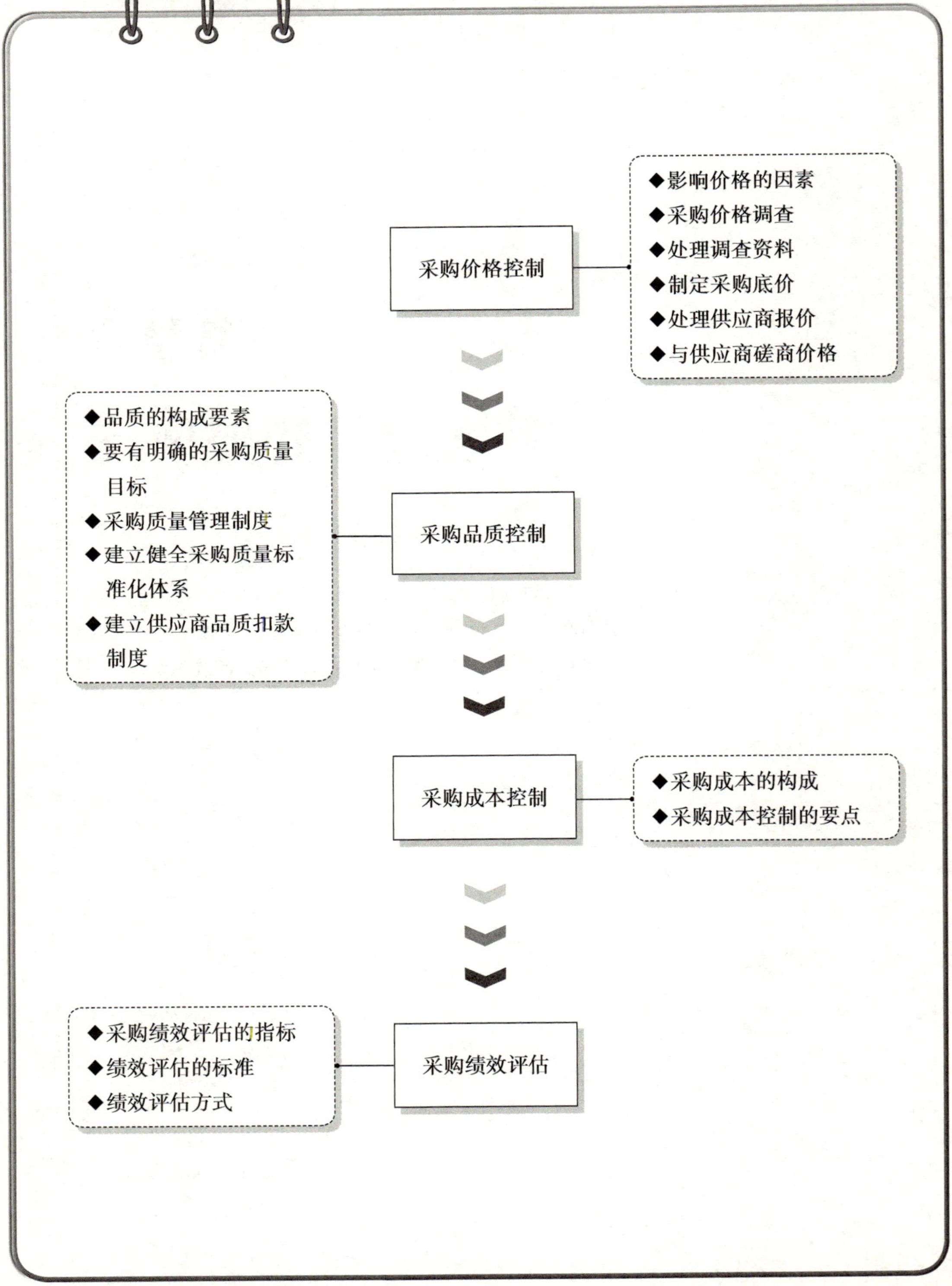
采购价格控制
◆影响价格的因素
◆采购价格调查
◆处理调查资料
◆制定采购底价
◆处理供应商报价
◆与供应商磋商价格
采购品质控制
◆品质的构成要素
◆要有明确的采购质量目标
◆采购质量管理制度
◆建立健全采购质量标准化体系
◆建立供应商品质扣款制度
采购成本控制
◆采购成本的构成
◆采购成本控制的要点
采购绩效评估
◆采购绩效评估的指标
◆绩效评估的标准
◆绩效评估方式

9.1　采购价格控制

1. 影响价格的因素

采购价格的高低受各种因素的影响。对于我国境内采购而言，尽管地区、商业环境、时间与人力关系等方面有所不同，但其价格变动还是比较容易预测与控制的。但对境外采购而言，来自世界各地市场的供应关系以及其他许多因素，包括规格、服务（如机器设备的长期服务）、运输及保险、交货期限等，都对价格有相当大的影响。影响采购价格的因素如图9–1所示。

- 因素一：物料成本影响物料价格的高低，中间不可能有大的差距
- 因素二：物料供求关系影响物料价格的高低。供求关系一改变，物料价格马上发生变动。供大于求，价格下降；供小于求，价格上升
- 因素三：季节变动影响物料价格。旺季时，价格高；淡季时，价格低
- 因素四：经济循环影响物料价格。市场繁荣，产销两旺，价格缓缓上升；市场萧条，价格就下跌
- 因素五：内部条件的变动影响价格。如生产技术的改善使价格下降，生产效率的提高也使价格下降等
- 因素六：交易条件影响物料的价格。采购量大，价格较低；进货检验非常严格，价格提高；付款期较长，价格提高

图9–1　影响价格的因素

2. 采购价格调查

在大型企业里，原材料种类繁多，但限于人手，要做好采购价格调查并不容易。因此，企业要了解帕累托定律里所说的“重要少数”，即通常数量上仅占10%的原材料，而其价值却占全体总值的70%～80%。假如企业能掌握住80%左右价值的“重要少数”，那

么，就可以达到控制采购成本的目的，这就是重点管理法。根据一些企业的实际操作经验，可以把下列几大项目列为主要的采购调查范围，如图9–2所示。

范围一　选定主要原材料20～30种，其价值占全部总值的70%～80%或以上

范围二　常用材料、器材属于大量采购项目的

范围三　性能比较特殊的材料、器材（包括主要零配件），一旦供应脱节，可能导致生产中断的

范围四　突发事变紧急采购的

范围五　波动性物资、器材采购的

范围六　计划外资本支出、设备器材的采购，数量巨大，影响经济效益深远的

图9–2　采购价格调查的范围

3. 处理调查资料

采购部应将调查采购市场所得的资料加以整理、分析与检讨，在此基础上提出报告及建议，即根据调查结果编制材料调查报告及商业环境分析，对本企业提出有关改进建议（例如，提供采购方针的参考，以求降低成本，增加利润），并根据科学调查结果，研究更好的采购方法。

4. 制定采购底价

所谓底价，是采购物品时打算支付的最高价格。

（1）制定采购底价的好处

制定底价以作为决定采购价格的依据，可以获得以下效益，如图9–3所示。

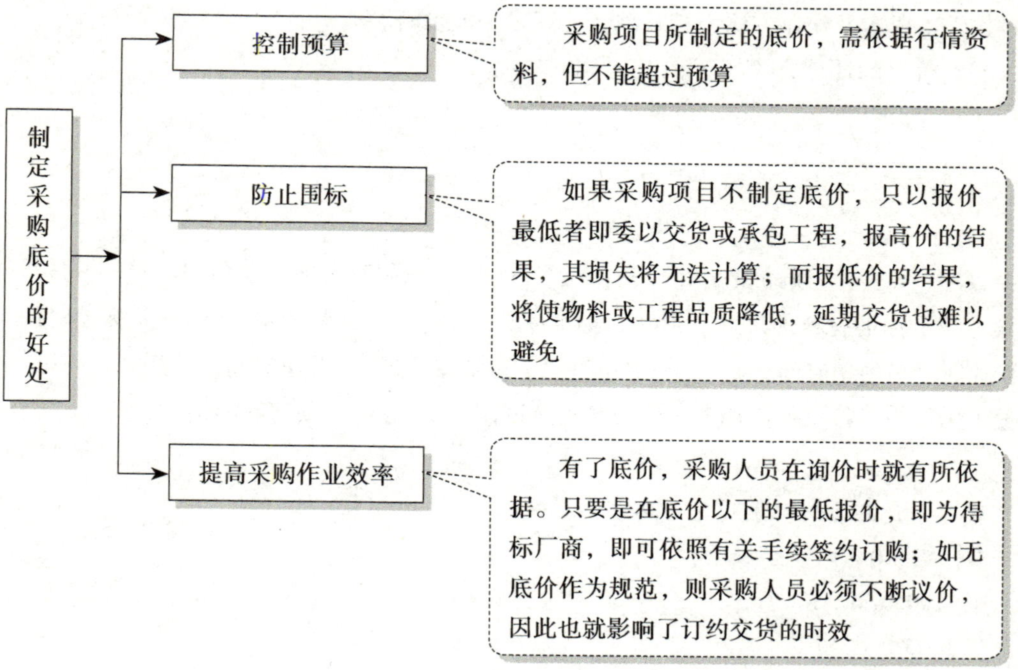

图9–3　制定采购底价的好处

（2）采购底价的制定方式

采购人员制定底价，不能单凭主观印象和以往的底价或中标记录，这样做既不客观也不合理。制定底价可采用以下两种方式，如图9–4所示。

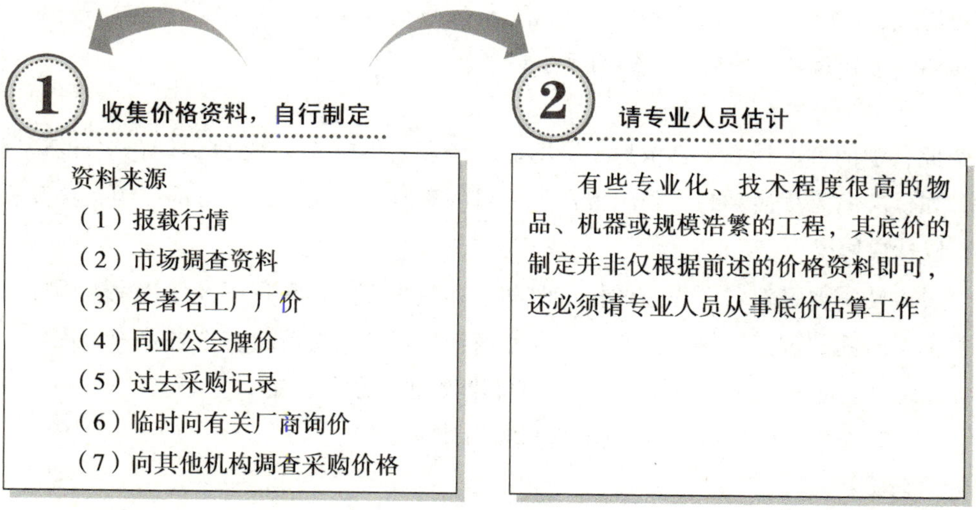

图9–4　采购底价的制定方式

（3）采购底价计算方式一：科学的计算方式

对构成价格的各种因素进行科学分析，必要时采取改进措施。这种方法以合理的材料成本、人工成本及作业方法为其基础，计算出采购价格。

采购价格的计算公式如下。

$$P=C+F \quad （公式1）$$

$$C=M\times a+t(b+c)(1+d) \quad （公式2）$$

$$F=C\times r \quad （公式3）$$

其中：P——采购价格；C——总成本；F——采购对象的预期利润；M——材料的需要量（表示标准材料的尺寸、形状、标准规格）；a——材料的单价；t——标准时间（主要作业时间＋准备时间）；b——单位时间的工资率；c——单位时间的费用率；d——修正系数（例如为了特急品而加班、连夜赶工及试制等）；r——预期利润率。

现以某产品为例，说明其计算方法。

M：钢板0.2千克

a：100元/千克

t：0.03小时

b：800元

c：600元

d：6%

r：8%

用公式2计算：$C=0.2\times100+0.03\times(800+600)\times106\%=20+44.52=64.52$（元）

用公式3计算：$F=C\times r=64.52\times8\%=5.16$（元）

用公式1计算：$P=C+F=64.52+5.16=69.68$（元）

据此，可知该产品的底价为69.68元。

依此科学的方法计算，其依据十分明显，所以与供应商交涉之际具有充分的说服力。但是，如供应商无法接受时，则应根据各项目的资料，逐一检讨双方的差距，并互相修正错误，以达成协议。

这种方法需要设定各项作业的标准时间，同时也需算出工资率及费用率。因此，应收集有关标准时间的数值资料以及有关工资率及费用率的调查资料，按各业别、规模予以分类并加以统计。此外，对于修正系数及预期利润，也应预先决定。

（4）采购底价计算方式二：成本加利润的计算方式

计算公式：

采购价格＝成本＋合理利润

关于成本的计算公式如下。

①成本＝本地制造器材成本＋进口器材成本＋工程设计成本＋安装成本＋其他成本

②本地制造器材成本＝直接原料成本＋直接人工成本＋间接制造成本＋管理成本

③进口器材成本＝进口器材在国外港口船上交货价格×汇率＋保险费及运杂费＋关税

④工程设计成本＝设计人工成本＋设计材料成本＋间接费用

⑤安装成本＝安装人工成本＋安装材料成本＋工具损耗成本＋间接费用

⑥其他成本＝财务成本＋不属于以上各项的其他成本

关于合理利润的计算公式如下。

合理利润＝本地制造器材成本×合理利润率＋进口器材成本×合理利润率＋工程设计成本×合理利润率＋安装戎本×合理利润率＋其他成本×合理利润率

各项合理利润率需视其资金来源的不同而各异，由成本分析人员参考国内外相关行业的投资报酬率、风险率、市场利润率以及财政部核定的相关行业利润率，并考虑预付款及成本内已包括财务成本等因素分别审慎研讨。

5. 处理供应商报价

接到供应商报价，一定要认真还价、审查报价单并进行分析，如图9-5所示。

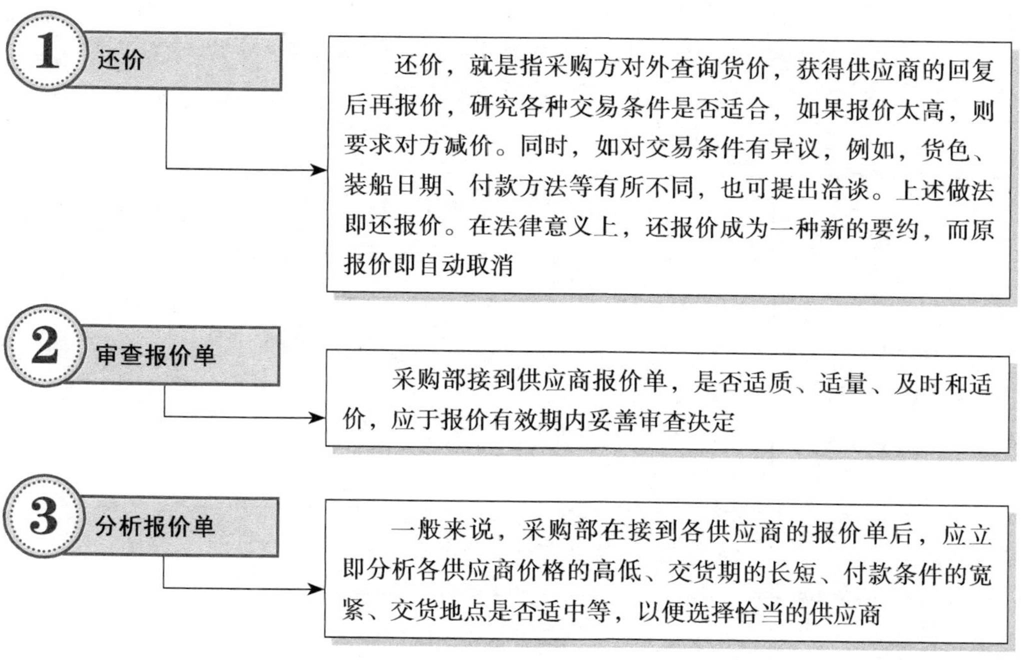

图9-5　处理供应商报价

下面是某供应商的采购报价单的一般审查点和报价分析表范本，仅供参考。

范本

采购报价单的一般审查点

审核方面	审核项目
是否确认报价	(1)是否为有效期报价 (2)有效期到何时为止 (3)物资品牌、名称是否确定 (4)是否国际间所通用的 (5)是否有一定数量 (6)是否为确定价格 (7)有无浮动价格
质量	质量是否恰当，所报物料规格是否明晰周详
数量	(1)数量是否恰当 (2)所声明的物资的数量及单位是否开列清楚 (3)单位是否为国际通用单位 (4)如附有数量增减条款，那么它是否合理
交货期	交货期是否及时，如果是从国外采购，那么所订立的立即装船、即期装船及限期装船的条款是否合理
价格	价格是否恰当，所报单价及总价有无错误
投保条件	应注意投保条件，如果是平安险、破损险、水渍险，是否符合采购方要求，是否保障多方利益
包装	包装条款是否符合采购方要求
交货责任	交货责任条款是否合理
付款	付款条款是否合理
其他	有无其他特别条款

范本

供应商的报价分析表

采购物品名称及编号：

序号	供应商	单价	数量	金额	付款方式	交货期	交货地点	其他
比较与分析								
结论								

6. 与供应商磋商价格

与供应商磋商价格主要包括四个步骤，如图9–6所示。

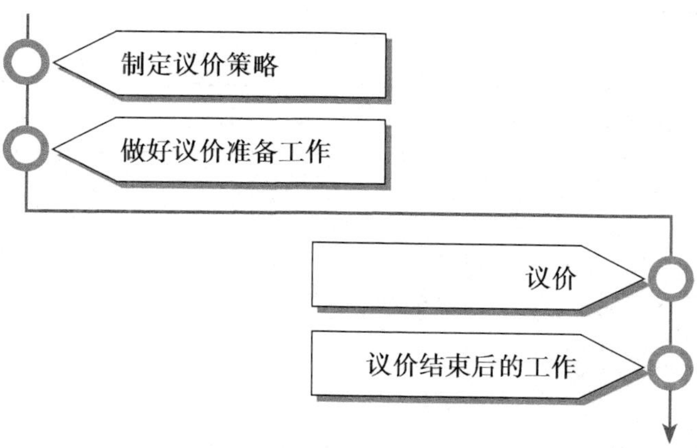

图9–6　与供应商磋商价格的步骤

下面是某企业议价准备工作清单范本，仅供参考。

范本

议价准备工作清单

序号	准备工作	明细情况
1	分析对方方案	价格： 运输： 规格： 付款：
2	目标确定	价格： 质量： 服务： 运输： 规格： 支付：
3	方案确定	最佳方案： 目标方案： 最坏方案：
4	分析对方地位	可能的地位 可能采取的议价策略 议价的尺度范围：
5	议价团队	组长： 成员：
6	议价议程	哪些问题要讨论： 谁来讨论： 会议议程：
7	会议设施准备	

9.2 采购品质控制

1. 品质的构成要素

品质的构成要素如图9-7所示。

1 功能

功能为品质要求的最基本要素。决定所需物料时，首先必须考虑其功能，如药物可治疗的病症、机具的效能或使用的范围等，均应以确能适用为原则。因此，采购人员在物料采购前，必须先对拟采购物料的功能或用途作深入了解，才能订立相应规范，寻找适当的供应来源，计算成本或估量价格

2 寿命

寿命的长短与产品的品质有关。不同的物品对寿命的要求是不同的。例如，设备类多注重于使用的年限，而化学品或药品则注重其有效期

3 稳定性

品质的稳定性，一般包括内在的与外在的，前者主要重视性能的稳定，如生产效率或速率、温度及各种物理或化学特性的变化性；后者则注重外观的稳定，如形状结构、颜色以及使用的控制等，大凡稳定性高者，即显示其品质佳，采购时除在报价时应要求供应商提出规格或性能说明外，必要时应做实质测试

4 安全性

安全性所考虑的范围，除重视采购标的物本身的安全设计或本质上的安全度外，也要注意该项产品在投入生产或使用时有无危险，对环境可能污染危害的程度，预防措施及费用负担等

5 时尚性

采购人员在采购时，应注意所采购标的物是否为老旧落伍产品，能否迎合现代化潮流，是否适合大众需要。因现代科技日新月异，各项物料不论机具或原料、生产的方式、性能结构等，经常都会改进，对市场推广、营业利润等都有一定的影响。因此，现代采购作业都把时尚性列为品质的主要因素

图9-7　品质的构成要素

2. 要有明确的采购质量目标

质量目标是采购部遵守和依从的行动指南。而质量目标确定后则要层层下达，以保证其实施。某企业在其ISO 9001质量管理手册中确定采购部的质量目标，如表9-1所示。

表9-1 采购部质量目标

质量目标	计算方法	测量频次
原材料一次验收合格率≥96%	一次验收通过原材料数/验收总数	次/月
原材料准时交付率≥98%	准时交付批次数/总交付批次数	次/月
材料价格≤99%×材料市场同期价格	采购材料性价比优势是企业创造利润的重要组成部分	次/月
采购文件管理准确率＝100%	现有采购文件数量÷应有的采购文件数量	次/月
物料库存数量100%符合物料安全库存标准	同期（物料实际库存数量÷核定的物料安全库存数量）＝1	次/月
不良材料退货及时率≥99.5%	采购部应全力做好对内、对外的服务工作，确保不良材料存退料仓时间不超过2日（但有周期性规定的除外）	次/月
合格供应商开发数≥8	开发部的核心工作是不断开发符合企业要求的合格供应商，开拓富有竞争力的原材料供给渠道，从而确保企业的持续竞争力	次/月
供应商开发程序执行有效率＝100%	程序执行有效是规避企业内外部风险的基本要求，从而可建立系统的采购渠道开发流程	次/月
供应商开发资料完整率＝100%	现有供应商开发资料数量÷应有的供应商开发资料数量	次/月

3. 采购质量管理制度

建立采购质量管理制度，使采购质量管理工作事事有人管、人人有专职、办事有依据、考核有标准，使所有参与人员为保证和提高采购质量而认真工作。因此，各企业所规定的质量管理制度的内容也有所不同，在此主要介绍几种，如图9-8所示。

制度一　进货检验控制制度

该制度应对以下方面作出规定。第一，进货的验收、隔离、标示、结果处理；第二，进货检验或试验的方法及判断依据；第三，所使用的工具量具、仪器仪表和设备的维护与使用；第四，检验人员、试验人员的技能要求等

制度二　供应商选择评估制度（程序）

该制度应就供应商选择、评估、体系的审核等，确定明确的权责人员、作业程序及结果处理办法等

制度三　采购质量记录管理制度

可按照ISO 9000质量管理体系的要求对采购质量的记录进行控制。采购质量记录包括两方面：一是与接收产品有关部门的记录，如验收记录、进货检验与试验报告、不良品反馈单、到供应商处的验证报告等；二是与可追溯性有关的质量记录，如验收记录、发货记录、检验报告、使用记录（出、入库单）等。对以上采购记录一定要按相关制度的规定进行填写、传递、保管

图9-8　常见采购质量管理制度的内容要求

4. 建立健全采购质量标准化体系

采购标准包括国际标准、国家标准、行业标准和企业标准。而采购标准化则意味着可以简化采购工作量，意味着采供双方在达成协议时有明确的尺寸、质量、规格。因此，通过加强采购标准化工作，可以保证质量、减少采购的品种、降低库存，从而降低最终产品的成本。

采购标准化是指采购物资或服务时，尽量采购那些已经形成某种标准的产品或服务，如采购按国际标准制造的零件或部件而不是去购买定制的零部件。因此，一个标准化程序是为减少一个组织所购产品和服务种类而设计的程序；一个系统的标准化程序就是努力保证采购通用的产品和服务。

5. 建立供应商品质扣款制度

为控制供货商来料品质，采购经理可建立不良扣款制度。

9.3　采购成本控制

1. 采购成本的构成

采购成本是指因采购活动而引起的成本，它包括维持成本、订购成本以及缺料成本，但不包括物料的价格。其具体说明如图9-9所示。

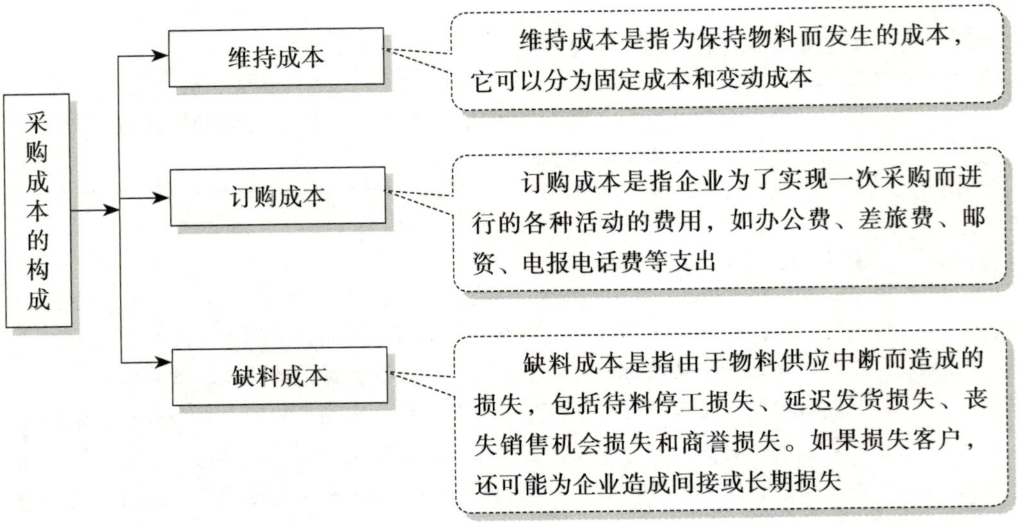

图9-9　采购成本的构成

小贴士

固定成本与采购数量无关，如仓库折旧、仓库员工的固定工资等。变动成本则与采购数量有关，如物料资金的应计利息、物料的破损和变质损失、物料的保险费用等。

2. 采购成本控制的要点

采购成本控制有三个要点，如图9-10所示。

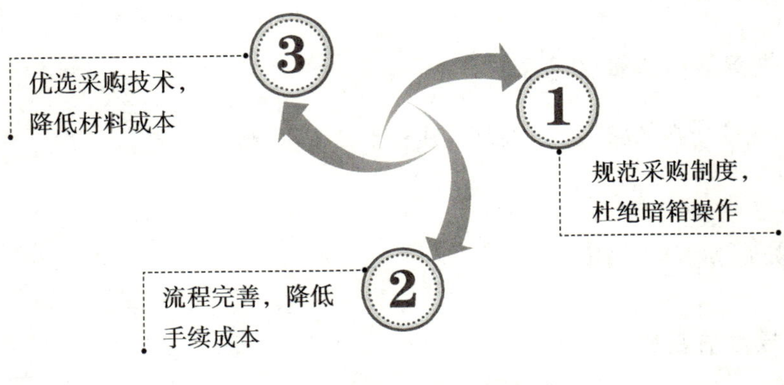

图9-10　采购成本控制要点

（1）规范采购制度，杜绝暗箱操作

采购工作涉及面广，而且主要是和外界打交道，如果企业不制定严格的采购制度和程序，不仅采购工作无章可依，还会给采购人员提供暗箱操作的温床。完善采购制度要注意以下几个方面，如图9-11所示。

要点一　建立完善严格的采购制度

建立完善、严格的采购制度，不仅能规范企业的采购活动、提高效率、杜绝部门之间扯皮，还能预防采购人员的不良行为

要点二　建立供应商档案

企业的中长期发展战略要求与供应商实施双赢的战略合作伙伴关系，因此，对企业的正式供应商要建立档案

要点三　要建立供应商准入制度

（1）重点材料的供应商必须经工艺技术、质检、物资、财务、审计等部门联合考核后才能进入，如有可能要实地到供应商生产地考核

（2）企业要制定严格的考核程序和指标，要对考核的问题逐一评分，只有达到或超过评分标准者才能成为归档供应商

要点四　建立价格档案和价格评价体系

企业采购部要对所有采购材料建立价格档案，对每一批采购物品的报价，应首先与归档的材料价格进行比较，分析价格差异的原因。如无特殊原因，原则上采购的价格不能超过档案中的价格水平，否则要作出详细的说明

要点五　建立材料的标准采购价格，对采购人员根据工作业绩进行奖惩

对重点监控的材料，应根据市场的变化和产品标准成本定期定出标准采购价格，促使采购人员积极寻找货源，货比三家，不断地降低采购价格

要点六　标准采购价格也可与价格评价体系相结合

标准采购价格也可与价格评价体系结合起来进行，并提出奖惩措施，对完成降低企业采购成本任务的采购人员进行奖励，对没有完成采购成本下降任务的采购人员，要分析原因，并确定对其惩罚的措施

图9-11　完善采购制度

小贴士

供应商档案应包括编号、详细联系方式和地址、付款条款、交货条款、交货期限、品质评级、银行账号等。每一个供应商档案应经严格的审核才能归档，企业的采购必须在已归档的供应商中进行选择。供应商档案应定期或不定期地更新，并有专人管理。

（2）流程完善，降低手续成本

企业在材料采购之初，应建立与优化采购业务流程，对诸如申请、审批、签约、采购、执行、检验、入库等环节不断完善和规范操作流程。业务经办人员应对每一关键控制点严格按规范操作，尽职尽责。

①企业年度及月度采购计划的制订

采购人员根据市场需求，按照生产计划部门下达的生产计划，及时认真编排物资材料采购计划申请及用款计划申请，并提交企业专门的预算小组审核，经企业决策层审批后下达到物资采购部，依照生产工艺技术标准执行采购。

②采购环节，实现购入材料最佳价

对企业生产所需的各种物料，采购人员要按照“同等质量比价格，同等价格比质量，同质同价比服务”的原则，规范有效地开展采购业务。

小贴士

询价并确定供应商时，要充分利用计算机管理系统，借助网络优势，快速地浏览和获取需要的信息，从而保障采购询价管理、得到询价结果的高效率。

订立清晰、严密的采购合同，所签合同副本需报送财务部，作为日后结算依据。

③严格检验入库手续

所有购进材料须经品管部检验合格后出具检验报告。如发现其质量、规格、型号不合标准、数量短缺等情况，采购人员应及时提请采购部要求供应商调换、退货、补足或给予价格折让，并将购进货物单独存放并做好记录。

对验收合格的材料，仓储部要及时办理入库手续，同时将填写（签收）完整的收货单分送采购部、财务部。

只要企业的品管部严格按照工艺技术标准严把检验关，基本可以杜绝劣质和次品的材料入库，从而有效地降低采购成本与资金浪费。

④货款支付

财务部在对采购单、采购合同、检验报告、收货单、进货发票审核无误后，一般应按合同约定支付货款。但在不违反合同的前提下，企业应尽可能延迟支付，这样就相当于从供应商那里获得短期无息借款，可缓解资金压力，增加机会收益，潜在地减少了采购成本。

（3）优选采购技术，降低材料成本

企业降低采购成本的途径与方法多种多样，关键是要综合分析影响自身采购支出的主要原因，对症下药，选取最优的技术手段与方法，从事前、事中、事后来控制采购成本。企业降低采购成本的要点如图9-13所示。

要点一 **依据经济订货量计算模型采购**

在实际采购业务中，进货成本的高低与采购次数、采购批量大小、采购进价直接相关。在当今买方市场环境下，商品货源充足，企业购进材料应尽量采取零库存或低库存管理模式，按经济订货量模型测算最佳采购次数、采购时间与采购批量，制定最优采购策略，获得最佳采购效益

要点二 **大力推行招标比价采购**

随着市场经济体系的日趋完善与商品买方市场的形成，企业应尽可能采用公开招标采购、邀请招标采购、竞争性谈判采购等方式，让多家供应商相互比价、比质、比服务，使企业拥有充分自主的选择权，按性价配比最佳、服务最优原则进行采购，增强采购工作透明度，尽力减少违规舞弊行为，同时大幅压缩采购进价，节约采购资金

要点三 **实行联合、集中采购**

在某些情况下，企业可联合众多同行厂家结成采购同盟，或将原先分散在企业集团内部的通用材料采购集中起来，通过扩大采购规模实行联合采购或集中采购，以向供应商争取最大的价格优惠；或按货比三家以及就地就近原则，与具备集中供货能力的供应商建立长期稳定的供求关系，通过大量集中采购，获取价格、数量上的折让利益

要点四 **实行买断采购**

在激烈的市场竞争环境中，当多家厂商生产同一产品竞相杀价销售，如企业对该产品存在长期的、大批量需求且需要量占到某一供应商产量的50%以上份额时，企业可选择与该厂家洽谈，减少过程环节成本，使对方以优惠供应价签订买断合同，使其实际成为企业的原材料(配件)生产车间，以达到彼此利益共享、风险共担，从而大量节省采购支出

要点五　采用国产替代进口采购

很多企业有部分物料需要从国外进口，成本很高，而我国目前生产资料的价格很低，且很丰富，这些商品如能在国内生产，其运费、关税等费用就可以节省很多，而且国产化材料带来的成本降低效应往往出乎人们的意料。因此，利用国产材料替代进口材料，对那些进口材料很多的生产厂家来说，无疑是极其重要的降低成本手段

要点六　加强与供应商生产成本洽谈采购

对企业生产用的一些专需产品，在市场上不易找到类似价格比较，不易掌握其价格，这就需要运用成本核算方法，对供应商生产的材料成本进行核算评估，通过核算与评估，掌握一个价格范围后与供应商洽谈，确保所购材料价格的合理性

要点七　积极开展电子商务采购

企业利用互联网可充分了解全球范围内的供求信息，将所需商品信息进行整合，消除信息不畅与人为因素的干扰，结合自身生产计划随时开展电子商务采购，选定质优价廉服务佳的供应商，减少库存与资金占用，节省人力与管理费用，提高采购效率，从而最大限度地降低采购成本

图9-13　企业降低采购成本要点

9.4　采购绩效评估

1. 采购绩效评估的指标

采购人员在其工作职责上，必须达成5R，即Right Time——适时、Right Quantity——适量、Right Quality——适质、Right Price——适价及Right Place——适地等基本任务。因此，对采购人员的绩效评估也应以此“5R”为中心，并以数量化的指标作为衡量绩效的尺度。采购经理在进行采购绩效评估时，应按以下指标进行，如图9-14所示。

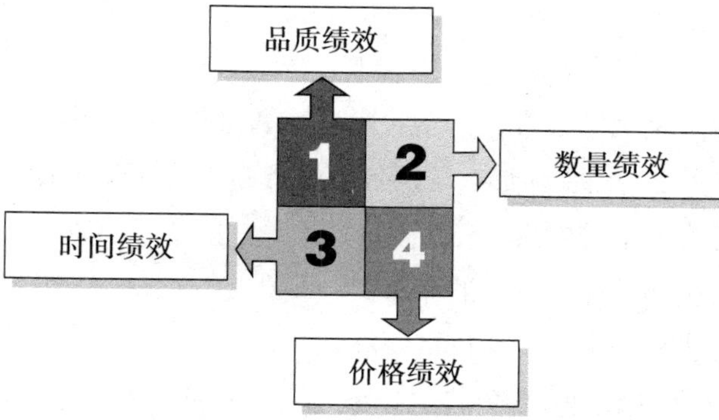

图9-14　采购绩效评估的指标

（1）品质绩效

采购的品质绩效可由验收记录及生产记录来判断。前者是指供应商交货时，为企业所接受（或拒收）的采购项目数量或百分比；后者则是交货后，在生产过程中发现品质不良的项目数量或百分比。

如进料品质管制采用抽样检验的方式，则在制品品质管制发现品质不良的比率，将比进料品质管制采用全数检验的方式高。拒收或拒用比率越高，表明采购人员的品质绩效越差，因为这说明其未能找到理想的供应商。

（2）数量绩效

当采购人员为争取数量折扣以达到降低价格的目的时，可能导致存货过多，甚至发生呆料、废料的情况。

费用指标，即现有存货利息费用与正常存货水准利息费用的差额。

呆料、废料处理损失指标，即处理呆料、废料的收入与其取得成本的差额。

存货积压利息的费用越大，呆料、废料处理的损失越高，显示采购人员的数量绩效越差。不过，此项数量绩效有时受到企业营业状况、物料管理绩效、生产技术变更或投机采购的影响，因此也并不一定完全归咎于采购人员。

（3）时间绩效

这项指标是用以衡量采购人员处理订单的效率，及对供应商交货时间的控制。延迟交货固然可能形成缺货现象，但是提早交货也可能导致买方负担不必要的存货成本或提前付款的利息费用。

紧急采购费用指标，即紧急运输方式（如空运）的费用与正常运输方式的差额。

停工断料损失指标，即停工期间作业人员薪资损失。

事实上，除了前述指标所显示的直接费用或损失外，还有许多间接的损失。例如，经常停工断料，造成顾客订单流失，作业人员离职，恢复正常作业的机器必须做的各项调整（包括温度、压力等）；紧急采购会使得购入的价格偏高，品质欠佳，连带也会产生赶工时间必须支付额外的加班费用。这些费用与损失，通常都未加以估算在此项绩效指标内。

（4）价格绩效

价格绩效是企业最重视及最常见的衡量标准。通过价格指标，可以衡量采购人员议价的能力以及供需双方实力的消长情形。采购价差的指标，通常有下列四种。

①实际价格与标准成本的差额。

②实际价格与过去移动平均价格的差额。

③比较使用时的价格和采购时的价格差额。

④将当期采购价格与基期采购价格的比率与当期物价指数与基期物价指数的比率相互比较。

2. 绩效评估的标准

有了绩效评估的指标之后，必须考虑依据何种标准，作为与目前实际绩效比较的基础。一般常见的标准有如下四点，如图9–15所示。

图9–15　绩效评估的标准

（1）以往绩效

选择企业以往的绩效，作为评估目前绩效的基础，是相当正确、有效的做法。但企业采购部，无论组织、职责或人员等，均应在没有重大变动的情况下，才适合使用此项标准。

（2）预算或标准绩效

如过去的绩效难以取得或采购业务变化甚大，则可以预算或标准绩效作为衡量基础。标准绩效的设定，有下列三种原则，如图9–16所示。

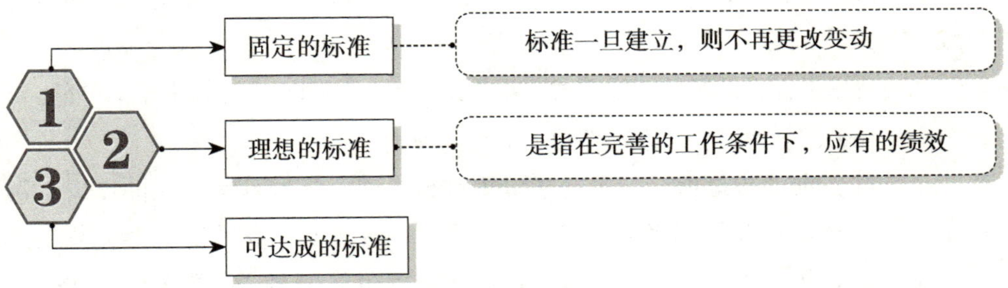

图9–16　标准绩效的设定

（3）同业平均绩效

如其他同业企业在采购组织、职掌及人员等方面，均与本企业相似，则可与其绩效比较，以辨别彼此在采购工作成效上的优劣。如个别企业的绩效资料不可得，则可以与整个同业绩效的平均水准来比较。

（4）目标绩效

预算或标准绩效是代表在现况下，“应该”可以达成的工作绩效；而目标绩效则是在现况下，非经过一番特别的努力，否则无法完成的较高境界。目标绩效代表企业管理者对工作人员追求最佳绩效的“期望值”。

3. 绩效评估方式

采购人员工作绩效的评估方式，可分为定期方式及不定期方式。定期的评估是配合企业年度人事考核制度进行，有时难免落入俗套。一般而言，以“人”的表现，如工作态度、学习能力、协调精神、忠诚程度等为考核内容，对采购人员的激励及工作绩效的提升，并无太大作用。如果能以目标管理的方式，即从各种工作绩效指标当中，选择当年度重要性比较高的3～7个项目订为目标，年终按实际达成程度加以考核，则必能提升个人或部门的采购绩效，并且因为摒除了“人”的抽象因素，以“事”的具体成就为考核重点，也比较客观、公正。

不定期的绩效评估是以专案方式进行的。例如，企业要求某项特定产品的采购成本降低10%。当设定期限一到，即评估实际的成果是否高于或低于10%，并就此成果给予采购人员适当的奖惩。这种评估方式对采购人员的士气有相当大的提升作用，特别适用于新产品开发计划、资本支出预算、成本降低专案等。

学习笔记

通过学习本章内容，想必您已经掌握了不少学习心得，请仔细记录下来，以便继续巩固学习。如果您在学习中遇到了一些难点，也请如实写下来，方便今后重复学习，彻底解决这些难点。

我的学习心得

1. ________________
2. ________________
3. ________________
4. ________________
5. ________________

我的学习难点

1. ________________
2. ________________
3. ________________
4. ________________
5. ________________

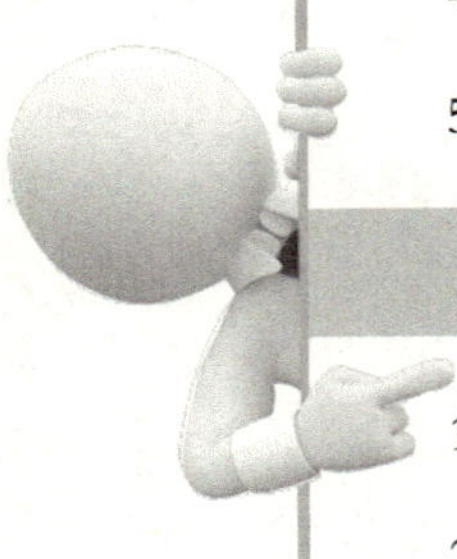

我的运用计划

1. ________________
2. ________________
3. ________________
4. ________________
5. ________________

第10章 供应商管理要点

供应商管理是采购管理中的一个关键问题，它在实现准时化采购中有很重要的作用。那么，如何进行供应商管理、实现合作双赢，是采购经理工作中的重点内容。

学习指引

供应商分类

供应商行业特征

- ◆五金部件
- ◆塑胶行业
- ◆五金产品

寻找供应商

- ◆利用现有的资料
- ◆公开征求的方式
- ◆通过同业介绍
- ◆阅读专业刊物
- ◆协会或采购专业顾问公司
- ◆参加产品展示会
- ◆上搜索引擎
- ◆上行业网站

供应商调查

- ◆初步供应商调查
- ◆资源市场调查
- ◆深入供应商调查

供应商评审

- ◆供应商初审
- ◆样件确认
- ◆现场审核
- ◆供应商选定

供应商考核

- ◆考核项目
- ◆供应商评分
- ◆实施考核
- ◆考核结果处理

供应商维护

- ◆合理使用供应商
- ◆建立供应商会见制
- ◆建立供应商激励机制
- ◆对供应商进行扶持
- ◆防止供应商垄断

10.1 供应商分类

一家企业的供应商有很多，通常可以分为三类，如图10-1所示。

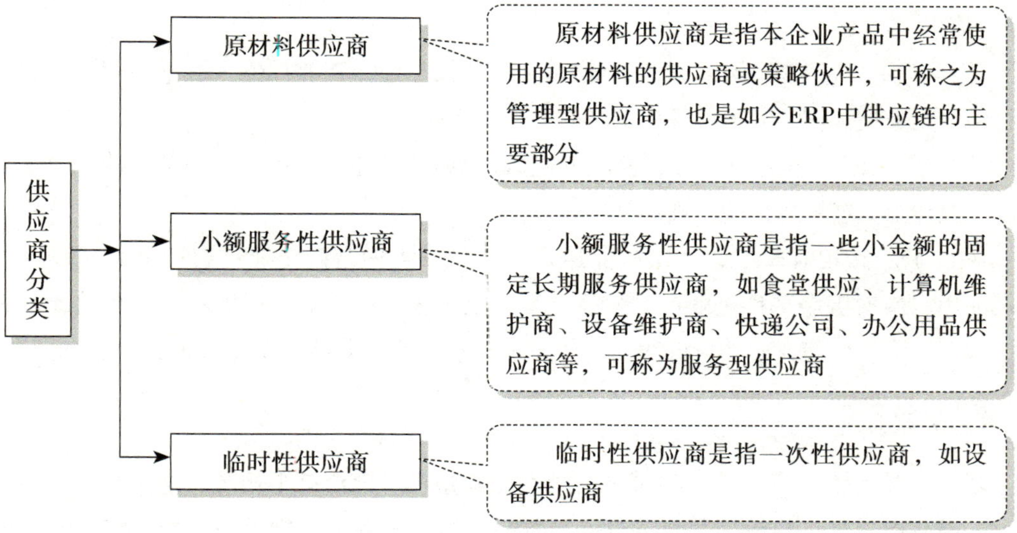

图10-1　供应商分类

10.2 供应商行业特征

在选择或管理供应商时，采购人员应对供应商相应的行业特质有所熟悉，否则无法全面地了解供应商的能力及品质，也无法有效地达到适质、适价、适时、适地的采购要求。

1. 五金部件

五金部件分很多种，根据其最终配为成品的不同，也会有一定的差异，如灯饰五金、机械五金、小五金配件等。其行业特征如下。

（1）产品工艺相对简单，其加工工序直接同机械设备挂钩，有些产品可能还需要电镀或防锈处理。

（2）内部人员基本上都是经验型的，在新产品开发上相对较弱。

（3）大多数企业一般都只能发展到500人左右。

（4）主要设备是冲床、铣床、车床、刨光机台等各种机械设备。

（5）行业利润相对较高，正常状况下都有20%～30%的利润，但浪费也很大。

（6）现场管理很重要，如现场管理不好，很容易导致混料。

（7）客户很多且分散，一个客户的单张订单通常也不会很大，很少有单一订单可以生产半个月以上的时间，因此集中某一两个客户的机会很少。

（8）国产通用件的企业会较多，甚至很多产品是国标的，因此很多企业在生产国标件时，都会备一些库存。

（9）一些非标件，企业都不会备库存，同时生产的速度也很快，因此下单给此类企业，时间不需要太长，但给供应商的规格要求一定要非常清楚，否则会对下单企业产生很严重的影响。

（10）由于企业规模小，其管理体系不一定很严谨，在非标件上容易出问题，因此要下订单给此类型客户，来料检验人员必须有一定经验。

（11）该类型产品的检验设备除了各种常规标准之外，还需要有一定的特检，如盐雾实验、各种拉力或弹力试验、硬度计等。

（12）产品相对简单，其供应商通常都会是较大的基础工业材料产品商。不同的供应商的原材料对五金部件企业产品的品质有着至关重要的影响，因而在下订单给此类企业时，一定要注明所用材质，也可注明一些技术要求，让该类供应商去选择。

2. 塑胶行业

塑胶产品的主要工序就是将买来的胶粒经注塑机一定温度下熔解，通过注塑机的压力挤压到模具中成形，出模后稍经冷却去掉水口，再让作业人员把毛边除去，需要丝印的则多一道丝印工序，如不需要则可以包装。其行业特征如下。

（1）该类供应商都不大，一般有300～400人的规模就较大了。

（2）最大的品质问题为原胶粒是否有品质差异、胶粒配色、模具是否有变异等三大类。

（3）大多数中小型塑胶厂一般都有几个稳定的大客户，且订单会占到整张订单的70%以上。如果是大型工厂，其几个稳定的大客户也会占到整张订单量的50%以上，否则就是该厂做得不够专业或管理有问题。

（4）材料厂在供应管理上较为简单，其主要原因是它的原材料种类很少，主要供应的就是胶粒和包材。

（5）因受其生产工序特点的影响，其设备管理相对较为重要，一定要经常维护或保养，最好能做到保养预知和预知保养。

（6）所使用的胶粒对生产成本影响较大，要特别注意胶粒的选用与配置，还有一些水口料的搭配使用比例。

（7）生产技术的关键点如下。

①模具开发是否完善（主要是看模具设计能力是否强，是否考虑周全）。

②产品从注塑机上取出的冷却过程（在什么样的室温、什么料性、多大料等条件下，取出后在空气中需要停几秒初步冷却，再用什么样的方式冷却及冷却多久）。

（8）采购人员下订单给该类供应商时要注意模具是由谁开。行业中存在一个不成文的规矩——最开始下某规格订单时，客户必须提供模具或模具费；当该规格订单到一定数量时，模具或费用可以退还。

（9）在现场管理中，现场的清洁和温度是塑胶厂的重点。

3. 五金产品

五金产品行业，包括生活消费品和大型机械厂，其制程工序除了具有五金小部件的加工工序外，还可能会增加一些其他工艺，如切割、压铸、丝印、电镀、烤漆、上胶、专用包装及运输、配合其他一些部件（塑胶件、木制品部件）的组装等。

（1）大部分企业都具有地方特色，即所做的产品都是最终消费品，一般都在本地区附近行销，但发展的理想目标都是形成品牌行销，在全国乃至全世界行销。

（2）企业通常都不大，管理体系通常不够完善，品质停留在事后检验状态，品质观念也不强，各企业之间的竞争程度不是很激烈。

（3）大多数企业无自己的行销队伍或渠道，甚至只是自行联系一些批发市场或超市。这类企业很多都非常希望做一些大企业的代加工（OEM），而在国际市场中，做此类产品的企业绝大多数都是一些大型连锁商场的供应商。

（4）其原料成本受原料影响很大，如自行做最终市场的企业，市场上同一产品的销售价格通常不能变，做OEM的企业还有可能作一些调整。因而该类企业会经常推出一些新的产品，以保证总体利润空间。

10.3 寻找供应商

如何选定合适的供应商，是许多企业与机构的采购部门或采购经理最重要的职责之一。一般而言，供应商越多，采购人员选择合适供应商的机会就越大。寻找供应商，通常可通过下列各种途径来进行，如图10-2所示。

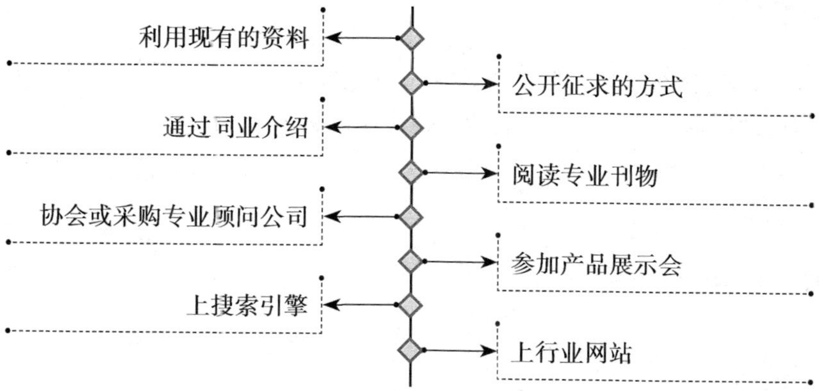

图10-2　寻找供应商的途径

1. 利用现有的资料

管理较完善的企业，多会建立合格供应商的档案或名册，因此采购人员可以直接在现有供应商中甄选，分析或了解它们是否符合要求——适当的品质、准时的交货、合理的价格及必需的服务等。

2. 公开征求的方式

政府机构偏好以公开招标的方式来寻找供应商，使符合资格的供应商均有参与投标的机会。不过，企业通常比较少用此种方式，因为这是被动地寻找供应商。换而言之，如果适合的供应商不主动来投标，恐怕就会失去公开征求的意义。

3. 通过同业介绍

所谓“同行是冤家”是指业务人员之间因为彼此间争夺客户，尔虞我诈。反之，同行的采购人员倒是“亲家”，因为彼此可以联合采购或互通有无。采购人员如能广结善缘，同业必乐于提供供应商的参考名单。

4. 阅读专业刊物

采购人员可从各种专业性的报刊上，获悉许多产品的供应商，也可以从《采购指南》《工商名录》《黄页》的电话分类广告中，获得供应商的基本资料。

5. 协会或采购专业顾问公司

采购人员可以与拟购产品的同业协会洽谈，让其提供会员供应商名录。此外，也可联系专业的采购顾问公司，特别是需要采购来源稀少或取得不易的物品时，如精密的零件。

6. 参加产品展示会

采购人员应参加有关行业的产品展示会，亲自收集适合的供应商资料，甚至当面洽谈。

7. 上搜索引擎

首先通过百度、Google、一搜等来搜索，再根据地区筛选，然后根据地理位置、企业规模、网站情况及所需物料是否为其企业主打产品来选择合适的厂家，最后电话联络。

如果运用“贸易在线”，采购人员则可用贸易通来沟通，因为有些物料在电话里是说不清楚的，这时就需要图片来说明。

8. 上行业网站

每个行业都有大量的行业专业网站，提供大量的采供信息，采购人员可以根据自己所从事的行业搜索相关的行业网站，这将对采购提供很多专业的帮助。

10.4 供应商调查

供应商调查主要分为三个步骤，如图10-3所示。

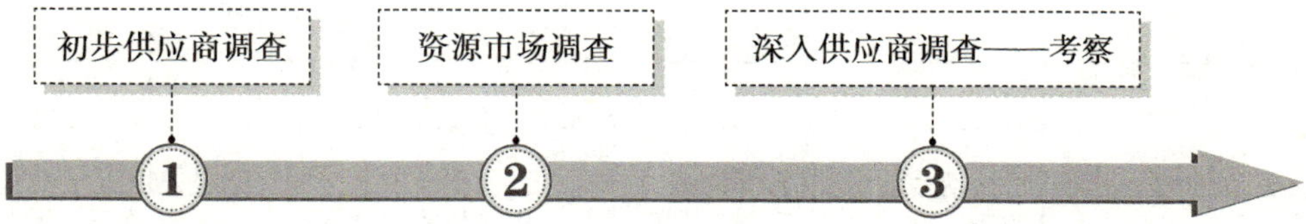

图10-3 供应商调查的步骤

1. 初步供应商调查

所谓初步供应商调查，是指对供应商基本情况的调查，主要是了解供应商的名称、地址、生产能力、能提供什么产品、能提供多少、价格如何、质量如何、市场份额有多大、运输进货条件如何。

（1）初步供应商调查的方法

初步供应商调查一般可以采用访问调查法，通过访问有关人员而获得信息。例如，可以访问供应商的市场部有关人士，或者访问有关用户、有关市场主管人员以及其他知情人士。通过访问建立起供应商卡片。卡片格式如表10-1所示。

表10-1 供应商卡片

<table>
<tr><td>公司名称</td><td colspan="2"></td><td>公司地址</td><td colspan="2"></td></tr>
<tr><td>负责人</td><td></td><td>电话</td><td></td><td>传真</td><td></td></tr>
<tr><td>创建日期</td><td></td><td>品管负责人</td><td></td><td>企业性质</td><td></td></tr>
<tr><td>人员数量</td><td></td><td>生产负责人</td><td></td><td>注册资本</td><td></td></tr>
<tr><td>工商登记号</td><td></td><td>税务登记号</td><td></td><td>转厂核销</td><td>□可 □否</td></tr>
<tr><td>营业项目</td><td colspan="3"></td><td>增值税发票</td><td>□有 □无</td></tr>
<tr><td colspan="3">主要产品：</td><td colspan="4">通过何种品质系统认证
1.
2.</td></tr>
<tr><td colspan="7">技术力量</td></tr>
<tr><td colspan="7">人力资源</td></tr>
<tr><td></td><td>研究生</td><td>本科生</td><td>大专</td><td>中专</td><td>高中</td><td>初中</td></tr>
<tr><td>人数</td><td></td><td></td><td></td><td></td><td></td><td></td></tr>
<tr><td>比例</td><td></td><td></td><td></td><td></td><td></td><td></td></tr>
</table>

（续表）

主要设备资源						
序号	名称	型号	购买日期	产量/小时	设备供应商	设备数量

注：以上资料请如实填写，本公司将派人至贵厂核实，此资料将作为评估“合格供应商”的依据。

（2）初步供应商分析

初步供应商分析即利用供应商初步调查的资料进行供应商初步分析，其目的是比较各供应商的优势和劣势，初步选择可能适合企业的供应商。

初步供应商分析的主要内容如图10-4所示。

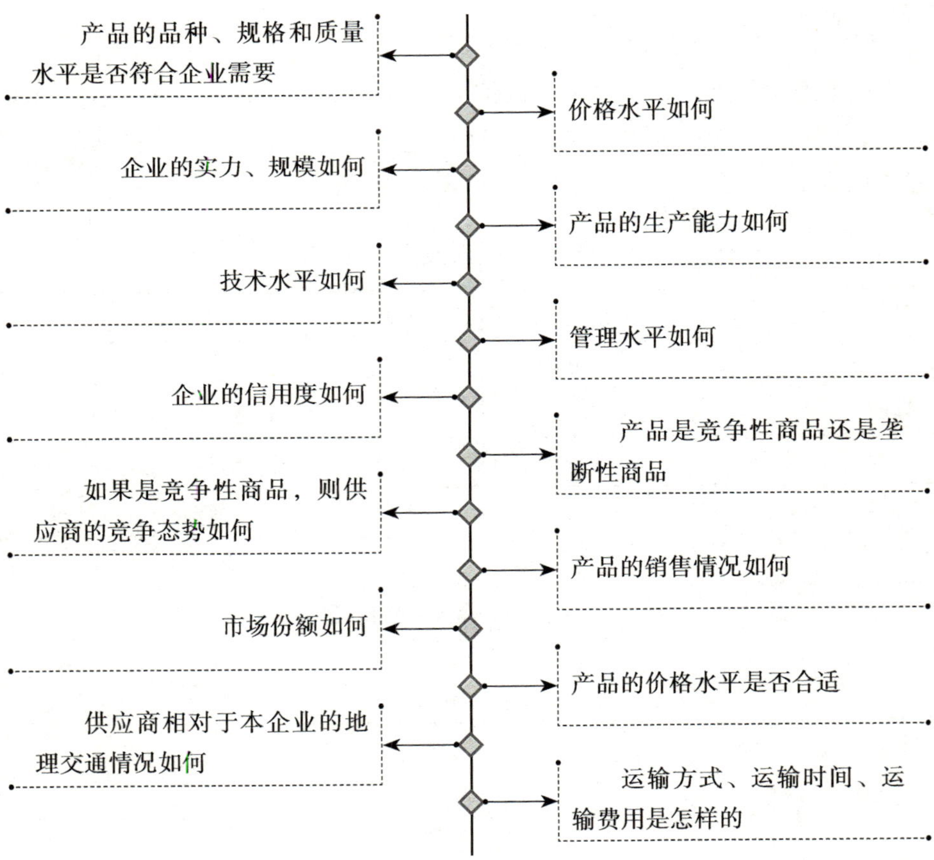

图10-4　初步供应商分析

在进行以上分析的基础上，为选定供应商提供决策支持。

2. 资源市场调查

（1）资源市场调查的内容

初步供应商调查是资源市场调查的内容之一，但资源市场调查不仅只是供应商调查，还应当包括以下一些基本内容，如表10-2所示。

表10-2　资源市场调查与分析表

序号	项目	具体内容	实际情形
1	资源市场的规模、容量、性质	（1）资源市场究竟有多大范围 （2）有多少资源量 （3）多少需求量 （4）是卖方市场还是买方市场 （5）是完全竞争市场、垄断竞争市场还是垄断市场 （6）是一个新兴的成长的市场，还是一个陈旧的没落的市场	
2	资源市场的环境如何	（1）市场的管理制度、法制建设、市场的规范化程度如何 （2）市场的经济环境、政治环境等外部条件如何 （3）市场的发展前景如何	
3	资源市场中各个供应商的情况如何	（1）资源市场的生产能力 （2）技术水平 （3）管理水平 （4）可供资源量 （5）质量水平 （6）价格水平 （7）需求状况以及竞争性质等	
综合分析结论：			

（2）资源市场分析

资源市场调查的目的，就是要进行资源市场分析。资源市场分析对于企业制定采购策略以及产品策略、生产策略等都有很重要的指导意义。

资源市场分析的内容主要有三点，如图10-5所示。

内容一

要确定资源市场是紧缺型的市场还是富余型市场，是垄断性市场还是竞争性市场。对于垄断性市场，企业应当采用垄断性采购策略；对于竞争性市场，企业应当采用竞争性采购策略，例如采用招标投标制等

内容二

要确定资源市场是成长型市场还是没落型市场，如果是没落型市场，则要趁早准备替换产品，不要等到产品被淘汰了再去开发新产品

内容三

要确定资源市场总的水平，并根据整体市场水平来选择合适的供应商。通常要选择在资源市场中处于先进水平的供应商、选择产品质量优而价格低的供应商

图10–5　资源市场分析的内容

3. 深入供应商调查

经过初步供应商调查和资源市场调查后，采购人员应对准备发展为自己的供应商的企业进行更加深入仔细的考察活动，即深入供应商调查。

（1）适用情况

进行深入的供应商调查，需要花费较多的时间和精力，调查的成本高，并不是所有的供应商都是需要的。它只在以下情况下才需要。

①准备发展成紧密关系的供应商。例如，在进行准时化（Just In Time，JIT）采购时，供应商的产品准时、免检、直接送上生产线进行装配。

②寻找关键零部件产品（特别是如精密度高、加工难度大、质量要求高、在企业的产品中起核心功能作用的零部件产品）的供应商。

小贴士

除了以上两种情况之外，对于一般关系的供应商或者非关键产品的供应商，采购人员一般可以不必进行深入的调查，只要进行简单初步的调查就可以了。

（2）调查阶段

在具体实施深入调查时，可分成三个阶段：样品检验阶段、进行生产和管理过程的全面考虑阶段，以及对供应商提出改进措施并限期改进阶段。其具体说明如图10–6所示。

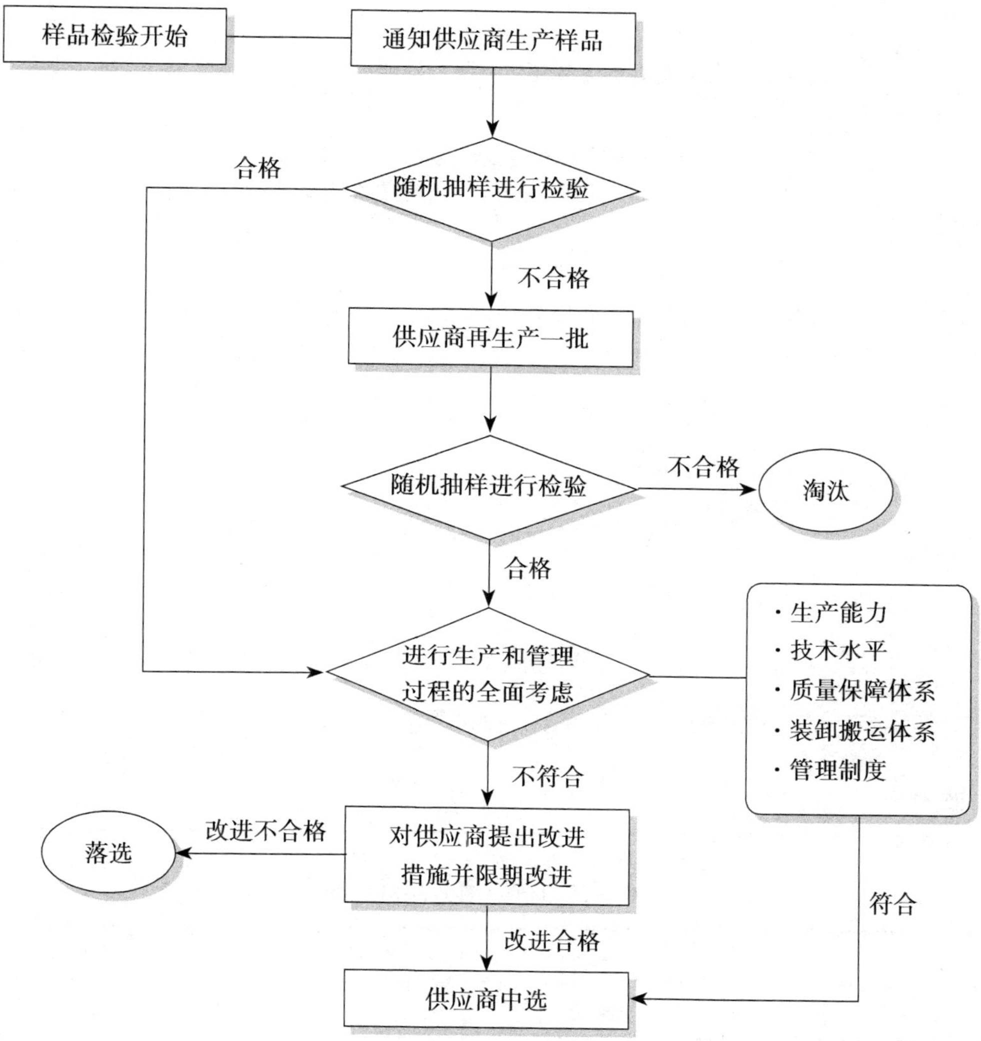

图10–6　深入调查供应商工作流程

（3）深入调查的注意事项

深入调查进入到第二阶段的时候，采购人员可能要进行现场验厂。验厂主要是为了验证供应商质量维持能力以及供应能力。验厂分两部分：一是文件审阅，查看质量控制系统是否完善；二是现场查看，验证供应商的现场操作是否按照质量系统执行。主要内容应该考虑到产品设计开发、产品质量控制、产品质量保障三大内容。验厂的步骤如图10–7所示。

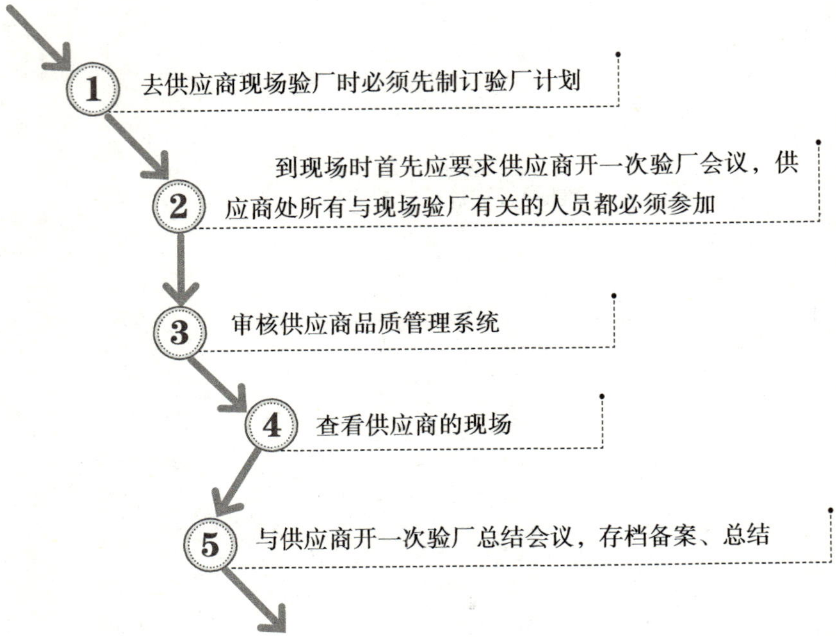

图10-7　验厂的步骤

下面是某企业供应商验厂计划表范本，仅供参考。

范本

××公司供应商验厂计划表

××公司供应商验厂计划				
供应商	日期	审核员		
××	2016年11月6日	××	××	××
计划安排： 9：00～9：30，首次会议 9：30～10：30，审核品管部 10：30～11：00，审核采购部 13：30～14：00，审核技术部 14：30～15：00，审核生产部 15：00～16：00，审核生产现场 16：00～17：00，末次会议 要求各部门主要负责人参加				
审核员：×××				

10.5 供应商评审

供应商评审的步骤如图10-8所示。

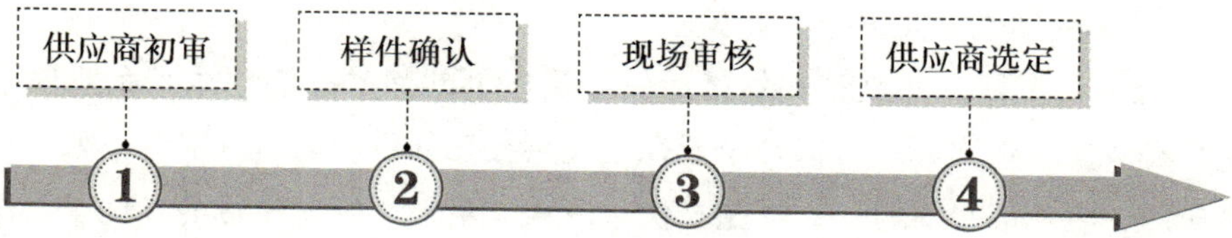

图10-8 供应商评审的步骤

1. 供应商初审

供应商初审即对收集来的供应商进行审核、筛选，以选拔出初步适宜的供应商。供应商初审的两个步骤如图10-9所示。

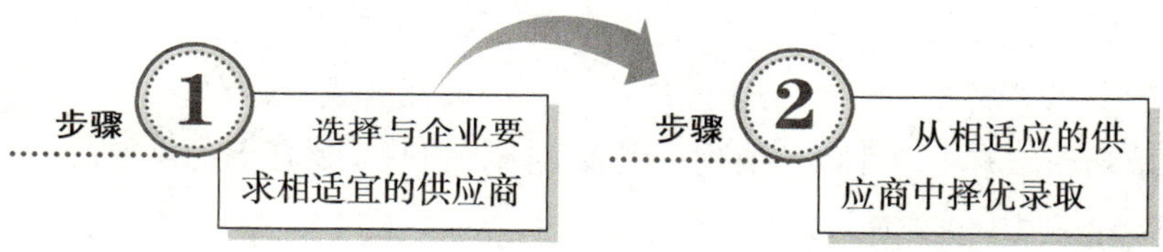

图10-9 供应商初审的步骤

（1）选择与企业要求相适宜的供应商

即对照企业的需求标准来选择与企业要求相适宜的供应商，如表10-3所示。

表10-3 供应商与企业标准对比

项目	企业要求标准	供应商A	供应商B	供应商C	供应商D	供应商E
质量	A级	A级	A级	B级	A级	A级
价格	单价：8元	单价：7元	单价：6元	单价：9元	单价：8元	单价：6元
交货期	10天	8天	11天	6天	6天	9天
服务	A级	A级	B级	B级	B级	A级
位置	本省	本省	外省	本市	本省	本市

注意：B级比A级差，单价越低越小。

分析：如何选择供应商呢？

首先将供应商与企业要求进行对比。

A供应商，完全符合要求。

B供应商，位置与交货期不符合。

C供应商，质量与服务不符合。

D供应商，服务不符合。

E供应商，完全符合要求。

所以结论为：A、E供应商入选。

（2）从相适应的供应商中择优录取

一般来说，一个行业的兴起必然带动一个供应链的兴起，能够达到企业要求的供应商不可能只有一家，但实际上可以与企业存在经营往来的供应商是有限的。如何选出有限的几个供应商，在业界最流行的方法是择优录取法。不过，企业流行的择优录取法方式不一，主要有以下几种。

方法一：质量优先法。

通过制定供应商选拔最低标准，可以确定供应商的候选名单，质量优先法即从这些候选名单中按照供应物料质量最优的方法来录取。如果供应物料的质量相同，便对供应物料的价格进行对比，选取供应物料价格最低的供应商。如果价格相同便对供应物料的交货期进行对比，选择交货期短的供应商。

方法二：价值优先法。

价值，是指我们采购产品对企业的价值，是以最低的成本，在理想的地点、时间发挥出产品的需求功能。有些企业以价值理论出发去选择执行采购任务的供应商。

价值理论公式为：$V=F\div C$

其中，F——Function：功能重要性系数；C——Cost：成本系数；V——Value：功能价值系数。

例如，电视机厂家在生产电视机配件螺丝的时候，螺丝有铁的，有铜的。其中，铁螺丝的成本为0.2元，而铜螺丝的成本为0.3元，但两者的功能相同。所以，从价值角度出发在选择螺丝的时候最好选择铁螺丝。

某大型原油冶炼企业在采购原油上运用了采购价值理论分析。

该企业有两种选择：一是选择A种油；二是使用B种油。A种油的热值为8 000J，单价是78美元/桶，B种油热值为6 000J，单价是60美元/桶。

代入价值公式：

A种油：$V=F\div C=8\,000\div 78=102$（美元）

B种油：$V=F\div C=6\,000\div 60=100$（美元）

从价值公式的核算中可以看出，购买A种油要优于购买B种油，由于受到地缘政治影响，原油价格出现波动。

A种油单价变为100美元/桶，B种油的单价变为71美元/桶。

代入价值公式：

A种油：$V=F\div C=8\,000\div 100=80$（美元）

B种油：$V=F\div C=6\,000\div 71=84.51$（美元）

从价值公式的核算中可以看出，购买B种油要优于购买A种油。

2. 样件确认

一般来说，企业在确定供应商之前，要求供应商提供样件，以证实供应商的物料质量。

下面是某企业样件检验和确认记录表范本，仅供参考。

范本

样件检验和确认记录表

检验部门：来料处检验　　　　日期：2016年1月10日

<table>
<tr><td colspan="2">物料名称</td><td>花洒</td><td>供应商名称</td><td colspan="3">某花洒厂</td></tr>
<tr><td colspan="2">规格/型号</td><td>Q26</td><td>供应商编号</td><td colspan="3">0023</td></tr>
<tr><td colspan="2">样件数量</td><td>10个</td><td>检验日期</td><td colspan="3">1月10日</td></tr>
<tr><td colspan="2">检验工序</td><td>来料处</td><td>检验员</td><td colspan="3">王××</td></tr>
<tr><td>序号</td><td>检验项目</td><td>产品质量/技术要求</td><td>测量设备</td><td>检验方法</td><td>检验数据</td><td>判定</td></tr>
<tr><td>1</td><td>分波环</td><td>呈锥状散射
水线无连片，内收
水线强弱和散射面大小应变化明显</td><td>试水机</td><td>人工试水</td><td>9个合格</td><td>合格</td></tr>
<tr><td>2</td><td>分水嘴</td><td>呈锥状散射
水线成簇，规则交叉
水线强弱和散射面大小应变化明显</td><td>试水机</td><td>人工试水</td><td>10个合格</td><td>合格</td></tr>
<tr><td>3</td><td>分水旋钮</td><td>从水线到瀑布连续切换
呈锥状散射
水线无连片，内收</td><td>试水机</td><td>人工试水</td><td>10个合格</td><td>合格</td></tr>
<tr><td>备注</td><td colspan="6"></td></tr>
<tr><td colspan="2">核准</td><td colspan="3">审查</td><td colspan="2">制表</td></tr>
<tr><td colspan="2">品管经理：××</td><td>××</td><td>××</td><td>××</td><td colspan="2">××</td></tr>
</table>

3. 现场审核

现场审核要组成评审小组、制订评审计划，并告知供应商时间以及程序安排。

（1）现场审核计划

在执行供应商审核前必须制订审核计划。审核计划必须包括两项内容，如图10-10所示。

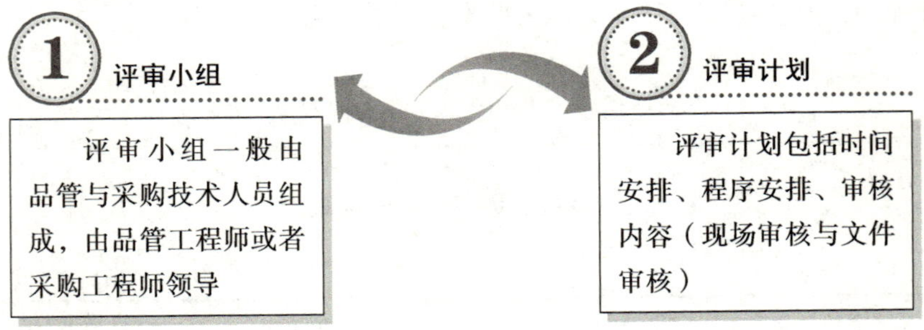

图10-10　现场审核计划内容

下面是某企业现场审核计划表范本，仅供参考。

范本

现场审核计划

日期：2016年1月11日
审核人员：××（品管工程师）、××（采购工程师）
被审企业：有限公司
以下是时间安排。

时间	审核项目	参与人员
8：30～9：00	审核前会议	供方总经理 供方各部门负责人 供方品管工程师 我方审核人员
9：00～9：30	（1）供方处是否为最新更改水平的图纸 （2）供方处图纸是否完整（耐久性、几何尺寸、外观、测量数据记录、产品关键特性） （3）所有相关技术文件、资料、标准及政府法规是否齐全 （4）是否应用了所有技术标准、零件技术标准、下级零件技术标准	供方技术部全体成员

（续）

（续表）

时间	审核项目	参与人员
9：30～10：30	（1）过程流程图是否可以接受 （2）有无过程控制计划 （3）是否所有“现行过程控制”项目均在控制计划中具体规定 （4）控制计划中所有的项目是否明确检测方法、频次和样本数 （5）各工位检验频次和样本数是否合理	供方品管部经理
10：30～11：00	（1）原材料及零件，供方是否已经批准 （2）在生产使用前能否确保使用合格的（原）材料	供方采购部经理
13：00～15：00	（1）当零件有追溯性要求时，是否可实现零件到最终产品的追溯 （2）工作场所布置是否适当并与流程图一致 （3）所有工装、量具是否可获得并正确标示、标定和验证 （4）各工位有无适当的操作指导书以确保正确进行操作 （5）是否所有量具、检具都附有操作指导书并置于明显位置 （6）操作人员是否正确理解操作指导书，操作人员是否经适当培训 （7）是否有标准样品以确认检验和防错设施是否正常工作 （8）有无针对设备和工装、辅助设备的预防性维修计划，是否按计划实施 （9）操作指导书是否与控制计划一致 （10）是否按照规定实施了相关的检验和试验 （11）操作者是否注意到产品的关键特性	供方生产现场管理人员
15：00～16：00	（1）对每一种产品或技术是否都有合格的二级供应商清单 （2）选择新的二级供应商、取消或限制现有二级供应商的程序是怎样的 （3）对于不受来料检验控制的物料、原材料，对每一批交货是否有专门的控制，或检验文件或是否有已得到认可的二级供应商所提供的合格报告	供方采购部经理与来料处主管

（续）

（续表）

时间	审核项目	参与人员
15：00～16：00	（4）在把外购件或原材料用于被评审产品的制造之前，如何对其进行认可 （5）如何防止更改后的材料或零部件与更改前的材料或零部件混用 （6）是否确定并执行不合格品管理办法 （7）是否对控制计划中规定使用特性控制检验交付的产品实施了检验？并对以后的产品定期抽检，实施变量控制和统计分析 （8）对于待检、已收、退货和待处理的零部件或原材料，是否有隔离制度	供方采购部经理与来料处主管
16：00～17：00	（1）在生产启动前，供应商是否得到了客户的认可？现在采用的工艺是否与顾客批准的一致 （2）如果是采用组合模具或经过多腔模制造的零件，则应对模具的每腔/每副模具进行认可 （3）重要特性的检测/试验数据是否记录并存档？在生产启动/建立初期，是否已经确认产品符合技术规范？所使用的原材料、半成品与所确认的是否一致 （4）在生产流程中的产品、零件、半成品、原材料都是否正确标示？摆放位置与检验状态是否对应？如果有要求的话能否保证其可追溯性 （5）是否所有内部的和客户抱怨的质量趋势（报告、索赔、故障等）都被有效地监控、及时更新并且符合相应的指标	供方生产部经理
17：00～17：30	审核结束会	供方总经理 供方各部门负责人 供方品管工程师 我方审核人员

（2）供应商审核报告

现场审核完毕过后，需要对审核结果作出评判，并得出审核报告，以便供应商修正，同时也为己方提供选拔依据。

下面是某企业供商审核报告范本，仅供参考。

范本

××企业供应商审核报告

审核目的	××企业质量管理体系符合性和供货能力（含质量和交货期）、环境及职业安全健康管理状况
审核性质	第二方审核
审核依据	ISO 9001标准、ISO 14001标准、OHSAS 18001标准、适用法律法规等
审核范围	××企业生产和服务覆盖的部门和过程，重点是ISO 9001质量管理体系标准所要求的各过程及涉及的各职能部门
审核时间	2016年1月11日
审核成员	×××、×××
参加人员	××企业各部门负责人
审核综述	××企业目前有员工500人左右，生产的化学品有800多种，为我企业提供的产品主要为电镀原液和电镀添加剂等，与我企业已有4年的合作关系。该供应商采用先进的SAP管理系统，先后通过了ISO 9001、ISO 14001、OHSAS 18001、5S等认证，该企业的技术服务中心实验室也于××年顺利通过了ISO/IEC 17025认可，且有专门的QC实验室对进料和成品进行质量检验与控制。 （1）目标指标达成情况：该企业2016年的部分目标包括客户对进口化学成品及相关业务的投诉率小于____%（按进口批次计）、承诺准时交货率不低于____%、产品一次检验不合格率小于____%。但1～8月份对这三项目标的统计数据显示，每个项目中均有不达标情况出现，针对连续不达标的项目，有相应的原因分析及改善措施，且随后的目标统计数据表明所采取的措施是有效的，但针对个别目标所制定改善措施的有效性验证应进一步跟进 （2）客户满意度方面：虽然客户满意度未纳入该企业的目标管理中，但2016年有对客户满意度进行调查，并对调查的结果有统计、分析，对分析结果中有待改进的地方，该企业已制定相应的改善措施 （3）监视和测量装置的控制：大多数的检验装置均有计量或校准，并有相应的维护保养，但在中试车间发现一台磅秤未见计量标志，同时在生产现场看到的所有压力表、流量表等管道或设备上所带的仪器仪表没有计量或校准；部分检验和生产装置有大量的锈迹，特别是用于检验用的精密分析天平和其他较精密的检验设备 （4）文件和记录的控制：现行使用管理体系为多合一体系，包括质量、健康、环境、安全、5S，共有41个程序文件，三级指导操作类文件和四级记录类文件。大多为电子档在SAP管理软件中管理，只有个别三级文件在工作现场张贴使用。但在技术服务中心材料实验室现场发现X-RAY镀层厚度测试仪的内部校准记录填写不规范，有用铅笔、红色墨水笔填写的现象，且有随意涂改之处

（续）

（续表）

审核综述	（5）产品的监视和测量：进料和成品均按体系要求进行了检验及不良品的处理，所检验的进料和成品留样时间分别为2年和3年 （6）职业健康安全方面：企业对入职和离职的员工均进行了体检；在仓库车间明显的地方放置有灭火柜，且外包给专门企业进行定期的点检；在现场发现配有药箱，且生产员工和实验人员大多都能自觉地佩戴防护用具，但在生产一车间个别正在操作的员工未按要求佩戴防护眼镜 （7）环境控制方面：该企业对运行中产生的废水进行分类处理，且在排放前对处理过的废水进行检测；对强腐蚀性物质有专门的储存区（地面低于周边区域）
审核结论	根据该企业的规模、管理与发展现状，结合它以往的供货质量和按时交货率状况，可继续保持与该供应商的合作关系
审核建议	（1）加强对个别员工健康安全防护意识的培训；加强实验室工作现场的5S管理和检验装置的管理 （2）完善对部分重要生产用仪器仪表进行计量或校准
审核员	×××

4. 供应商选定

通过供应商的初审、样品验证以及重要物料供应商的现场审核，基本上可以锁定所要求的供应商了。一般的程序为将锁定的供应商列入合格供应商名录并制定供应商卡片，与其保持物料交易关系，并在日后交货中进行考察。

合格供应商名录如表10-4所示。

表10-4　合格供应商名录

______年____月____日

序号	厂商编号	名称	联系方式	供应材料	最后复查时间	备注

10.6 供应商考核

1. 考核项目

通常从价格、品质、交货期交量和配合度（服务）几个方面来考核供应商，并按百分制的形式来计算得分。至于如何配分，各企业可视具体情况自行决定。

（1）价格

根据市场同类材料最低价、最高价、平均价自行估价，然后计算出一个较为标准、合理的价格。

（2）品质

①批退率。根据某固定时间内（如一个月、一季度、半年、一年）的批退率来判定品质的好坏。批退率越高，表明其品质越差，得分越低。

②平均合格率。根据每次交货的合格率，再计算出某固定时间内合格率的平均值来判定品质的好坏。合格率越高，表明品质越好，得分越高。

③总合格率。根据某固定时间内总的合格率来判定品质的好坏。合格率越高，表明品质越好，得分越高。

（3）交货期交量

①交货率。交货率越高，得分就越多。

②逾期率。逾期率越高，得分越少；逾期越长，扣分越多；逾期造成停工待料，则要加重扣分。

（4）配合度（服务）

在配合度上，应配备适当的分数，服务越好，得分越多。

将以上三项分数相加得出总分，为最后考核评比分数，以此来考核供应商的绩效。

2. 供应商评分

为了管理和运算的方便，在总体评分架构上，一般都采用设定总分为100分，各主项的权重（或称比重）用百分比来设定的方法。

检验供应商总评分，应先设定交货品质评分、配合状况评分、管理体系评分、其他项目评分的权重（或称比重），然后在计算评分时，按各项的得分状况加权计算评分。其计算公式为：

总评分＝（交货品质评分×交货品质权重）+（配合状况评分×配合状况权重）
+（管理体系评分×管理体系权重）+（其他项目评分×其他项目权重）

3. 实施考核

定期于季末或年末对供应商进行考核，考核的标准权重可应事先让供应商确定下来，同时，要求各相关部门平时将与供应商有关的资料进行记录并予以保存。

4. 考核结果处理

依据评价考核的结果，给予供应商升级或降级的处分，给予其优先议价、优先承揽的奖励，或予以拒绝往来的处分。

（1）奖励

①评选绩优者，优先取得交易机会。

②评选绩优者，优先支付货款或缩短承兑期。

③对于推行改善成果显著者，给予奖励。

④供应商享受各项培训、研习及考察的参加机会。

⑤颁奖。

⑥聚餐。

（2）资格重估

发生下列事项时，供应商的资格应重估（也为“追踪”调查的范围），如图10–11所示。

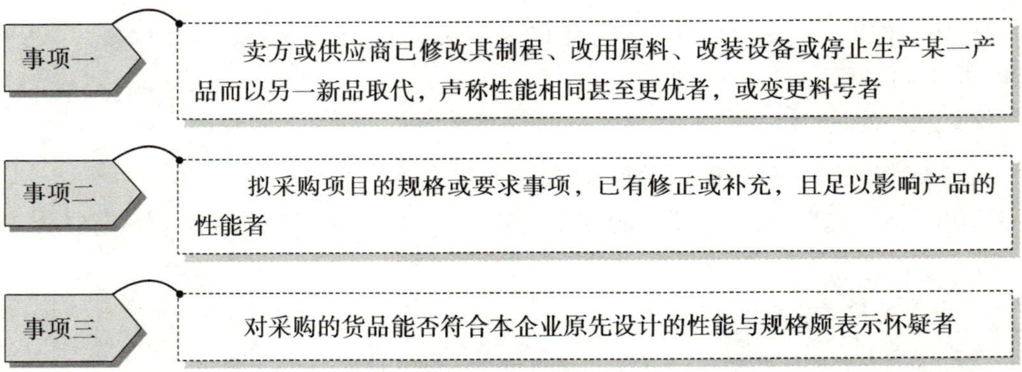

图10–11　供应商资格重估的事项

（3）取消供应商资格

发现品质或交货行为不合标准时，可随时对该供应商的资格重新调查并改善缺失。如无法改善则可提出淘汰的申请，征询各部门意见，确定后填合格供应商名册，在名单中降级或取消该供应商资格。

如完全取消供应商供货资格，则将其列入降级不合格供应商名册（简称黑名单）内，在一年内不再予以审核。不合格供应商名册由采购部负责维护更新，并分发给各相关部门。

10.7　供应商维护

采购方通过各项合理的措施与供应商建立长期、紧密的业务关系，可降低采购成本，最终实现企业与供应商的双赢。采购经理在对供应商进行维护时应注意以下几点，如图10–12所示。

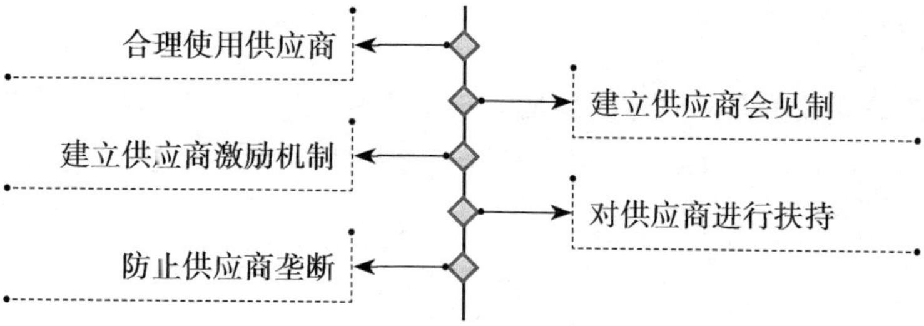

图10-12　供应商维护的要点

1. 合理使用供应商

供应商经过评审成为企业的正式供应商之后，就要开始进入日常的物资供应运作程序。

（1）签订一份正式合同。

（2）建立一个合作框架。

（3）合作目的应为“共赢”。

2. 建立供应商会见制

在与供应商建立合作关系以后，为了规范采购和提高采购质量，采购经理应在同供应商接洽中建立严格的供应商接待制度。供应商接待制度包括三方面要求，如图10-13所示。

要求一　接待时间要求

为了保证采购人员有足够的时间去进行市场调查并制订采购计划，而不是将绝大多数时间、精力花在接待供应商上，企业可确立供应商接待日，最好在采购小组召开例会的前一天，以便新物料采购的审核工作能及时进行，尽快给供应商一个是否进一步谈判的答复

要求二　接待地点要求

为了规范采购人员和供应商的行为，接待地点一般定在企业采购部供应商接待室，不要在供应商提供的会议室，更不要在供应商的招待宴席上或娱乐场所中洽谈业务

要求三　洽谈内容要求

首先要按采购的物料类别设置专职洽谈人员，负责接洽相关类别供应商；同时洽谈内容要紧紧围绕采购计划、促销计划和供应商文件进行，不能随意超越权限增加商品谈判内容

图10-13　建立供应商会见制的要求

3. 建立供应商激励机制

要保持长期的双赢关系，对供应商的激励是非常重要的。没有有效的激励机制，就不可能维持良好的供应关系。对供应商的激励与控制应当注意以下几方面的工作，如图10-14所示。

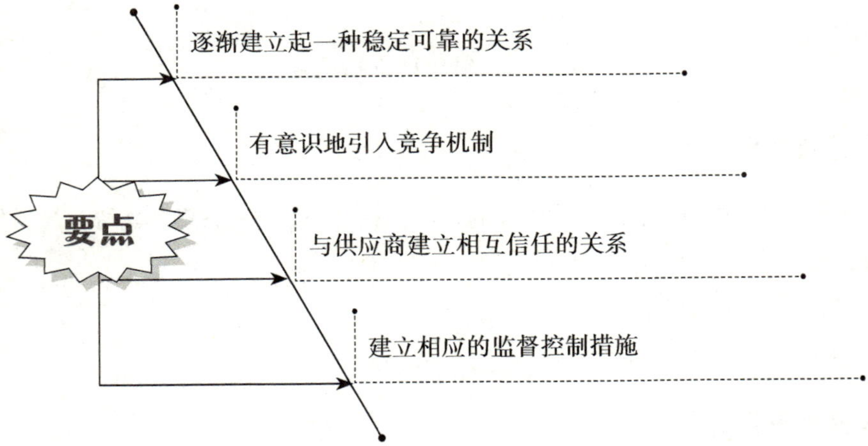

图10-14　建立供应商激励机制的要点

4. 对供应商进行扶持

（1）扶持启动时机

对于一般的大中型企业，通常在出现以下几种状况时启动扶持较佳，如图10-15所示。

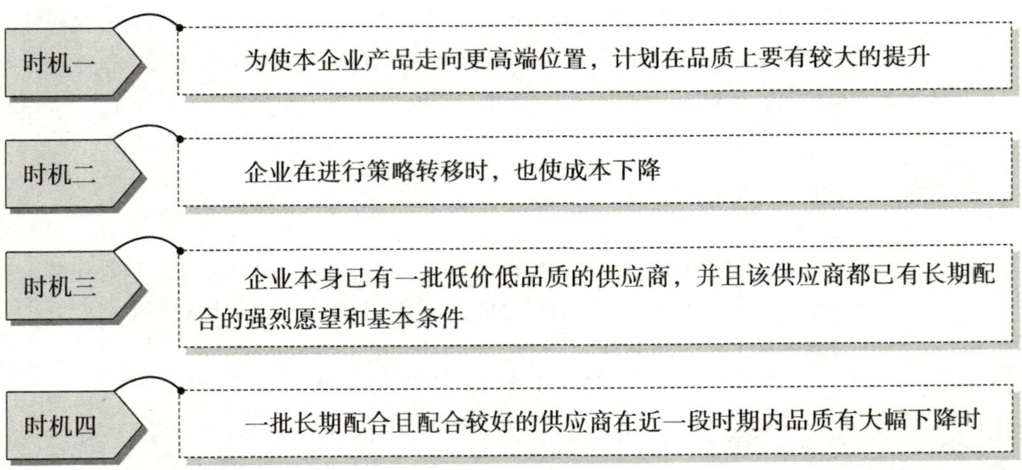

图10-15　扶持启动时机

（2）扶持计划中的供应商必需具备的条件

扶持计划中的供应商必须同时满足以下条件。

①企业需要该供应商的来料是长期大量或是潜在大量的。

②该企业本身品质不够好，在目前同类供应中的交货品质中为中下。

③该供应商的价格水准等级较低，如价格水准分为5个等级，则通常选择的价格水准为第3或第4等级。

④该供应商与本企业的历史配合意愿程度很高。

⑤该供应商不能为家庭作坊形式，也不能是贸易商。

⑥今后可以在一个相对较低的价格水准上。

（3）供应商扶持计划启动工作程序

供应商扶持计划启动工作程序如表10-5所示。

表10-5　供应商扶持计划启动工作程序

顺序	步骤	工作事务	责任人员
1	查询供应商资料	从所有供应商中选出一些可以长期供货、品质较差，但又一直供货的供应商	采购部人员
2	初步选择	从查询好的供应商清单及资料选择	采购经理
3	制定可行性方案	做一份“供应商扶持可行性方案”，其内容包括原材料使用状况、对应各供应商的品质和配合状况、所选供应商的潜力、扶持可带来的直接影响、需要的资源	采购经理或品管工程师
4	高层主管审核	对供应商成本潜力和自身企业成本潜力进行分析，以判定是否需要进行供应商扶持	高层主管
5	成立供应商扶持计划小组	该小组成员由品管部、工程部的工程师、采购或资材部等相关人员组成，通常由品管部主管或特定专员任小组组长	高层主管核准
6	小组会同其他品管和采购开会	探讨初步选定的供应商背景及状况，以使所选定的供应商更具可扶持性，判断该供应商是否具有品质提升的潜力等	小组成员同部分品管和采购人员
7	筛选供应商	确定最终需要扶持的供应商	小组成员同部分品管和采购人员
8	制订具体扶持初步目标与计划	目标通常指供应商在供应商评分的各个项目的评分提升目标，其内容通常包括批次交货品质、品质管理体系、成本、效率、品质投诉或抱怨处理、品质回馈处理等，甚至还可能包括供应商交货价格的降低。计划通常包括时期与目标达成效果、采用的方式方法及工具、各供应商具体负责人，甚至还需要制定一个奖罚机制	扶持小组

（续表）

顺序	步骤	工作事务	责任人员
9	把对应供应商邀请来开会	通过采购部联系供应商，要求他们在同一时期共同开会讨论，并向他们宣布目标与要求，同时要求供应商配合	扶持小组组长主导，高层主管出席
10	最后选定供应商	选定3～4家，其中还必须有1家以上非常有潜力的供应商。如仅有1～2家，就可以解散扶持小组，改由1～2名品管部的人员直接做	扶持小组及高层主管
11	到供应商处实际了解情况	深入供应商现场去了解	扶持小组主要成员
12	制定具体扶持方案	形成一份完整的供应商扶持方案	小组成员共同制定，高层核准
13	执行扶持计划	根据已制定的每一个供应商扶持方案具体落实和执行，在执行的过程中根据各阶段进展状况需要召开扶持小组会议	品管部人员

5. 防止供应商垄断

在与供应商相处的过程中，如何防止供应商垄断也是供应商关系管理的一个重要方面。作为采购经理，该通过哪些途径防止供应商垄断？请参照以下七点，如图10-16所示。

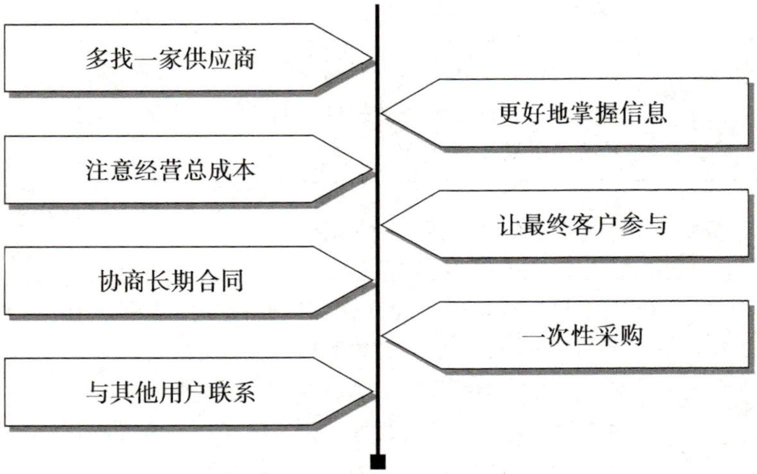

图10-16　防止供应商垄断的要点

（1）多找一家供应商

独家供应有两种情况：一种是Single Source，即供应商不止一家，但仅向其中一家采购；另一种是Sole Source，即仅此一家，别无分号。通常Single Source多半是买方造成的，比如仅向关系企业将原来许多家供货商削减到只剩下最佳的一家。Sole Source则是卖方造成的，比如独占性产品的供应者或独家代理商等。

在Single Source的情况下，只要“化整为零”，变成多家供应（Multiple Sources），造成卖方的竞争，自然不会任由一家供应商抬高价格。

在Sole Source时，由于市场信息缺乏，讨价还价的结果是买方依然吃亏；此时，如能与供应商建立良好的人际关系，签订长期合约，也可以避免买方在缺货时必须支付很高的现货价。

（2）更好地掌握信息

要清楚了解供应商对采购方的依赖程度。有家企业所需的元器件只有一家供应商，但它发现自己在供应商仅有的三家客户中是采购量最大的一家。供应商离不开这家企业，结果在要求降价时供应商往往会作出相当大的让步。

（3）注意经营总成本

供应商知道采购方没有其他货源，可能会咬定一个价，但采购方可以说服供应商在其他非价格条件上作出让步。采购方擅于利用交易中的每个环节，总成本中的每个因素都可能使采购方节约成本。

（4）让最终客户参与

如果采购方能与最终用户合作并给予他们信息，摆脱垄断供应商的机会也会随之而来。例如，工程师往往只认准一个商标，因为他们不了解其他选择，向他们解释只有一家货源的难处，他们往往就可以让采购方采购截然不同的元件。

（5）协商长期合同

长期需要某种产品时，可以考虑订立长期合同。一定要保证持续供应和价格的控制，采取措施预先确定产品的最大需求量以及需求增加的时机。

（6）一次性采购

如果采购方预计所采购产品的价格可能要上涨时，可以采取一次性采购的方法。采购方应根据相关的支出和库存成本，权衡一下将来价格上涨的幅度，与营销部紧密合作，获得准确的需求数量，进行一次性采购。

（7）与其他用户联系

与其他具有同样产品需求的企业联合采购，由一方代表所有用户采购会惠及各方。

学习笔记

通过学习本章内容，想必您已经掌握了不少学习心得，请仔细记录下来，以便继续巩固学习。如果您在学习中遇到了一些难点，也请如实写下来，方便今后重复学习，彻底解决这些难点。

我的学习心得

1. ______________________________
2. ______________________________
3. ______________________________
4. ______________________________
5. ______________________________

我的学习难点

1. ______________________________
2. ______________________________
3. ______________________________
4. ______________________________
5. ______________________________

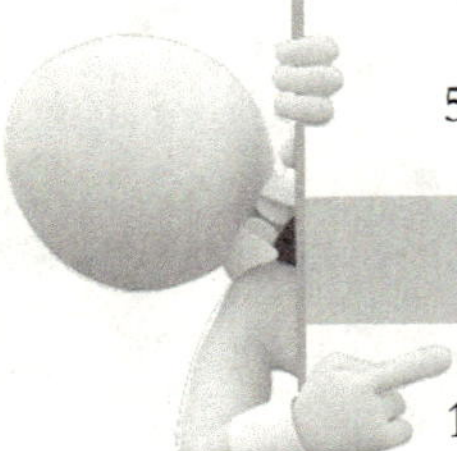

我的运用计划

1. ______________________________
2. ______________________________
3. ______________________________
4. ______________________________
5. ______________________________

第11章 采购的大数据分析

随着时代的不断进步以及科技的飞速发展，互联网、物联网、移动通信、管理信息化、电子商务等技术不断相互渗透，人们开始用大数据来描述和定义信息爆炸时代产生的海量数据，并将这些数据进行撷取、管理、处理，使其成为帮助人们处理事务和决策的资讯与知识。

学习指引

- 采购的大数据思维
  - ◆大数据的发展
  - ◆大数据的特征
  - ◆为什么用大数据思维采购
- 采购的大数据应用
  - ◆大数据应用的挑战
  - ◆大数据对企业采购的作用
- 企业数据
  - ◆企业内部大数据
  - ◆企业大数据体系
- 行业数据
  - ◆行业数据维度
  - ◆行业大数据的应用
- 供应商数据
  - ◆供应商一般数据
  - ◆采购数据

11.1 采购的大数据思维

1. 大数据的发展

大数据（Big Data）是指所涉及的规模巨大的数据。随着时代的不断进步以及科技的飞速发展，互联网、物联网、移动通信、管理信息化、电子商务等技术不断相互渗透，并作用到国家、企业和民生的方方面面。今天，人们用大数据来描述和定义信息爆炸时代产生的海量数据，以及能够撷取、管理、处理并整理成为帮助人们处理事务和决策的资讯与知识。

美国互联网数据中心指出，互联网上的数据每年将增长50%，每两年将翻一番，而目前世界上90%以上的数据都是最近几年才产生的。2020年，全世界所产生的数据规模将达到今天的44倍。从这些数据每天增加的数量来看，世界目前已进入了大数据时代。

如今，全球有67%的企业都依赖大数据分析来获得竞争优势。根据《麻省理工斯隆管理评论》和美国SAS软件研究所的一项调查，这一数字较两年前增长了80%，而且仍将继续增长。因为很多企业都已经开始了解大数据分析的潜力，并且开始对其加以开发利用。

2. 大数据的特征

通常用4个V（即Volume、Variety、Value、Velocity）来概括大数据的特征，具体说明如图11-1所示。

特征一 **数据体量巨大（Volume）**

例如，典型个人计算机硬盘的容量为TB量级，而一些大企业的数据量已经接近EB量级。根据IDC的“数字宇宙”的报告，预计到2020年，全球数据使用量将达到35.2ZB

特征二 **数据类型繁多（Variety）**

类型的多样性将数据分为结构化数据和非结构化数据。多类型的数据对数据的处理能力提出了更高要求

特征三 **价值密度低（Value）**

价值密度的高低与数据总量的大小成反比

特征四　处理速度快（Velocity）

这是大数据区分于传统数据挖掘的最显著特征。在海量的数据面前，处理数据的效率就是企业的生命

图11-1　大数据的特征

3. 为什么用大数据思维采购

将大数据思维运用到采购，主要基于两个原因，如图11-2所示。

原因一　企业的产品生命周期在不停地变短，用户需求的多样性也在不停地增加。这些新的需求要求企业能在短时间内对复杂问题作出更迅速、更准确的反应

原因二　技术的进步降低了使用大数据分析的门槛。现代的存储技术、数据处理技术使企业能用很低的成本去储存和分析海量的数据

原因三　现代的供应链已经变得越来越复杂。产品的多样性越来越高，市场的波动性越来越强，外部因素对供应链的扰动也越来越多

图11-2　采购大数据思维运用的原因

11.2　采购的大数据应用

1. 大数据应用的挑战

大数据的发展给企业采购带来便利的同时也伴随着挑战，具体说明如图11-3所示。

挑战一　商务环境和商务模式变得越来越复杂，且更加动荡、多样和个性化

挑战二　电子商务业务模式的飞速发展使跨境业务速增、商业活动频繁、数据量剧增

挑战三　大数据应用处理成为企业和社会竞争发展的重要焦点

挑战四　有效挖掘大数据成为企业面临的重要问题

图11-3　大数据带给企业采购的挑战

2. 大数据对企业采购的作用

大数据分析已广泛应用于企业的采购部门，它发挥的作用主要表现以下五个方面，如图11-4所示。

应用一　企业会跟踪原材料市场的价格波动，依靠先进的分析模型和预测方法来对冲市场风险

应用二　在标书中定量地收集一些成本参数来发掘供应商的真实成本，以此来更好地帮助其进行谈判

应用三　根据采购部门运用复杂的优化模型来找出成本优化和业务需求之间的平衡点

应用四　利用对现有供应商和市场的深入了解，通过预测模型对新品设计和生产的供应商提供建议

应用五　通过对企业以往财务和采购数据的分析和整合，实现采购成本优化

图11-4　采购的大数据应用

11.3　企业数据

当前，传统（非互联网类）企业已认识到大数据的价值，但如何结合企业现状有效应用大数据呢？

企业的大数据，从来源讲可分为内部和外部。内部数据包含企业自身业务生产经营环节产生的所有数据。外部数据则来自企业外部，如行业数据、供应商数据、第三方数据等。

1. 企业内部大数据

企业内部业务大数据可分为两个维度，如图11-5所示。

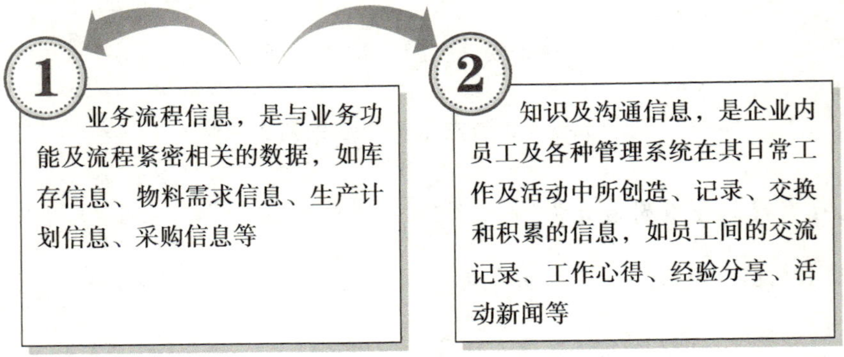

图11-5　企业内部大数据

这两个数据维度的发展和融合，催生出了企业内部大数据。企业内部大数据为对企业经营影响巨大。

2. 企业大数据体系

企业大数据体系的构建分为六个层级，如图11-6所示。

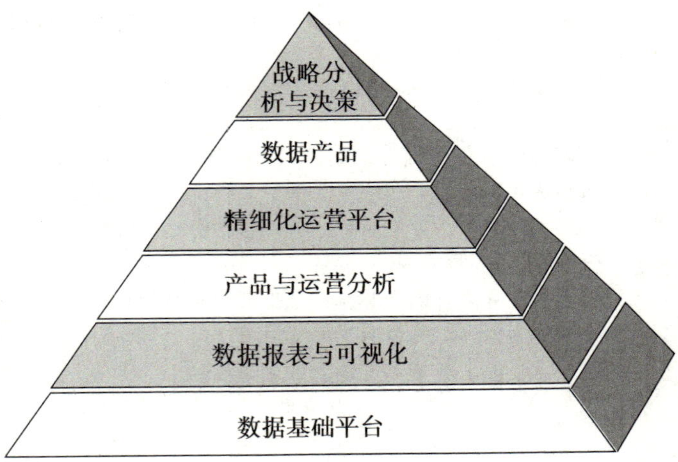

图11-6　企业大数据体系层级

（1）数据基础平台

数据基础平台建设工作包含数据平台建设、数据规范、数据仓库、产品数据规范、产品ID、用户ID、统一SDK等。

（2）数据报表与可视化

在第一层级中，进行数据指标体系规范，统一定义，统一维度区分，就可以很方便地进行标准化可配置数据报表设计和直观的可视化输出设计，包括行为、收入、性能、质量等多种数据类别。

（3）产品与运营分析

在建立数据平台和可视化基础上，对已有的用户行为、收入数据等进行各种分析，输出日报、周报、月报、各种专题分析报告。

（4）精细化运营平台

基于数据基础上搭建的精细化运营平台，该平台的主要逻辑多数是进行用户细分、商品和服务细分，通过多种推荐算法的组合优化进行商品和服务的个性化推荐。另外，还有针对不同产品生命周期和用户生命周期构建的产品数据运营体系。

（5）数据产品

广义的数据产品非常多，例如搜索类、天气预报类等。企业数据属于狭义数据产品。

（6）战略分析与决策

战略分析与决策层，最大的差异是数据来自于大数据。

11.4 行业数据

1. 行业数据维度

企业外部的视角上，行业数据也包括两个维度，如图11-7所示。

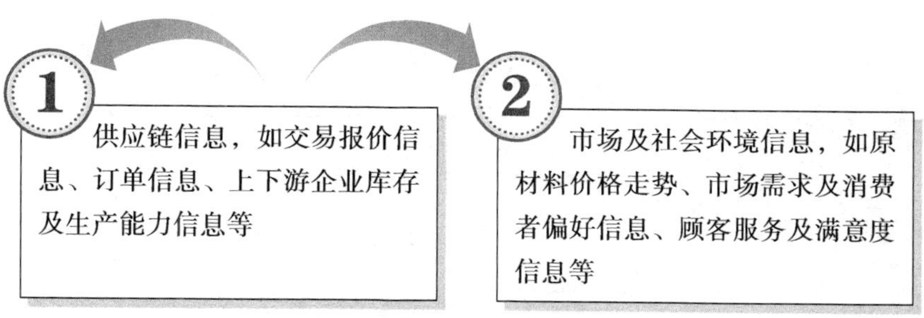

图11-7 行业数据维度

行业大数据的基本特征，正是在这两个维度的发展之中呈现出来的。

2. 行业大数据的应用

（1）实现智能生产

在德国“工业4.0”理论中，通过信息物理系统（CPS）实现工厂/车间的设备传感和控制层的数据与企业信息系统融合，使生产大数据传到云计算数据中心进行存储、分析，形成决策并反过来指导生产。

企业在生产线、生产设备配备的传感器抓取数据，然后经过无线通信连接互联网，传输数据，对生产本身进行实时监控。而生产所产生的数据同样经过快速处理、传递，反馈至生产过程中，将工厂升级成为可以被管理和被自适应调整的智能网络，使工业控制和管理最优化，对有限资源进行最大限度使用，从而降低工业和资源的配置成本，使生产过程能够高效地进行。

（2）实现大规模定制

大数据是企业智能化的基础，其在制造业大规模定制中的应用包括数据采集、数据管理、订单管理、智能化制造、定制平台等，核心是定制平台。大数据能够帮助制造业企业提升营销的针对性，降低物流和库存的成本，减少生产资源投入的风险。

利用这些大数据进行分析，将带来仓储、配送、销售效率的大幅提升和成本的大幅下降，并将极大地减少库存，优化供应链。

11.5　供应商数据

供应商数据主要包括供应商一般数据和采购数据。

1. 供应商一般数据

供应商一般数据主要包括供应商基本信息，一般来源于供应商基本信息登记表。

下面是某企业供应商基本信息登记表范本，仅供参考。

范本

供应商基本信息登记表

基本信息	
供应商名称：	
供应商类型：	代理制造商名称：
工商注册号：	税务登记证编号：
组织机构代码：	注册资本：万元
公司类型：有限责任公司（自然人独资）	成立时间：
经营范围：	
主要产品：	
工厂面积（平方米）	企业人数
地址：	邮编：
代理制造商固定电话：	
法定代表人姓名：	
业务联系人：	联系电话：
业务联系传真：	电子邮箱：

（续）

（续表）

开户银行：	账号：
银行信用等级：	公司网址：
企业资质	
质量管理体系认证情况及认证机构：	
产品质量认证情况及认证机构：	
生产/制造许可证获证情况及编号：	
获奖情况：	

2. 采购数据

供应商采购数据主要包含以下六个方面，如图11-8所示。

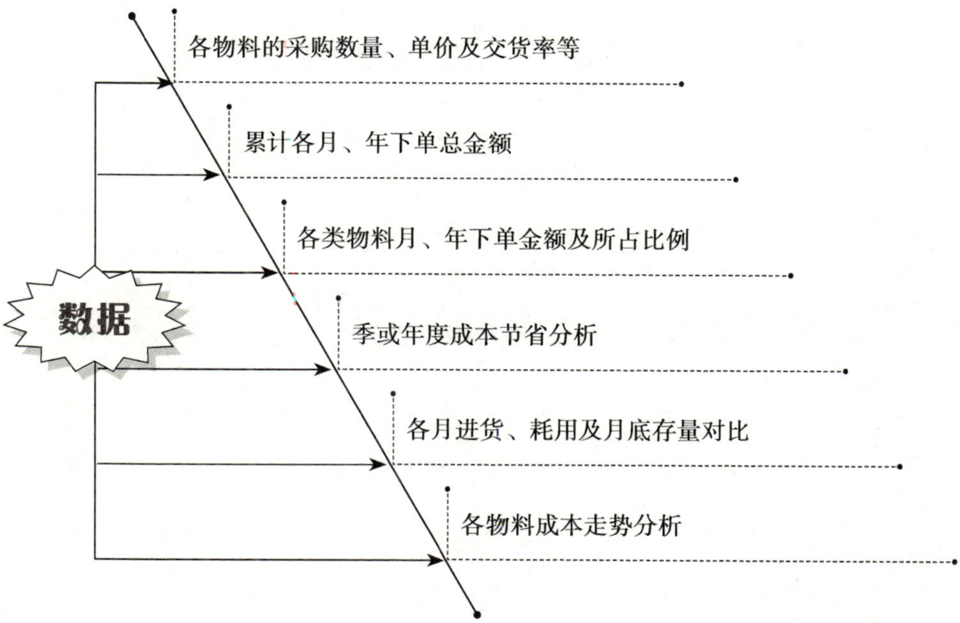

图11-8　采购数据

学习笔记

通过学习本章内容，想必您已经掌握了不少学习心得，请仔细记录下来，以便继续巩固学习。如果您在学习中遇到了一些难点，也请如实写下来，方便今后重复学习，彻底解决这些难点。

我的学习心得

1. ____
2. ____
3. ____
4. ____
5. ____

我的学习难点

1. ____
2. ____
3. ____
4. ____
5. ____

我的运用计划

1. ____
2. ____
3. ____
4. ____
5. ____

第12章

“互联网+采购”新模式

互联网的飞速发展在全球范围内掀起了互联网应用热，各大企业纷纷利用互联网发布相关产品信息，开展产品的电子销售，提供各种信息服务。一种建立在互联网基础上的全新采购方式得到了广泛应用和推广，成为网络时代企业竞争优势的新来源。

学习指引

网络采购概述
- 网络采购的概念
- 网络采购的类型
- 网络采购的核心因素
- 网络采购的发展趋势

网络采购的优势
- 价格透明
- 效率高
- 竞争性强
- 节约成本
- 整合资源

网络采购的模式
- 买方模式
- 卖方模式
- 中介模式
- 各模式的对比
- 采购模式的选择

网络采购的流程

网络采购注意要点
- 要选对采购平台
- 要学会辨别供应商
- 具备网络谈判技巧
- 认清采购产品的价格
- 关注采购产品的质量
- 要建立供应商档案
- 其他技能

网络供应商的管理
- 网络供应商管理的现状
- 网络供应商管理的基础工作
- 网络供应商的寻找
- 网络供应商的选择

网络交易安全管理
- 网络交易常见风险
- 网络交易风险预防
- 网络交易风险防范

12.1 网络采购概述

采购作为满足社会需求的一种重要手段，对整个社会的生产与生活产生了极其重要的影响。对于企业来说，采购直接影响着生产经营过程、企业效益，并构成企业竞争力的重要方面。网络采购是一种适应时代发展的先进采购模式，具有公开、透明、快捷和低成本等特点，能够有效地避免采购过程中的腐败和风险，提高采购效率。

1. 网络采购的概念

网络采购，是指以计算机和网络技术为载体，通过网络这种成熟、便利的工具寻找产品及供应商资源，利用网络信息交流的便捷与高效进行产品的性能价格对比，并将网上信息处理和网下实际采购操作过程相结合的一种新的采购模式。

网络采购亦称为电子采购，它不同于一般的电子商务，也区别于传统采购。网络采购是其二者的延伸，具备二者所不具有的优越性，它不单单只是完成采购行为，而是利用网络技术对整个采购过程进行管理控制，以达到降低供求双方成本，整合企业资源，提高企业利用率的目的，从而增强企业的核心竞争力。

2. 网络采购的类型

按照不同的方式，可对网络采购进行不同的分类，具体说明如下。

（1）按网络采购参与的对象分

按网络采购参与的对象分，网络采购可分为政府网络采购和企业网络采购。

政府网络采购是指政府利用在线网络对所需求的采购品实行网上公告、发售标书、开标、评标、定标以及签订电子合同，实现电子化结算，甚至直接进行网上谈判来达到政府网络采购目标的一种方式。

企业采购是指制造和零售企业的采购流程利用在线网络自动化，把采购人员的注意力从战术层面转移到战略层面，通过分析采购模式、监控存货与补货延误，更好地制订生产周期和销售计划。

（2）按网络采购信息的发源分

按网络采购信息的发源分，网络采购可分为境外采购和境内采购。境外采购还可进一步按国别、地区细分，境内采购也可细分为中央采购、地方采购。

（3）按网络采购过程的管理分

按网络采购过程管理分，网络采购可分为集中采购和分散采购。集中采购是由各国各级政府或者其授权的机构确定并公布的采购项目，一般来说，要求集中采购的项目的采购金额是有规定的，如《中华人民共和国政府采购法》第七条、第八条中就有相关规定。

3. 网络采购的核心因素

网络采购的主要目标是对于那些成本低、数量大或影响业务的关键产品和服务订单实现处理和完成过程自动化。其核心因素如图12-1所示。

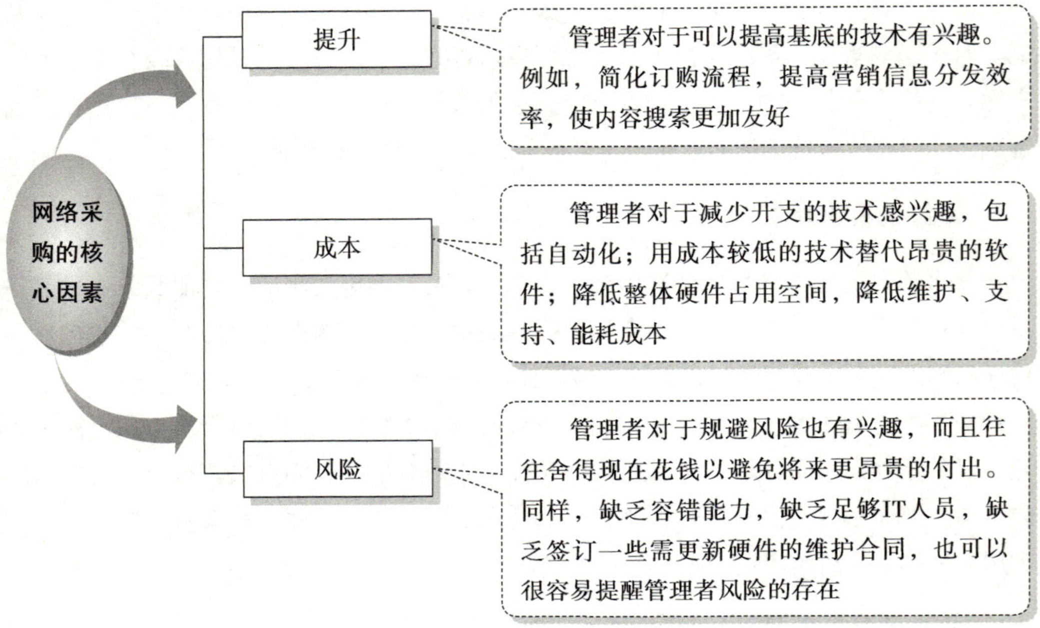

图12-1　网络采购的核心因素

4. 网络采购的发展趋势

网络采购就是使与采购相关的数据、信息、过程实现电子化，它所要达到的最终目标与传统的采购相同，只不过是充分利用网络来完成采购各环节的任务，这样能够更好地利用网络所带来的方便。网络采购具有三个发展趋势，如图12-2所示。

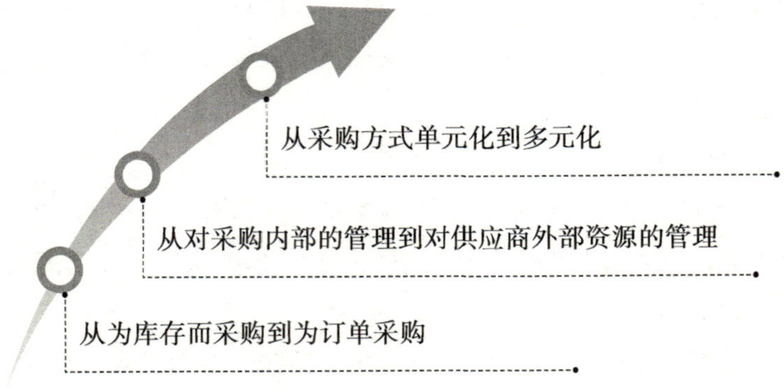

图12-2　网络采购的发展趋势

（1）从为库存而采购到为订单采购

在商品短缺的状态下，为了保证生产，必然形成为库存而采购。但在如今供大于求的状态下，为订单而采购则成了一条铁的规律。在市场经济条件下，零库存或少库存是企业的必然选择。制造订单是在用户需求订单的驱动下生产的，然后制造订单驱动采购订单，采购订单再驱动供应商，这种准时化的订单驱动模式可以准时响应用户的需求，从而降低了库存成本，提高了物流的速度和库存周转率。

（2）从对采购内部的管理到对供应商外部资源的管理

由于供需双方建立起了一种长期的、互利的战略伙伴关系，因此供需双方可以及时实现生产、质量、服务、交易期信息的共享，使供方严格按要求提供产品与服务，并根据生产需求协调供应商的计划，以实现准时化采购。最终使供应商进入生产过程与销售过程，实现双赢。

（3）从采购方式单元化到多元化

网络采购方式可以使全球化采购与本土化采购相结合，迅速向多元化方向发展。跨国企业生产的区域布局更加符合各个国家的区位比较优势，而其采购活动也表现为全球化的采购，既企业以全球市场为选择范围，寻找最合适的供货商，而不是局限于某一地区。

12.2 网络采购的优势

网络采购既是电子商务的重要形式，也是采购发展的必然趋势。目前，网络采购越来越受到国际和国内的关注，也在我国得到重视和大力推广。相对传统采购来看，网络采购作为一种先进的采购方式，其优势主要体现在以下几个方面。

1. 价格透明

通过电子采购交易平台进行竞价采购，可以使竞争更完全、更充分，获得更合理的低廉价格。据统计，网络采购价格平均降幅为20%左右，可大大节省采购开支。

网络采购可以通过设定不同的报价披露规则发现价格，具体措施如图12-3所示。

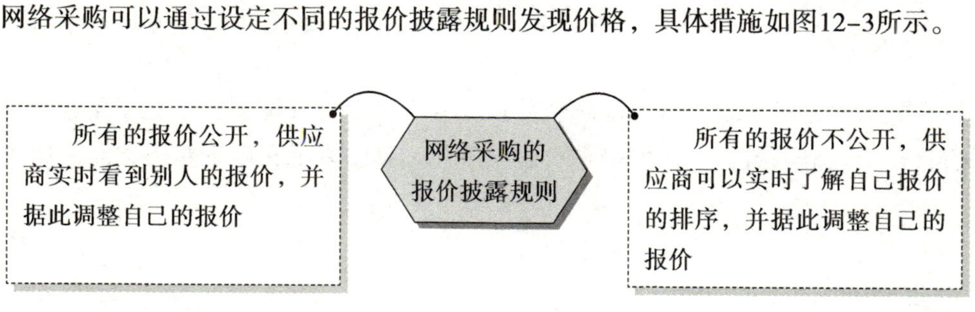

图12-3　网络采购的报价披露规则

披露报价或披露报价排序，可以有效增加价格竞争的激烈程度和透明度，有助于采购商获得最为合理的优惠价格。

网络采购还可以采取网上竞价的方式进行交易。网上竞价平台是网上交易方式中最快捷、应用最普遍的一种交易方式，就是运用反向拍卖原理，邀请数家供应商在规定的时间内轮番报价，最终以最低报价者获得订单，使采购商获得理想的价格。

2. 效率高

网上采购不是对人工采购的简单替代，而是重构采购流程，通过信息化再造，扬弃传统采购模式中影响采购效率和效益的不利因素，建立科学的采购流程和商务模式。

（1）缩短空间距离

网上询价、网上谈判和网上招标等利用电子数据交换系统进行市场交易的网络采购，与人工采购相比，缩短了空间距离，节省了竞标谈判时间，减少了对电话传真等传统通信工具的依赖，提高了采购效率。

（2）节省人力成本

在由用户注册、信息发布、电子订单、反向拍卖、电子合同、电子招投标、履约诚信系统以及商品行情库等八大子系统构成的政府采购交易平台上，采购人员只需几分钟就可以完成采购。而供应商只需轻点鼠标，就可了解采购信息并进行投标。这样的效率在传统采购中是不可想象的。

（3）信息透明公正

网络采购让采购、竞标变得前所未有的快速、高效和公平，供求双方之间的信息更加透明，能够更加规范采购程序的操作和监督，大大减少采购过程中的人为干扰因素，可避免采购与竞标中的不公正性，促进供应商把更多的精力放在产品的技术含量及品质上。

（4）促进企业采购的信息化建设

网络采购还可以帮助供应商清楚地了解市场需求及企业本身在交易活动中的成败得失，不断积累采购经验，对各种电子信息进行分析、整理和汇总，促进企业采购的信息化建设。

综上所述，借助信息技术开展网上采购，可以提高采购效率，降低采购成本。

3. 竞争性强

传统的采购方式很难控制，隐蔽性较强，各个环节在实际操作中也不是很规范。网络采购有利于规范采购行为，增强采购的竞争性，具体表现在以下几个方面，如图12-4所示。

表现一

网络采购可以充分利用其公开透明和竞标的特点，促使供应商把精力放在如何进行公平交易上，从而大大降低采购的交易成本，增强了采购的竞争性

表现二　网络采购的实现，一方面可以丰富采购的形式，更重要的是可以借此建立一整套网络采购规章制度，规范采购行为

表现三　网络开放性的特点，使采购项目形成了最有效的竞争，有效地保证了采购质量

图12-4　网络采购竞争性强的表现

4. 节约成本

网络采购大大降低了采购成本，降低采购成本应考虑参与采购的各种因素，其中包括降低直接成本（如货品的总价等）、降低间接成本（完成采购工作所需要支出的费用，如减少了采购需要的书面文档材料）、缩短采购周期、降低后续成本等。网络采购作为采购方式的创新对于降低采购成本具有决定性意义。

5. 整合资源

网络采购还能对采购资源进行优化整合。

（1）网络采购为选择最佳信誉和质量的供应商提供了可靠的数据支持。配合实行供应商准入制度，建立健全供应商档案。供应商档案除有编号、详细联系方式和地址外，还有付款条款、交货条款、交货期限、产品质量标志、绿色环保标志、银行账号等。每一个供应商档案应经严格的审核才能归档，并经常更新，保持动态平衡。

（2）通过监控供应商履约情况，不但可以了解当时采购、竞标的详细信息，还可以查询以往交易活动的记录，这些记录包括中标、交货、履约等情况，可以全面了解供应商，在此基础上根据供应商的资信整合市场采购资源。

总之，网络采购与现有人工方式相比，更有利于规范采购行为，降低采购成本。要充分利用现代信息技术，改变以人工操作为主的采购形式，实现采购的电子化，提高工作效率，实现无纸化交易，建设节约型社会。

12.3　网络采购的模式

目前，随着科技水平的提高，网络采购也在不断发展进步，由最初的单一网络交易模式，变得更加完善。不同的企业根据自身的情况，选择了更适合自身的网络采购模式，有的企业甚至针对自身情况自主开发更加完善的网络采购方式。就当前的应用而言，常见的网络采购模式有买方模式、卖方模式和中介模式三种。

1. 买方模式

买方模式是指采购方在互联网上发布所需采购的产品信息，由供应商在采购方的网站上投标登录，供采购方进行评估，通过进一步的信息沟通和确认，从而完成采购业务的全过程。买方模式也称为买方一对多模式，其模型如图12-5所示。

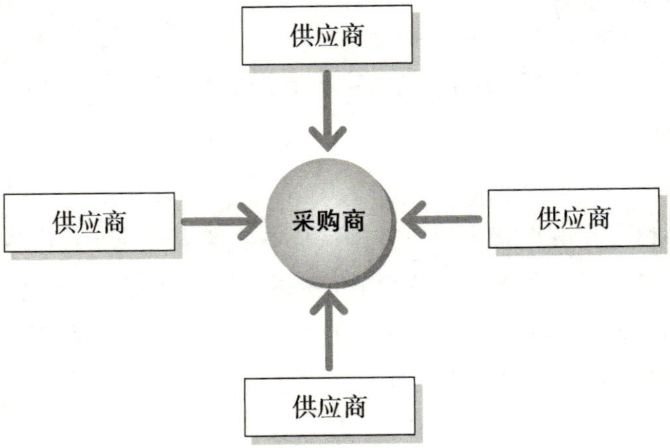

图12-5　买方模式模型图

在买方模式中，网站的开发与维护、产品资料的上传和更新维护的工作由采购方单方面承担，供应商只需登录该平台投标即可，这样虽然加大了采购方的资金投入，但采购方可以更加及时和紧密地控制整个信息流和采购流程，有选择性地进行采购，补充货源。

2. 卖方模式

卖方模式是指供应商在互联网上发布其产品的在线目录，采购方则通过浏览目录来取得所需的商品信息，然后作出采购决策。卖方模式也称卖方一对多模式，其模型如图12-6所示。

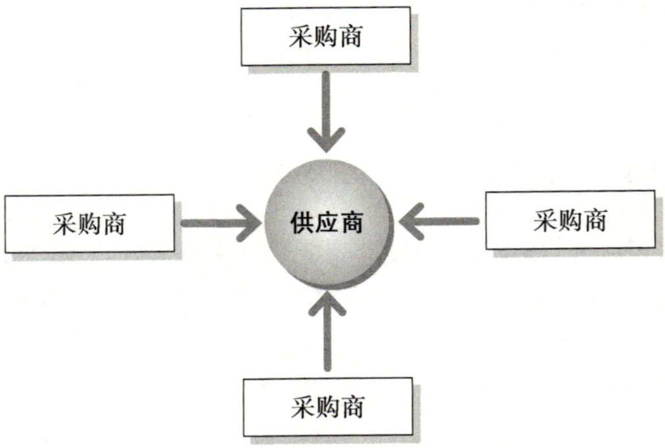

图12-6　卖方模式模型图

在这一模式里，买方登录卖方系统通常是免费的，采购方通过浏览供应商建立的网站能够比较容易地获得自己所需采购的产品信息，但由于产品的多样性以及供应商的众多，采购商必须寻找更多的供应商系统进行比较，从而选择性价比最高的合作伙伴完成采购。因此，无形加大了资金人员的投入。

3. 中介模式

中介模式，也就是第三方交易平台，多以门户网站的形式出现，是指供应商和采购方通过第三方设立的专业采购网站进行采购。第三方交易平台是通过一个单一的整合点，多个采购商和供应商能够在网上相遇，并进行各种商业交易的网络平台。其模型如图12-7所示。

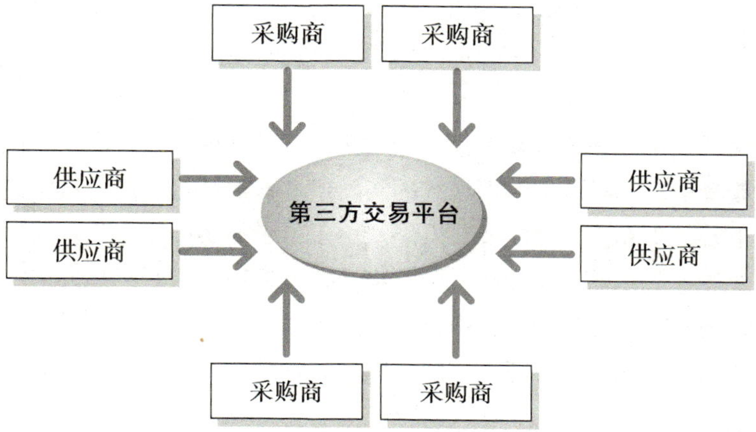

图12-7　第三方交易平台模型图

在这个模式里，无论是供应商还是采购方都必须注册登录第三方交易平台，并在第三方网站上发布求购或提供的产品信息，第三方交易平台负责对这些上传的信息进行整合，然后在网站上及时发布和更新维护，以便于反馈给用户使用，达到促成交易成功的目的，使供应商和采购商从中获益。

目前，我国比较流行的第三方交易平台如阿里巴巴供求平台、慧聪网站、易趣等，都是专门为各供应商和采购商提供的专门的网络采购平台。

4. 各模式的对比

网络采购的买方系统、卖方系统和第三方交易平台这三种模式各具各的特色，优势和弊端并存。对各模式的优缺点进行的对比分析，如表12-2所示。

表12-2　各采购模式对比分析

比较内容＼模式	买方模式	卖方模式	中介模式
主导方	供应商	采购商	供需双方
产品价格	接近垄断价格	接近市场价格	价格灵活
具体形式	自用网站 行业联盟	自用网站 行业联盟	采购代理 中介市场
信息更新频率	很低	很低	很高
系统实施成本	很高	很高	很低
入网边际成本	较低	较低	边际递增
价值创造领域	节约销售成本 优化销售流程	节约采购成本 优化采购流程	优化流程采购 咨询市场分析

根据上表显示，买方模式和卖方模式均是采用自用网站和行业联盟实施业务采购，二者的信息更新频率相对都很低下，而模式的实施成本却是相对较高，这样的不对称性造成了企业资源的浪费，不利于企业的长久发展。由于二者的实施成本都普遍较高，适用于资金雄厚的大企业，那些规模较小的企业则是很难投入使用。相对于买方市场和卖方市场，第三方交易平台中的主导方、产品价格都相对灵活，而且第三方交易平台实施成本低，支持各大采购系统，操作简单，价值创造的潜力也远远高于买方系统和卖方系统，适用于各类大中小型企业。

5. 采购模式的选择

企业究竟选择何种采购模式，主要取决于以下两方面因素。

（1）企业规模的大小

大型企业由于规模较大、财力雄厚，通常拥有较成熟的ERP系统或MRPII系统，有实力进行更深、更广的信息系统开发。相对来讲，中小企业的规模和财力都较小，一般不具有整套的ERP或MRPII系统，无能力进行深入的信息系统开发。

（2）企业采购物料的种类和数量

采购的物料主要分为直接物料和MRO物料两类，如图12-8所示。

第一类　**直接物料**

直接物料是指与生产直接有关的物料，如原材料、生产设备等，其特点是数量大、价值高，需求有一定的周期性和可预测性，采购时要分析较多的技术参数，供应商选择过程也比较复杂。因此，直接物料的供应商数目通常较少，且比较固定，一般不轻易更换

第二类 MRO物料

MRO物料是指与维护（Maintenance）、修理（Repair）、运作（Operations）有关的物料，如办公用品、生产设备的零部件等，其特点是数量小、种类繁多、单位价值低、频率高、供应商多。尽管每次采购商品的价值不高，但固定成本却相对很高

图12-8　企业采购物料种类

12.4　网络采购的流程

互联网可以优化企业的采购活动，在线采购系统就是利用计算机网络软件系统，使采购活动规范化和程序化、提高采购效率、降低采购成本，保证企业的生产和经营活动顺利进行，网络采购流程具有非常明显的自动化特征。具体流程如图12-9所示。

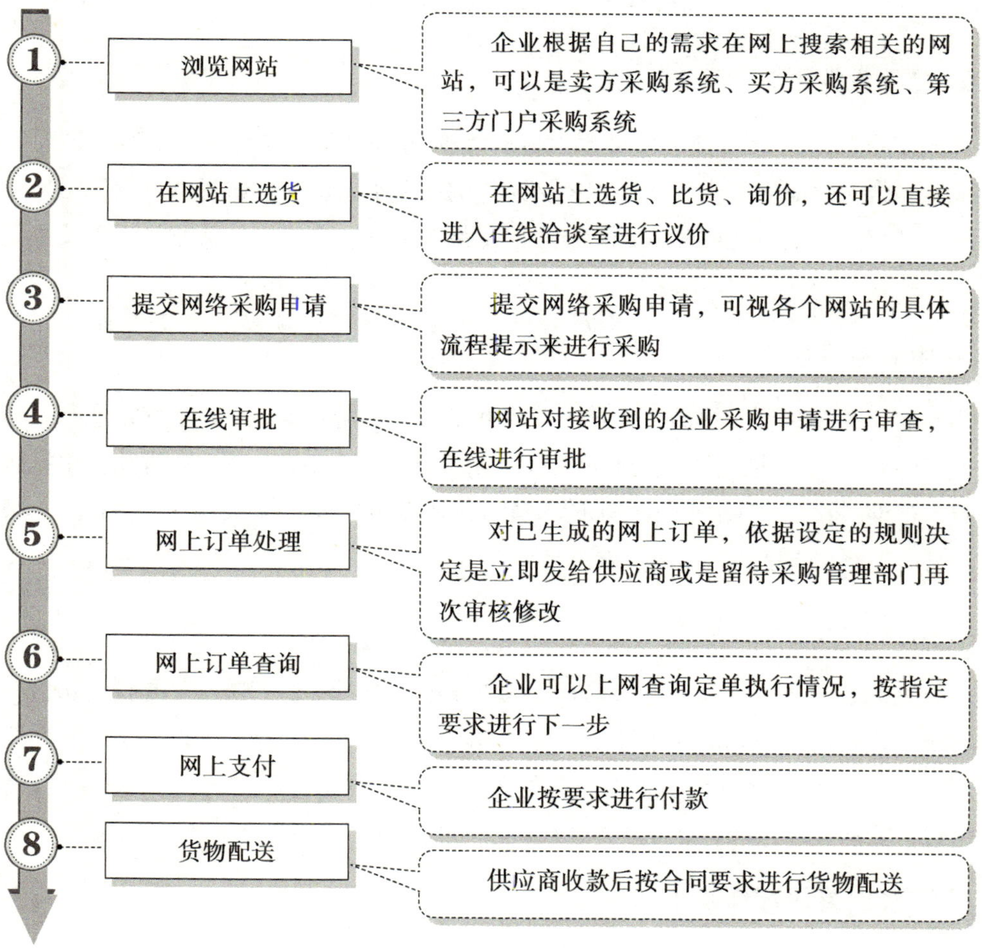

图12-9　网络采购的流程

12.5 网络采购注意要点

随着网络采购的发展，对采购人员的要求逐渐提高，采购人员也要跟上时代的发展，通过网络来实现采购。与普通采购人员不同的是，网络采购人员不仅要能熟练的使用电脑，还必须具备一些其他的技能。

1. 要选对采购平台

什么样的采购平台才算符合要求呢？具体要求如图12-10所示。

图12-10　符合要求的采购平台

2. 要学会辨别供应商

找到了合适的平台，接下来采购人员要做的就是辨别供应商的真实性。采购人员可查看采购平台对供应商提供的各种审核认证，例如阿里巴巴的诚信通以及世界工厂网的工厂专属认证标志，此外还要确认一下企业信息是否完善，是否提供营业执照以及相关资质认证。

3. 具备网络谈判技巧

由于整个采购过程是在网上进行的，因此采购人员需要掌握一定的网络谈判技巧。线下的商务谈判时，采购人员可能会控制不好情绪、身体语言等，对方有可能从中推测出一些信息。但网络谈判就不一样了，采购人员可以通过QQ表情等来表达自己的情绪，很好地控制自己的情绪和态度，让对方无缝可钻。

4. 认清采购产品的价格

在网络采购平台上进行网络采购时，如果采购人员看到的高质量又是低价格的产品，采购人员在进行一个简单的成本计算之后，判断价格有问题，那么建议就不需要向这类供应商进行采购。因为网络采购也不是万能的，价格有时候也不一定是真正符合行情发展的，所以，采购人员还是需要自己去调查市场价格，做好采购产品的成本价格分析等。

5. 关注采购产品的质量

作为一名合格的采购人员，首先必须关注产品质量。所以在网络采购平台进行采购时，采购人员要提前了解供应商的产品质量是不是自己理想要求的。通常在采购时，需要关注供应商产品的质量、商检合格证。其次，采购人员还要关注产品性能规格和参数等情况。

6. 要建立供应商档案

每次采购结束后，采购人员要对供应商进行各方面的评价，尽量量化评价结果。评价指标包括产品质量如何、付款方式、能否按时交货、物流方便与否等，最后得出结论，以后是否可以合作。

7. 其他技能

此外，采购人员进行网络采购要用到物流、网银等知识，因此必须了解一些物流运输以及网银操作方面的知识。采购人员只有掌握上述基本知识并贯彻执行，才可以顺利进行网络采购。

12.6 网络供应商的管理

目前，网络采购已成为我国中小企业的一种主流采购模式。在这种模式下，供应商管理较以前发生了本质的变化。从某种程度上说，供应商关系管理的成败可决定网络采购能否顺利实施。合格的供应商是物资高质、高效供应的基本保证。因此，中小企业有必要做好网络供应商的管理。

1. 网络供应商管理的现状

网络采购利用互联网这一媒介，改变了传统采购模式供应商数量的局限性，实现了对供应商的全方位选择的同时，也带来传统采购模式下不曾遇到的新问题，具体如图12-11所示。

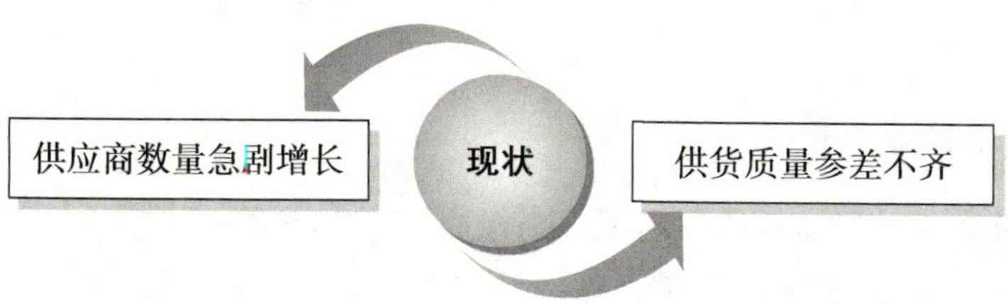

图12-11 网络供应商管理的现状

2. 网络供应商管理的基础工作

供应商管理的基础工作，主要包括以下几方面的内容，如图12-12所示。

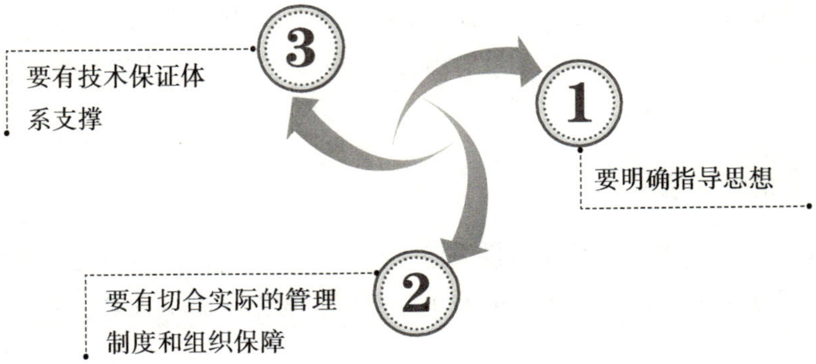

图12-12　供应商管理的基础工作

3. 网络供应商的寻找

优秀的供应商是企业成功采购的决定因素，在选择和评估供应商时，必须对诸多因素进行综合考虑，包括交货速度、产品质量、批量柔性、技术能力、应变能力、采购价格等。那么，对于中小企业来说，该如何寻找优质的网络供应商呢？具体步骤如图12-13所示。

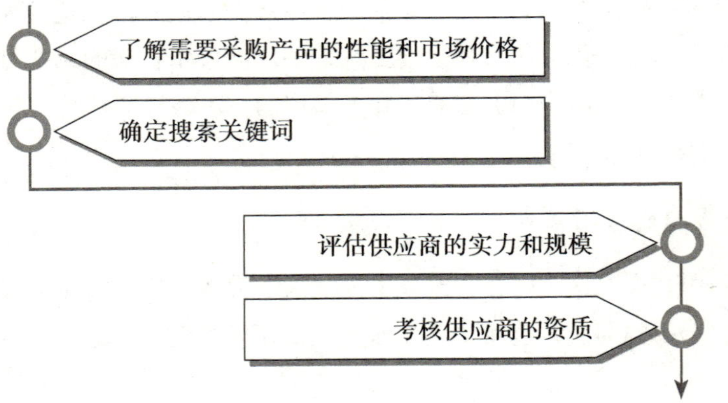

图12-13　网络供应商的寻找步骤

4. 网络供应商的选择

如今的网络采购平台已是风生水起，在线商城为中小企业采购产品带来了很多便利，然而互联网是一个虚拟的东西，这就使得网络宣传和实际情况存在着差别。

例如，有些平台面对网上浩如烟海、鱼龙混杂的卖家信息，他们会采取专业的信用评价体系，通过考核和买家的评价，迅速将诚信的供应商与问题供应商区分开来。这样便于让买家在选择供应商时能擦亮自己的双眼，不会因此遭受损失。

选择供应商的方法较多，有定性考核的，也有定量考核的。一般要根据供应商的多少、对供应商的了解程度、对物资需求时间的紧迫程度等因素来确定。目前常用的方法如

图12-14所示。

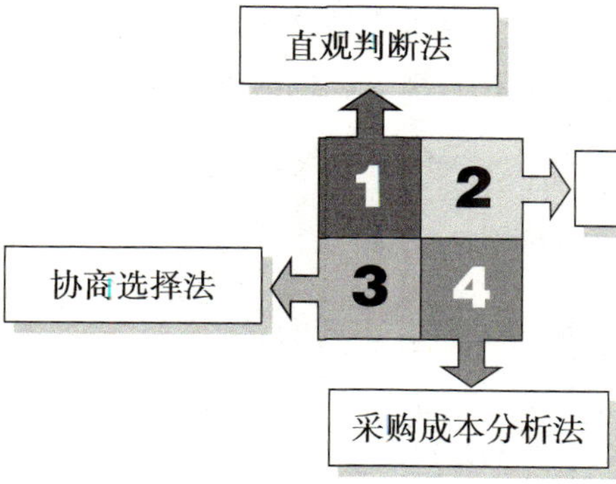

图12-14　网络供应商的选择方法

（1）直观判断法

直观判断法是根据征询和调查所得的资料，对供应商进行分析、评价、对比的一种方法。主要是根据采购人员对供应商的产品质量、产品价格、售后服务等评价指标的了解程度，或者是其中的企业认为几个重要的评价指标来进行初步评审，然后提出几个认为比较好的供应商的名单。然后，组织召开有关领导参加的评审会，进行综合复审，通过复审结果来确定最佳的供应商。

这种方法的主观因素较多，是一种定性为主的选择供应商的方法。一般用于对供应商比较了解，合作时间较长，供应商以往的信誉较好的老供应商的确定，或用于用量较少的辅助材料的供应商的选择。

（2）招标法

对于用量大竞争又十分激烈的物资，在短时间内难以用直观判断法判断供应商的优劣，这时可以用招标法来确定。这是一种由企业提出招标条件，由供应商进行竞标，然后由企业进行决标，与提出最有利条件的供应商建立合作伙伴关系。

采用竞标法可以从更大的范围选择优秀的供应商。

（3）协商选择法

对于供应商较多而供需相对平衡的物资，可以采用协商的办法选择供应商。由企业从供应商中选择若干供应商，再分别同他们就产品质量、产品数量、产品价格、准时交货率、售后服务、技术服务等方面进行协商，在互利共赢的基础上达成长期的合作协议。

（4）采购成本分析法

对质量和交货期都能满足的供应商，可以通过计算采购成本来进行分析比较。采购成本包括产品价格、运输费用、交易费用等各项支出的总和。

采购成本分析法相对于以上三种方法来讲，虽然量化的程度更高一些，但也具有一定的局限性，即不能从整体评价进行量化分析，从而选择优秀的供应商作为合作伙伴。如果能够全面地进行量化，可靠性可能会更高一些。

12.7 网络交易安全管理

在网络上采购到满意的产品并进行安全的交易，是所有采购商和供应商共同的愿望。为了确保网络交易的安全，首先要明确有哪些常见的网络交易风险，才能针对这些风险采取相应的预防和防范措施。

1. 网络交易常见风险

网络交易常见的风险有以下几种，如图12-15所示。

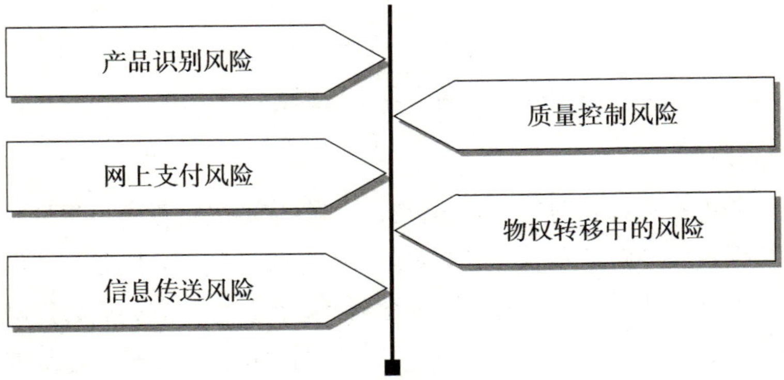

图12-15 网络交易常见风险类型

（1）产品识别风险

由于网络的虚拟性，采购方有可能不索取或得到不真实的样品，供应商在把一件立体的实物缩小许多变成平面画片的过程中，商品本身的一些基本信息会丢失，采购方不能从网站的图片和文字描述中得到产品全面、准确的资料。这会给采购方带来产品识别的风险，这种风险会延伸到产品的性能、质量等诸多方面。

（2）质量控制风险

电子商务中的卖方可能并不是产品的制造者，质量控制便成为风险因素之一。如果卖方选择了不当的外包方式，就有可能使采购方承担这一风险。

（3）网上支付风险

作为电子商务的一部分，支付手段也会有所变化，许多企业仍然担心安全问题而不愿使用网上支付手段，因此，支付是电子商务的风险因素之一。

（4）物权转移中的风险

电子商务需要建立远程作业方式，商品在转移过程中意外情况的发生都会影响交易的成功，物权转移过程中也会产生相应的风险管理问题。

（5）信息传送风险

电子商务的主要业务过程是建立在互联网基础上的，许多信息要在网络中传送。网络安全或信息安全是实现进入电子社会的另一个风险因素，如果遭受电脑黑客的攻击，重要的企业信息甚至支付权限被窃取，其后果将是异常严重的。

2. 网络交易风险预防

针对各种网络交易风险，最关键的预防措施是准确识别交易风险，特别是在交易前对交易对方的身份进行识别。

下面以在阿里巴巴上的交易为例，具体介绍如何预防网络交易的风险。

（1）信息内容辨别真伪

如果企业介绍太简单，地址也写得很模糊，预留的企业网站是虚假地址，通常情况下，就有可能是虚假的信息。虽然，人们并不能从这些信息中完全断定对方的虚假，但至少可以提高警惕。

（2）查询企业信用记录

通常情况下，阿里巴巴的会员可以将信息发布方的企业名称输入到阿里巴巴企业信用数据库，查询信息发布方的信用记录。在阿里巴巴的企业信用数据库中，可以查询到很多信用不良的企业被投诉的记录。这些记录，可以帮助用户判定信息发布方的诚信程度。

（3）从论坛搜索相关信息

阿里巴巴论坛是网商们交流信息的园地，其中不少是揭露网络骗子的信息，因此，用户如果对某企业诚信程度不确定的情况下，可以到阿里巴巴论坛中去搜索相关信息。只要把某个企业的名称输入到阿里巴巴论坛中进行搜索，如果发现有网商发帖子揭露该企业的不诚信行为，那用户与该企业进行商业贸易的风险性就比较大了。

（4）查询诚信指数及评价

如果信息发布方是诚信通会员，准确了解该企业的诚信程度就比较方便了。这是因为阿里巴巴诚信通会员都是通过了第三方认证的，同时用户可以查看该企业作为诚信通会员的诚信通档案。诚信通档案记录了企业的诚信指数及其他客户的评价，可以借以综合判断与该企业进行贸易时的风险程度。诚信通档案包括该企业的诚信通指数、客户评价、证书荣誉、资信参考等信息。

（5）通过搜索引擎搜索

前面四项防范贸易风险的措施，均是依据阿里巴巴网站来获取信息的，除此之外，也可以借助其他工具获得相应的信息。而通过搜索引擎获取某个企业的贸易诚信信息也不失为一个好办法。

采购方可以将某个企业的名称、地址、联系人、手机、电话、传真等信息，输入到搜索引擎中，找到和其相关的信息就可以据此做出综合的判断。当然，在进行商业贸易的过程中，判定搜索引擎搜索到的信息是否真实可靠也是很重要的，这需要运用其他手段来完成。互联网上的信息如浩瀚大海，相互矛盾的信息也多如牛毛，需要时时提高警惕。

（6）通过工商管理部门网站查询

要了解交易对方诚信的资讯，可以通过国家权威部门的网站进行查询。例如，通过国家工商总局网站进入各地工商红盾网的网站，在红盾网中，可以查到交易对方的企业代码、法人代表、地址以及联系方式等信息，帮助用户了解对方企业的真实注册情况。

从工商行政管理部门网站上查询的资料，具有很高的可靠性。用户可以根据权威部门提供的信息作出正确的判断。

（7）手机归属地判断

在交易对方所提供的企业联系方式中，通常有手机号码。因此，也可以通过手机归属地查询，判断交易对方信息的真实性。

（8）专业性测试

网络骗子的最终目的是通过网络获取非法收入，因此，通常情况下其专业知识是有限的。大多数网络骗子是通过格式化的传真或是求购函，四处散发类似于传单的求购信息。由于网络骗子们没有真实的采购意图，往往对产品本身并不了解或是了解不多。因此，用户在与其进行沟通的过程中，可以运用自己对产品的知识，设定一些问题，测试对方是否了解采购的产品，进而来判断对方是否有真实的采购意图。

3. 网络交易风险防范

在核实了对方身份，双方达成协议后，自然要进入下一个环节——付款。一旦涉及货款的问题，需要特别谨慎对待，下面推荐三种较安全的付款方式。

（1）对公账户汇款

企业的对公账户是以企业身份在银行登记的账户，银行已经核实了对方企业的注册情况。因此，企业的对公账户是可以选择的安全汇款方式。

（2）法人代表的私人账户

由于对公账户会涉及税收问题，针对这个问题，可以要对方提供企业法人的私人账户，因为只有法人的私人账户，才能和这个企业直接挂勾，也是比较可信的汇款方式。

（3）支付宝交易

如果对方不愿提供法人的私人账户，随便提供一个账户，自称是公司财务的账号，那么就一定要要求使用支付宝。支付宝作为网络支付平台，其最大的特点就是使用了“收货满意后卖家才能拿钱”的支付规则，在流程上保证了交易过程的安全与可靠。同时，支付宝拥有先进的反欺诈和风险监控系统，可以有效地降低交易风险。

学习笔记

通过学习本章内容，想必您已经掌握了不少学习心得，请仔细记录下来，以便继续巩固学习。如果您在学习中遇到了一些难点，也请如实写下来，方便今后重复学习，彻底解决这些难点。

我的学习心得

1. ______________________________
2. ______________________________
3. ______________________________
4. ______________________________
5. ______________________________

我的学习难点

1. ______________________________
2. ______________________________
3. ______________________________
4. ______________________________
5. ______________________________

我的运用计划

1. ______________________________
2. ______________________________
3. ______________________________
4. ______________________________
5. ______________________________

第13章 网络采购平台优选

近年来，互联网发展突飞猛进，我们的生活已深深打上了互联网烙印。“互联网+”已经成为一个时代趋势。互联网采购交易平台的出现，彻底改变了传统的采购模式，将传统线下交易搬到了线上。

学习指引

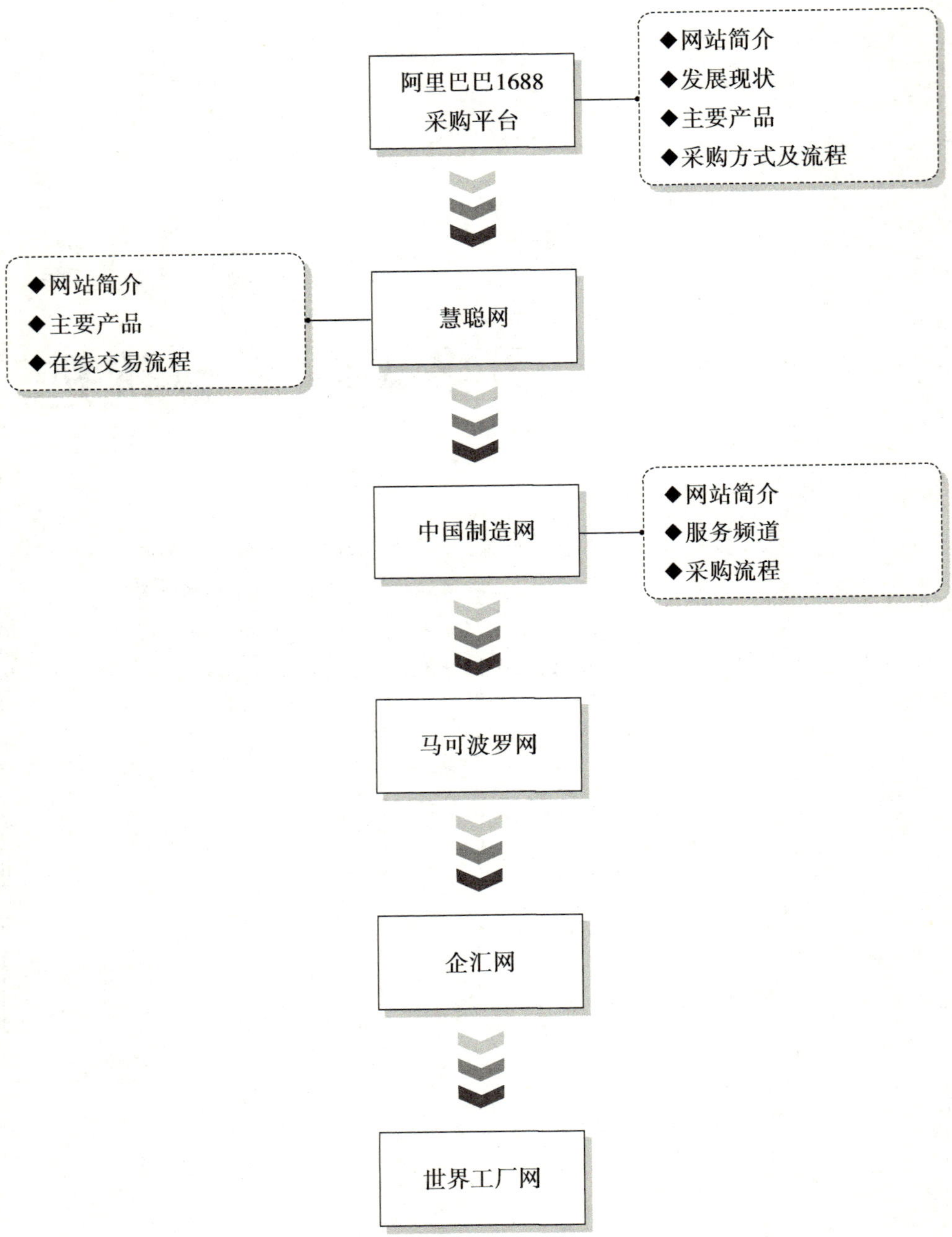
阿里巴巴1688采购平台
◆网站简介
◆发展现状
◆主要产品
◆采购方式及流程
慧聪网
◆网站简介
◆主要产品
◆在线交易流程
中国制造网
◆网站简介
◆服务频道
◆采购流程
马可波罗网
企汇网
世界工厂网

13.1　阿里巴巴1688采购平台

1688（前称“阿里巴巴中国交易市场”）创立于1999年，是中国领先的网上批发平台。1688为在阿里巴巴集团旗下零售市场经营业务的商家，提供了从本地批发商采购产品的渠道。

1. 网站简介

马云于1999年创办了阿里巴巴网站，即1688的前身。1688现为阿里集团的旗舰业务，是中国领先的小企业国内贸易电子商务平台。作为阿里集团旗下子公司，1688在CBBS电子商务体系中代表企业的利益，为全球数千万的买家和供应商提供商机信息和便捷安全的在线交易，也是商人们以商会友、真实互动的社区。

阿里巴巴1688是以批发和采购业务为核心，通过专业化运营，完善客户体验，全面优化企业电子商务的业务模式。

目前阿里巴巴已覆盖原材料、工业品、服装服饰、家居百货、小商品等16个行业大类，提供“原材料采购——生产加工——现货批发”等一系列的供应服务。

2. 发展现状

阿里巴巴经过17年的发展，已有的规模如图13-1所示。

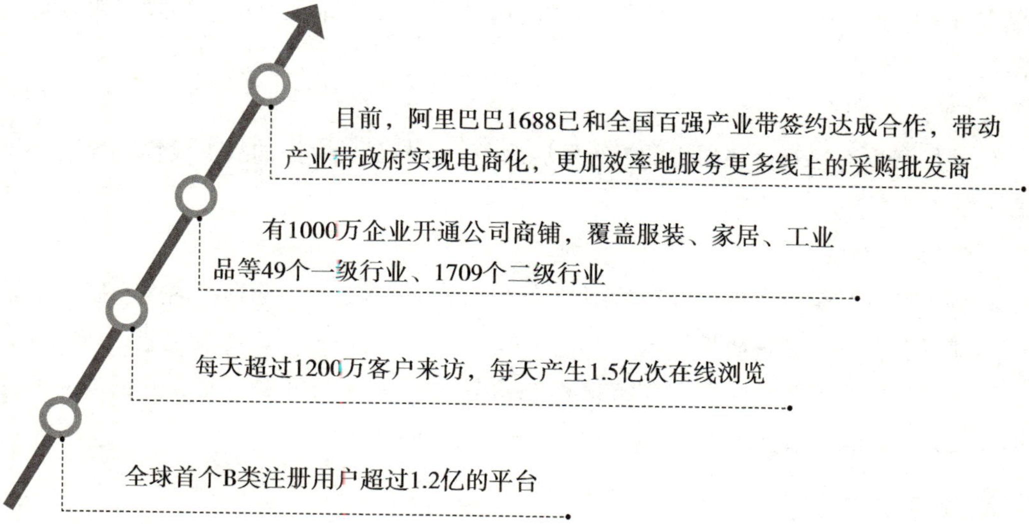

图13-1　阿里巴巴的发展现状

3. 主要产品

1688目前的核心业务主要分为垂直行业市场及特色服务频道。垂直行业市场主要针对行业特性，为买卖家提供行业内品质货源及具有行业特色的导购等服务。特色服务频道主要包括伙拼、快订、淘工厂、代理加盟、采购商城等，这些频道着眼于聚合买家需求，深入供应链前端，提高供应链和商品流通效率。

（1）诚信通

诚信通是阿里巴巴针对内贸企业量身打造的电子商务会员服务，成为诚信通会员可以在阿里巴巴（1688.com）中进行企业品牌、产品的推广，通过多种方式建立与买家的联系，并通过企业认证、信用累积、个性化增值服务等功能促成交易，为用户打开电子商务的大门。

（2）伙拼

伙拼是1688推出的批发型团购频道。目前，伙拼产品的行业覆盖了服装、母婴、食品、美容、百货、家纺、家装、工业品等几乎全部的产品品类，让所有批发商以低成本、高效率进行网络批发。

（3）淘工厂

淘工厂是链接电商卖家与工厂的加工定制服务。一方面解决电商卖家找工厂难、试单难、翻单难、新款开发难的问题；另一方面将线下工厂产能商品化，通过淘工厂平台推向广大的电商卖家，从而帮助工厂获取订单，实现工厂电商化转型，打造贯通整个线上服务供应链的生态体系。

（4）快订

快订是1688全新上线的新品订货专业频道。深度整合尖端设计师、产业集群地工厂、外贸大厂及尖端面料商等供应链上游资源，旨在为淘宝天猫卖家、线下品牌商等核心零售商提供海量的首发原创设计款，打造“小批量、快生产、高品质”的一站式“快时尚”订货模式。

（5）代理加盟

代理加盟是为1688商家提供的渠道发展服务。支持品牌商家的线上代销、加盟、代理等方式的渠道招募。

（6）采购商城

1688采购商城是阿里巴巴1688旗下自营的工业品采购超市。面向国内生产制造企业，提供涵盖五金工具、劳保防护、电工电气、机械部件、行政办公、物流包装、LED照明、精细化学和公用设施等产品品类。1688采购商城保障所有商品正品真货，并提供七天无理由退换服务。采购商城承诺按约发货，并由商城统一提供发票。

4. 采购方式及流程

在阿里巴巴网站，采购商的采购包括搜索供应信息和供应商信息、货比三家、发送询盘、网上洽谈、订货等流程。对于采购商来说，阿里巴巴上有两种主要的采购方式：找商机（即寻找供应信息）和发信息（即发布采购信息），如图13-2所示。

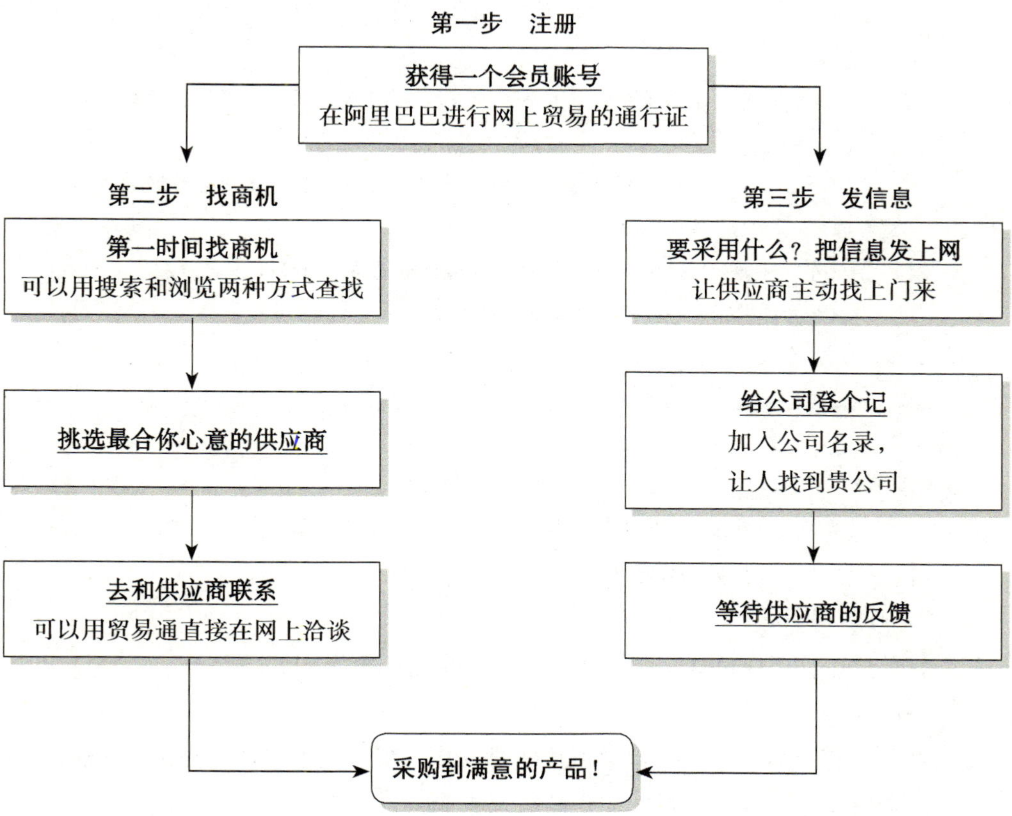

图13-2 阿里巴巴上的采购方式

（1）搜索供应信息

打开阿里巴巴首页（china.alibaba.com），切换选择所需要的信息类型，可以选择：产品、公司、买家、资讯等。然后在搜索栏处输入需要搜索的产品关键字，点击搜索栏右侧的搜索按钮，即可以浏览网站上所有包含工艺品关键字的产品供应信息。

（2）查看进货单中的货品

通过点击“进货单”里的“查看进货单”，进入“进货单页面”查看进货单中的货品。每次将货品成功加入到进货单时，也可以点击“进货单”按钮打开进货单页面。

（3）管理进货单中的货品

在进货单页面，可以一目了然地看到进货单中货品的信息，如货品名、价格、当前购买数量等。

小贴士

对进货单中的货品可以进行以下操作。

（1）查看货品信息：点击货品名或货品图片，便可进入货品页面了解货品详细信息。

（2）逛逛卖家商铺：点击卖家公司名称可进入商铺，找找还有哪些货品值得一起订购。

（3）更改数量：可以在输入框中直接输入订购数量，也可以通过输入框左右的“-”“+”轻松操作。

（4）删除：当确定不需订购时，可选择将货品在进货单中删除。

（5）订购：如果确定勾选的货品都是本次需要订购的货品，点击“结算”完成确认订单。

（4）确认订单

确定了要订购的货品后，再选好收货地址、收货人姓名、收货人联系方式等收货信息，订购留言，填写运费等完成订购。

（5）选择支付方式

提交订单之后，选择付款方式。可以选择支付宝或网银进行支付。

（6）确认收货及付款

卖家在收到订单后，会根据订单要求及时发货。买方在收到货物确认无误后，点“确认收货”付款给卖家。输入支付宝账户的支付密码，点“同意付款”，阿里巴巴平台才会付款给卖家。

13.2 慧聪网

慧聪网成立于1992年，是我国B2B电子商务服务提供商。慧聪网注册企业用户已超过1500万，买家资源达到1120万，覆盖行业超过70余个，员工4500名左右。

1. 网站简介

慧聪网有限公司及其附属公司是国内领先的内贸B2B电子商务运营商之一，凭借专业的信息服务与先进的互联网技术，为中小型企业搭建可靠的供需平台，提供全面的商务解决方案。经过不懈努力与发展，业务范围已经拓展至全国上百城市，在12个城市拥有分公司，服务团队约2807人。

慧聪网还拥有消费品电子商务公司（包括18个行业）、工业品电子商务公司（包括20个行业）、慧聪O2O电子商务产业园公司、神州数码慧聪小贷公司以及兆信防伪科技公司五大独立公司，总共13家独立公司，专注于电子商务、金融、地产及防伪四大领域。

2. 主要产品

慧聪网的主要服务产品如下。

（1）买卖通

买卖通是慧聪网为企业用户提供的在网上做生意、结商友的诚信平台。买卖通会员不仅可以通过自己的商务中心来查询符合自己需要的采购信息，自己亲自订阅采购商机，还可以通过专门在线洽谈会、IM等即时通信工具来获得一手采购信息。

（2）采购通

采购通服务是B2B领域第一款针对采购经理设计的专业在线采购工具，全面满足“紧急采购”“常规采购”“大额采购”“地缘性采购”多层次的采购需求，为买卖双方提供最优质的合作交流平台！

（3）标王

标王是帮助企业加大曝光率，提升流量的一种最佳推广方式。当买家搜索产品关键词时，标王产品信息会出现在搜索结果页第一页，且拥有“标王”皇冠醒目头衔，彰显企业实力。

（4）慧付宝

慧付宝，是指慧聪公司与支付机构及（或）银行合作，通过慧聪网（域名为hc360.com）向客户提供的，支持买卖双方在线完成交易的货款代收代付的服务。

买卖双方须使用慧聪网提供的“慧付宝”服务，且约定买卖合同项下的付款方式为“买方收货后、通过慧付宝代为支付货款”的交易方式。

3. 在线交易流程

慧聪网的在线交易流程如图13-3所示。

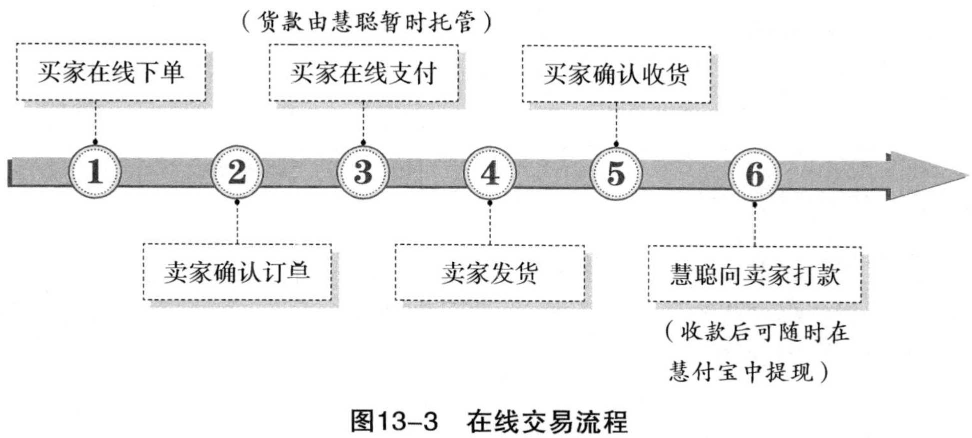

图13-3　在线交易流程

（1）卖家在“产品交易>>我销售的产品>>发布产品信息”页面发布商机，在“是否支持网上交易”项勾选“支持”。点击确认“发布产品信息”后等待系统审核。通过审核后，即可在卖家店铺前台上架展示，供买家选购。

（2）买家通过查找产品或商家进入产品终级页，选好购买数量后点击“立即订购”，或者先将其“加入采购单”，等选购完所有产品后一并下单。

（3）进入买家下单页，选择并确认收货地址，确认订单信息，还可以给卖家留言。确认信息无误后，点击“确认电子协议，立即订购”，系统自动跳转到下单成功页面。

（4）此时买家可以在“采购交易>>已买入的产品”页面查看所下的订单。订单状态为“等待卖家确认订单”。

（5）卖家同时可以在“产品交易>>已卖出的产品”页面查看买家所下的订单。点击订单上面的“确认订单”按钮。

（6）买家在“已买入的产品”中找到待付款订单，点击上面的“付款”链接，进入到“确认订单价格”页面，确定无误后，点击“确认无误，马上付款”按钮。

（7）卖家在“已卖出的产品”中找到待发货订单，点击上面的“发货”链接，进入“卖家发货”页面，确认要发货的货品，选择发货方式，然后点击“确定”按钮。系统跳转到发货成功提示页。此时订单状态变成“等待买家确认收货”。

（8）在买家收到货物后，如对所收悉的货物数量和质量均无异议。需要尽快到“已买入的产品”中找到待确认收货的订单，点击“确认收货”按钮。系统跳转到确认收货成功提示页。此时订单状态变成“交易成功”，系统将买家支付的货款打到卖家的慧付宝账户中，交易完成。

小贴士

在买家下单之后，付款之前，买卖双方可以通过协商关闭订单。在买家付款之后，确认收货之前，买家有申请退款的权利。具体申请退款退货流程请参照慧聪网《退款退货说明》。

13.3 中国制造网

中国制造网是一个中国产品信息荟萃的网上世界，面向全球提供中国产品的电子商务服务，旨在利用互联网将中国制造的产品介绍给全球采购商。

1. 网站简介

中国制造网内贸站（cn.Made-in-China.com）是由焦点科技股份有限公司运营的国内领先的综合性第三方B2B电子商务服务平台。网站立足内贸领域，致力于为我国中小企业构建交流渠道，帮助供应商和采购商建立联系、挖掘国内市场商业机会。

中国制造网汇集中国企业产品，面向全球采购商，提供高效可靠的信息交流与贸易服务平台，为中国企业与全球采购商创造商机，是我国中小企业通过互联网开展国际贸易的B2B网站之一，也是国际上有影响的电子商务平台。

采购商可以在中国制造网上享受的服务，如图13-4所示。

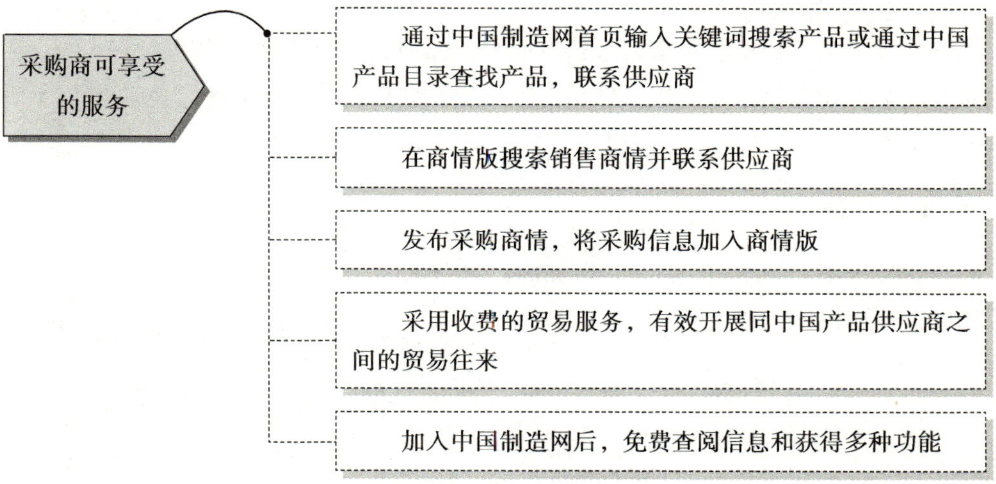

图13-4　采购商可享受的服务

2. 服务频道

中国制造网内贸站为买卖双方提供信息管理、展示、搜索、对比、询价等全流程服务，同时提供第三方认证、广告推广等高级服务。帮助供应商在互联网上展示企业形象和产品信息，帮助采购商精准、快速地找到诚信供应商。主要服务频道如下。

（1）产品目录

中国产品目录是汇聚了大量中国制造产品及其供应商的详细信息的数据库，采购商可以按27个大类条目逐级查询产品和厂商信息，也可以使用强大的搜索功能，在搜索框中输入相关的产品或企业名称来获得具体结果。

（2）商情版

商情版和产品版一样是中国制造网内贸站的重要推广版块，商情信息涵盖工业品、原材料、日用百货等各个领域。与产品版不同，商情版可以发布“非中国制造”的产品信息，以及求购、合作类型信息。

在管理商情信息列表中，可以按主题、类型或有效期时间排序。点击每条商情后，可以看到这条商情的详细内容。登录之后，就能够在商情版发布新的商情，或管理自己的商情。

（3）商业资讯

中国制造网商业资讯涵盖农业食品、服装饰件、工艺品、化工、计算机、电子元器件、建筑装饰、轻工、照明、制造机械、纺织、五金、玩具等27个行业，内容涉及相关行业企业关注的时评快讯、行情趋势、贸易百科、热点专题、展会信息、商务手册、贸易服务等讯息，为期望在市场中合理投资以及快速增长的企业和资本提供及时精要、具有实用价值的中宏观和微观商业信息。

（4）百卓采购

百卓采购网是由焦点科技股份有限公司旗下独立运营的电子采购平台，致力于为中小企业提供专业的采购服务，汇集百万供应商和产品信息，围绕企业采购关键环节（包括产品询报价、订单跟踪提醒、供应商评估管理）提供信息化服务，方便企业采购人员更好地开展日常工作。

3. 采购流程

在中国制造网上进行采购，其流程如图13-5所示。

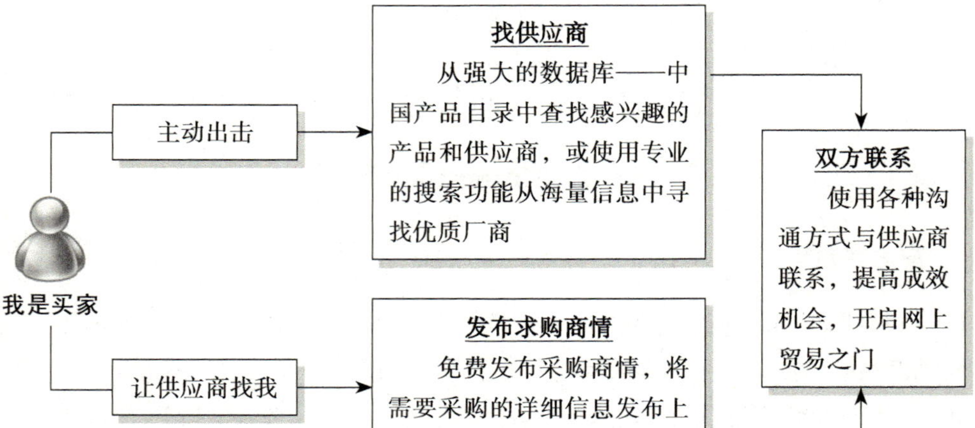

图13-5　采购流程

13.4　马可波罗网

马可波罗采购搜索是全球领先的精准采购搜索引擎，我国最大的采购商聚集平台，2006年12月由闽商财团投资组建，2011年获得英特尔及LG电子联合注资，现已成为B2B电子商务采购搜索流量第一的专业搜索引擎。

马可波罗网是一家专注服务中小企业的互联网公司，2006年12月创立于北京中关村。

截至2015年，马可波罗网平台上的SKU（最小库存单元）数量超过6亿，行业排名第一。目前平台拥有超过1200万中小企业注册用户，日访问量超过500万，年采购金额超过3万亿，被业界称为“中国最大的企业采购商品数据库”“产品大百科全书”。

目前，马可波罗网在移动互联网及O2O领域也走在了B2B行业的前列，最新推出的“生意号”产品，已经成为各行业商家不可或缺的移动推广平台，用户日活达到20%以上。微商铺是马可波罗网针对移动互联网和微信特点，推出的一款移动采购营销平台。它利用马可波罗网中国最大的企业产品数据库，让企业在不做任何工作的情况下即可迅速获得移动版的网站，并在微信、微博，垂直网站等移动互联网渠道拓展生意，公司与华南城、腾讯战略合作，结合其线下资源，将打造领先的线上与线下业务充分融合的中小企业O2O商业生态圈。

未来，马可波罗网将帮助更多中小企业进入互联网，通过先进的搜索、集采匹配技术及大数据技术，为中小企业创造一个卓越、智能、交易、管理、移动应用一站式互联网管家服务。其理念是给中小企业提供一个极致好用的移动互联网“生意神器”，帮助中小企业“链接世界，改变未来”。

13.5 企汇网

河南企汇网信息技术股份有限公司成立于2011年5月31日，是一家提供网络营销整合服务的互联网企业。成立以来，公司一直秉承“高效、便捷、可靠、贴心”的服务理念，始终处于高速稳健的发展状态。

公司致力于以“互联网+”电商思维，通过成体系的品牌营销策划服务构筑传统行业与网络营销间的高速公路，帮助传统中小型企业实现“互联网+企业”“线上+线下”“电子商务+零售”的全新运作模式。

目前，公司下设企汇网M2E电子商务平台、企汇网高端建站、全网营销三大业务线，为企业提供从最初互联网商业架构搭建、技术开发到后期品牌营销推广的电子商务全流程服务，为中小企业创造一个智能、高效、省心的互联网商业营销生态圈。

企汇网是公司以降低中小微企业宣传、销售、运营成本为主要目的打造的综合型第三方M2E电子商务平台，为销售和采购企业提供信息发布、搜索、商机推送、在线洽谈等“互联网+”基础服务。平台拥有按照国际行业分类标准开发的超亿规模数据库系统，汇集海量采购商机和各行业最新市场动态。

13.6 世界工厂网

世界工厂网是工业品在线采购第一品牌，世界工厂网坚持“直面工厂，专业服务，只为采购服务”的专业化运营理念，致力于成为最受采购经理欢迎的B2B电子商务平台。

世界工厂网，隶属于郑州悉知信息科技股份有限公司，上线于2009年2月1日，截至目前，世界工厂网已经成长成为服务数百万位采购经理的大型工业品电商采购服务平台。

自上线以来，国内超过500万家优秀的实体生产厂家和600多万贸易商加入了网站，世界工厂网成为国内知名的直接面向生产厂家的低成本采购平台，世界工厂网的注册会员在网站上先后接到了500多万次询盘。

2015年12月30日，世界工厂网成功挂牌中国新三板。

学习笔记

通过学习本章内容，想必您已经掌握了不少学习心得，请仔细记录下来，以便继续巩固学习。如果您在学习中遇到了一些难点，也请如实写下来，方便今后重复学习，彻底解决这些难点。

我的学习心得

1. ________________

2. ________________

3. ________________

4. ________________

5. ________________

我的学习难点

1. ________________

2. ________________

3. ________________

4. ________________

5. ________________

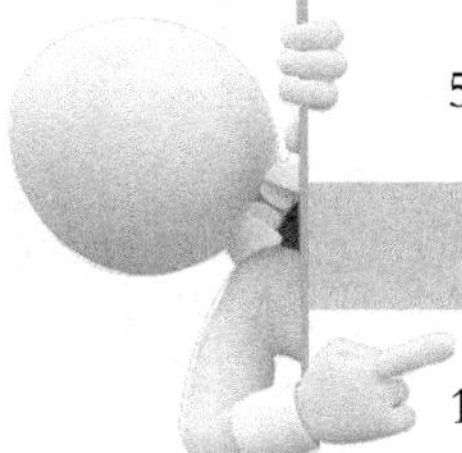

我的运用计划

1. ________________

2. ________________

3. ________________

4. ________________

5. ________________